行 动 研 究 系 列 丛 书

悄然而深刻的乡土变革

——本土性农村社会工作探索

QUIET AND PROFOUND
RURAL CHANGE:
Exploration of the Local Rural Social Work

杨 静 编著

社会科学文献出版社
SOCIAL SCIENCES ACADEMIC PRESS (CHINA)

樂施會
OXFAM
Hong Kong

無窮世界
World
Without
Poverty

感谢乐施会提供研究和出版支持，
本书内容并不必然代表乐施会立场。

序一
为实践者搭建一个书写实践知识的平台

一　编著本书的背景

2013 年，我和陆德泉①老师一起主编了《在地人形——本土农村社区组织工作探索》（以下简称《在地人形》）一书（由中国社会出版社出版）。该书源于农村工作者、关注农村发展的学者们组成的"农村社会工作学习网络"②（以下简称学习网络），是参与学习网络的成员一起研讨本土性农

---

① 香港中文大学尤努斯社会事业中心项目统筹主任、云南大学社会工作研究所客座教授、云南连心社区照顾服务中心专家指导委员会理事，乐施会原研究发展中心主任。从 20 世纪 90 年代开始，一直参与扶贫、环保、妇女发展、少数民族、流动人口、公益支持等领域的工作。

② 2007 年，由当时倍能的德国专家、曾任德国米索儿社会发展基金会的博盟和我及几个热心农村发展工作的学者商量一起发起了一个"农村社会工作学习网络"。学习网络由德国米索儿社会发展基金会和香港乐施会提供资金支持，由北京市近邻社会工作发展中心具体组织和实施。学习网络由多年从事农村发展工作的实践者、热心和关注农村发展的学者等组成，目的是梳理本土农村工作的经验，为正在发展的专业社会工作教育提供本土的农村工作经验。学习网络的参与者主要有河南社区教育研究中心的梁军老师和董琳老师、贵州社区建设与乡村治理促进会的毛刚强老师、山西永济蒲韩乡村的郑冰老师、陕西省妇女理论婚姻家庭研究会的李爱玲老师、安徽阜阳南塘兴农合作社的杨云标老师等的一线实践者。此外，参与者还有时任香港乐施会项目经理的陆德泉老师、云南大学的向荣老师、香港理工大学的古学斌老师、陕西省社会科学院的江波老师和西安市社会科学院的杨晖老师等关注和参与农村发展工作的学者。于晓刚老师和陕西省妇女理论婚姻家庭研究会的高小贤老师等也参与了部分研讨会。该学习网络为期两年，共四期，每期 5~7 天，主要就农村工作的理念、工作方法、农村工作者的素养、如何与各方合作等议题进行研讨。

村社会工作的成果总结。它囊括了中国内地几个内生的或在外力推动下农村社区组织发展的经验，以及关注农村发展的社会工作者、学者对这些经验进行的理论思考和对话，同时呈现了实践者和学者协助实践者生产知识的过程。

2016 年，我有一个重新改编《在地人形》一书的强烈愿望。第一，学习网络结束后，我持续关注和跟进其中的一些案例，看到他们的长足发展，其经验和成果需要重新书写。如山西永济的蒲韩乡村案例书写到 2010 年，只呈现了蒲韩乡村前十年的发展历程。2012 年以来，蒲韩乡村快速发展，截止到 2017 年已经形成相对成熟的经济社会服务、人才培养、城乡互动等综合农村合作社的发展模式。河南的周山案例写到 2008 年，呈现的仅仅是一个妇女手工艺协会的培育和发展过程。2008 年后周山村通过三次修订村规民约，已经走上了整体发展的道路。妇女手工艺协会不仅在修订村规民约、乡俗变革等过程中发挥了重要作用，而且参与和推动了周山村老年协会、艺术协会、常青互助会、青青草社会工作小组等由村民自发组织的小组参与乡村变革。周山村迈入文化和生态的社区发展阶段，动人、精彩的故事不断。同时，梁军老师的团队也对周山村十五年的发展有了更全面的总结和提炼。

第二，这些年我也跟进以及辨识了民族地区几个优秀的案例。例如，青海玉树州的金巴慈善会在扎西才仁会长的带领下开展了二十年卓有成效的反贫困工作，在当下党和政府提出"精准扶贫"的背景下，他们的经验对很多参与反贫困工作的民间组织有借鉴和参看价值；云南"绿色流域"的于晓刚老师以环保切入拉市海彝族波多罗村，创造了环保领域从关注生计到进行社区综合发展进而达到环保目的的奇迹。这些民族地区和牧区的、生态的、反贫困的案例，丰富了农村社会工作的类型。

第三，这些年我致力于为在地实践者们搭建知识生产的平台和推动实践者的知识生产，深刻体会到实践者需要有人协助其生产知识和为其搭建传播实践知识的平台。同时，作为一名社会工作教育者，我有责任传播和传承中国本土性农村工作经验。

第四，世事无常，不知再过五年、十年，这些经验将会有怎样的发展和结局。能让这四个案例放在一起呈现，是有时代意义和价值的，是一种对历史的记录。

二　编著的过程

正如本书"我们的知识观"中所言，有什么样的知识观，相应地就有什么样的生产知识的方法。如果相信实践知识是另一种品质的知识，实践者即研究者，那么实践者自然就有书写他们实践知识的权力。

（一）本书案例的书写者们

行动科学的主旨就是在实践社群中创造、研究社群。因此，本书的四个案例要么由实践者完成；要么在学者的协助下，由实践者和团队成员一起完成。周山案例的书写者是周山经验的主要推动者梁军老师。波多罗案例的书写者是"绿色流域"的工作人员孙敏老师和曾经担任波多罗项目工作人员的李大君老师。蒲韩乡村案例由目前住在蒲韩乡村的梁漱溟乡村建设中心的梁少雄完成。而金巴案例是唯一一个由学者参与协助完成的案例，由北京市近邻社会工作发展中心（简称北京近邻）的工作人员吴雨桐和我协作完成。

四个案例的书写都本着书写者个人和团队成员一起生产知识的理念。有些时候，案例中所表达的或许只是书写者本人的观点，参与实践的团队成员站在不同的实践位置上可能有不同的看法。若将团队经验公开传播，就必须得到团队的认可。因此，将书写的案例回到各自的团队讨论、确认观点和补充资料，就是本书案例的书写者在书写过程中必须做的一件事情。此种做法不仅提升了团队对行动的认识和反思，而且拉近了团队的关系，提升了团队成员对其工作的意义感和价值感。这是行动研究所强调的，即将资料公开、透明，放进团队当下的关系中检验；同时大家一起对行动再认识，提升行动的意义，改进行动的品质。

（二）我与本书案例的协同、陪伴关系

作为本书的编著者，我与本书所呈现的三个案例（除波多罗案例）之间多年来一直保持着协同、陪伴的关系。

2001年，在北京举办的社会性别工作坊上，我认识了梁军老师。2003年，梁军老师邀我为其团队做了一次社会工作方法的培训。2005年，我以

德国米索尔社会发展基金会顾问的身份参加了中国最早的六家妇女 NGO①
二十年经验回顾和整理的工作坊，为期两年四次的工作坊加深了我们对彼此
的了解。2008 年，我邀请梁军老师参加"农村社会工作学习网络"，通过研
讨和参访，比较深入了解了梁军老师团队开展的工作。我对梁军老师团队开
展的工作越来越有兴趣，敬重她们做事做人的品质，和她们坦诚相见、亲如
一家，并以团队边上的一个人陪伴着她们。近几年，我多次带领不同的工作
团队到周山村学习经验。在十几年的陪伴历程中，我见证了周山村的发展，
不断被梁军老师的团队以及周山村村民的精神感动着、激励着，被周山村的
发展鼓舞着，也不断从梁军老师及其团队以及周山村村民身上汲取营养，他
们做人的品质以及工作理念和方法成为我从事社会工作教育和实践的楷模。
周山案例是我在学校开设的《妇女社会工作》课程中的重要案例，我也利
用梁军老师、董琳老师来北京出差的机会让她们为中华女子学院的学生讲述
她们的工作。这些年我竭力传播和传承着她们的经验。

　　2007 年，经人推荐，我邀请山西永济的郑冰进入学习网络。之后，我
接受郑冰的邀请，作为蒲韩乡村的一个培训老师。在一段时间里，我每年两
次带蒲韩乡村团队到云南、贵州和青海玉树等地与其他社会组织进行交流。
作为一个协助者，我协助组织间经验的相互参看，也邀约蒲韩乡村团队的年
轻人参与青年人行动研究网络的学习。这两年，蒲韩乡村又面对新的挑战和
转型，我被邀请参与其关于未来发展的讨论。在此案例中，主要协助书写者
梁少雄确定书写蒲韩乡村经验的主线、详细大纲以及一些有争议的问题。

　　2010 年，在一次针对藏区 NGO 的工作坊上，我认识了玉树金巴慈善会
的扎西会长。之后，北京近邻小额基金陆续支持了金巴的妇幼保健员培训、
金巴团队能力建设、金巴二十周年经验梳理等小项目，在合作中加深了对他
们工作的了解。2015 年，我和我的研究生吴雨桐等受金巴委托，在乐施会
甘肃办公室的支持下，为其妇幼保健员项目进行评估。此评估过程让我们更
深入、细致地了解了他们在牧区开展的工作，以及政府等相关方对他们工作
的评价。2016 年，我的研究生吴雨桐、黄晓岑和曹苹宇等和我一起又参与
了金巴二十年经验的梳理工作，协助金巴整理了金巴二十年的图片故事集以

---

① 即红枫妇女热线、农家女文化发展中心、北京大学法学院妇女法律研究与服务中心、西双
版纳妇女儿童中心、河南社区教育研究中心。

及《筚路蓝缕——金巴二十年公益之路》的文集，并用图片制作了记录片。同年，我又带着金巴团队到河南、山西、贵州和云南等地进行交流学习。2018年，我和吴雨桐又协助金巴开展了玉树地区8家社会组织的经验整理工作。正是因为上述的紧密合作，我们和金巴建立了信任关系和如亲人般的感情，更对金巴的工作环境、发展脉络、工作理念和方法有了更加深刻的理解。在书写金巴案例的过程中，我们不断地跟金巴的工作人员沟通，在双方充分发表意见和讨论的基础上达成共识；不能达成共识的观点，我们尊重金巴的意见。

2008年，经时任乐施会项目官员的陆德泉老师和李敏的推荐，我邀请于晓刚老师参加农村社会工作学习网络，分享拉市海的经验。因为于老师是为了拉市海的环境保护而做农村发展工作，当时这样的机构不多（现在也不多），在某种程度上环保工作也是社会工作。前几年，我读了孙敏老师的《波多罗：大山深处的发展故事》，觉得环保领域的农村发展工作值得社会工作领域的人学习和借鉴，该案例将社会工作的视野拓展到更广阔的领域。因此，经过和多年来支持于老师团队工作的乐施会项目官员商量，决定让记者出身的孙敏写第一稿，社会工作专业毕业的李大君再进行改写，而我对该案例的协助主要是体现在书写格式上，以便让案例成为可供一线实践者和农村社会工作者学习的案例。

（三）编写过程即互学共享的过程

通常，编辑一本书只要作者写、编者编，之后交付出版社就可以了。但在本书成书过程中发生了很多意料之外的事情，这些事情反过来对案例的写作产生了促进作用，大家将写案例当作促进工作改善的一个契机。2016年8月，为了改编《在地人形》，编书者们在北京召开了一个研讨会，大家一起商讨如何书写各自的案例。参加会议的人有梁军老师团队、扎西会长、中国农业大学的孙庆忠教授以及中共中央党校的李慧英教授和天津师范大学的杜芳琴教授，蒲韩乡村的书写者因为有事情而无法到来。研讨会上，孙教授提出不能再写像《在地人形》这样的书，应该将一个个案例独自成书。孙教授的建议得到与会者的认同，但这不是资助方同意的项目目标，而且原来设定的改写目标依然有意义，最后决定维持改写的目标不变。但会议上发展出了办案例研习班的思路，而我当时正在设计一期农村工作者的研习班，梁军老师建议将周山村作为一个案例深入研习解读。大家认为这是一个非常好的主意，一致同意将周山村作为一个研习案例，深入解读周山村经验之后集结成一本书。周山案例研习班之后，再开设研金巴案例研习班，通过研习将金巴的工作再变成一本书。当下的会议就设计了以周山案例为主的"农村社会工作研习营"，并在 2017 年 4 月、8 月开展了两期的周山案例深度研习营。研习班发挥了两方面的作用：一方面梁军老师为了给研习班呈现周山的经验，再一次对十五年的工作进行了系统的梳理，并形成了六个专题讲座，如周山发展十五年、社区教育、社区组织、民众戏剧、性别视角的农村工作等；另一方面参加研习营的青年工作者通过研习，与周山村村民一起研讨，为周山村的发展贡献了一些建议和思路。同时借此研习营的机会，梁军老师推动村民骨干成为研习营的讲解员，刚成立的周山常青互助社也在这个过程中得到了锤炼，一个研习营达到几方面互学、共享、共赢的目的。

金巴慈善会的扎西会长和普吾副会长以及一位工作人员参与了两期以河南周山经验为平台的研习营，认为研习营的经验值得借鉴和参照，并约定在合适的时机在青海玉树举办以金巴案例为平台的藏区社会工作研习营。为了研习营的顺利开展，2018 年 3 月我开始协助金巴组织玉树 8 家发展了十年以上的民间组织整理经验和书写案例的工作，为 2019 年在玉树召开的研习营做好前期工作。这些案例将成为玉树研习营的学习资料，案例的创造者们将成为研习营的重要讲解员，为藏区的社会工作者提供当地的社会工作经验。

书写过程带动了四个案例之间的相互对话。最早完成的是梁军老师的周山案例，我将此发给大家，作为大家书写案例的参考和借鉴，之后每完成一个案例的初稿，都交给其他书写者参考。我书写的"我们的知识观"和"什么是专业性"两部分也是在采纳大家提出的修改意见基础上完善的。

确切地说，本书是梁军老师团队、扎西会长团队、蒲韩乡村以及"绿色流域"团队和我一起合力完成的。他们卓越的工作给我们贡献了如此丰富、感人的本土性经验。能够将这些经验呈现给大家，也是基于多年来我们之间建立的良好信任关系、认同彼此做事做人的方式。在此，对他们表达深深的敬意和感谢！

我要特别感谢周山案例的创造者和书写者梁军老师。她是一个"完美主义者"，凡事精益求精。8 万字的第一稿完成后，她做了个大手术，必须静养，但她觉得第一稿没有表达出她想表达的意思，因此不顾术后的不适，养病期间又重新书写了第二稿，并对书中其他案例和文章给予中肯的修改意见。这些年，她一心做事、不求名利的思想深深地影响着我和激励着我，没有她的支持和鼓励，我真的没有信心更无能力完成这本书。

此外，我还要感谢感谢乐施会的刘源博士和何锦豪为本书的出版竭力支持；感谢于晓刚老师为波多罗案例所写的后记，但因为篇幅有限等原因而没有呈现；感谢社会科学文献出版社的编辑人员为本书出版所付出的辛苦和努力。

杨　静

2018 年 6 月

序二
以知识分享促进乡村发展

乐施会在中国内地开展减贫与发展工作已超过 30 载。30 多年来，我们见证了中国大地扶贫减贫的显著成效以及中国为全球减贫事业做出的杰出贡献，并有幸参与其中，亲历了中国各类社会组织雨后春笋般涌现、从业人员队伍日益壮大及工作能力不断提升的演变过程。据民政部统计，截至 2017 年第四季度，全国（不含港、澳、台地区）在民政系统注册的社会组织（包括社会团体、民办非企业、基金会）有 75 万余个，它们成为扶贫、环境保护、公益慈善、公共服务、社会管理等领域中重要的行动力量。

作为传统的农业大国，中国的农业人口众多，农业基础薄弱。新中国成立几十年来，工业与农业、城市与乡村的不均衡发展，在乡村积累了不少深刻的矛盾。中国政府在 2018 年"中央一号文件"中提到，农业农村农民问题（简称"三农"问题）是关系国计民生的根本性问题。当前，中国发展不平衡不充分问题在乡村最为突出。

面对日趋严峻的"三农"问题，中国各级政府积极出台一系列的政策予以回应，比如"乡村振兴"战略的实施。同时，许多社会组织积极投身到农村发展事业中，关注农村社区的贫困、基础设施、基础教育、公共卫生等问题，对当地农村社区的发展起到了推动作用，也积累了丰富的农村发展经验。有些经验已经被当地政府采纳和推广应用，这些民间组织的工作已成为政府工作的重要补充。

然而，众多从事农村发展工作的民间机构也面临一些挑战。从服务内容看，不少民间组织的农村发展项目更多侧重于回应生计发展的需要，关注脱贫，开展修路架桥等项目。很多民间组织在推动社区能力建设、行动反思、理论对接实践等方面还有较大提升空间。这些机构需要系统的理论支持，也需要学习其他发展项目和发展机构的实践经验，提升工作者和整个机构的服务能力。

在国内农村社区发展工作人才培养方面，社会工作教育领域多照搬来自西方的相关理论，所借鉴和讨论的案例也基本来自西方实践，与学生们毕业后所要面对的农村社会存在较大脱节，所培养的农村社区发展人才难以满足本土农村发展机构和农村发展社会工作的实际需要。如何从本土经验出发，构建与本土实践紧密联系的发展社会工作理论体系，整理一批来自中国乡土的农村社区发展案例，成为社会工作教育者迫切需要面对的挑战。

在中国内地，乐施会在投入大量资源与各类伙伴携手灭贫的同时，也一直高度关注公益机构合作伙伴的综合能力发展。特别是进入 21 世纪以来，国家新十年农村扶贫开发纲要①强调，减贫的核心在于"人的能力提高"，"乡村振兴"战略也强调懂农业、爱农村、爱农民是"三农"工作者的基本要求。作为中国社会发展领域的行动者及支持者，乐施会近年来更加注重支持发展工作方法的反思、推进本土化探索，同时也更加注重帮助基层社会组织及一线实践者提炼自身经验，让更多人从中受益。乐施会始终认为，这些行动者不仅是中国广袤大地上扎实的社会建设实践者，而且是我们在达至"无穷世界"征途上的亲密同行者。

2006 年以来，来自中华女子学院、云南大学、香港理工大学等院校的长期从事农村社会工作教育的研究者，以及来自河南社区教育研究中心、陕西省妇女理论婚姻家庭研究会、贵州社区建设与乡村治理促进会、山西省永济市蒲州镇农民协会、安徽阜阳南塘兴农合作社等资深民间机构的工作者共聚同行，在乐施会与德国米索尔社会发展基金会联合支持下，形成了一个"农村社会工作学习网络"。大家共同探讨、总结和提炼农村发展工作的理念、社区组织培养、社区工作方法等关键问题，透过交流与研讨，共同总结中国不同地区、不同机构开展农村发展工作、农村社会工作的已有实践经验，就其中的重要问题展开研讨，发掘了一批内涵丰富、具有借鉴意义的案例，产出了一批重要的成果。在乐施会支持下，2013 年 7 月出版了《在地

---

① 即《中国农村扶贫开发纲要（2011—2020 年）》。

人形——本土农村社区组织工作探索》一书。

该书聚焦于小农户发展的关键——农村社区组织，从介绍理论基础入手，细致梳理农村社区组织工作各项经验，并以发生在中国大陆的5个民间组织长期在地深耕的历程为案例对象，由这些机构的行动者亲自执笔，剖析自身机构各具特色的组织化发展道路。每个案例还邀请农村发展领域的学者、农村社会工作者与作者开展对话与反思，扩展了案例的延展性和参考价值。该书出版后得到了中国内地农村社区发展工作者、社会工作行动者和教育界的高度关注。近两年来，时有同行及朋辈机构询问此书；同时，该书编著者中华女子学院杨静老师以及"农村社会工作学习网络"成员们也非常期待进一步修订完善案例，帮助读者更加清晰理解发生于实践一线的各类情境，因此更新首版至今近五年时光中各案例组织的最新发展和实践经验成为众望所归。2017年，乐施会支持再版修订工作，推动案例集在行动经验传递、知识分享方面起到更为积极有效的社会倡导作用。

第一版书中所呈现的河南社区教育研究中心、安徽阜阳南塘兴农合作社、山西省永济市蒲州镇农民协会、贵州社区建设与乡村治理促进会、陕西省妇女理论婚姻家庭研究会等5家机构案例成型于2009年，这些案例经验距今已有八年历史。在这八年里，中国农村社会环境发生了巨大改变，书中所呈现的社区组织也发生了不少动态变化：以山西省永济市蒲州镇农民协会为例，八年间蒲韩社区一直执着探索，在原有的农民协会与农民技术学校的基础上，又成立了"永济市蒲韩种植（养殖）专业合作联合社"与"永青蒲韩永济消费店"、"永青蒲韩运城消费店"等机构，由它们共同组成的综合性农民合作组织（简称"蒲韩乡村"）持续推动着当地社区的发展。蒲韩乡村始终坚持"立足农户和土地，进行综合服务"的理念，在农民协会原有的工作基础上进行了多个方向探索：针对社区信贷需求，启动社区互助金融的尝试，近五年来逐步形成了"信用服务、老人互助养老、生态种养殖和生态建筑四者融为一体"的社区互助合作模式；在组织发展的市场开拓方面，将国际上较为成熟的"社区支持农业"模式引入社区，并进行在地化调整。蒲韩乡村以社区的生态产品为纽带，将农村形成的各种服务经验传递到城市，推动了城乡间的良性互动……蒲韩社区的这些不懈探索为"三农"难题的缓解和"乡村振兴"战略的基层实践提供了一条可参考的新路径。此外，此次修订过程中还识别出2个令人耳目一新的案例，即扎根青海玉树州 20 年的玉树州金巴慈善会和坚守云南丽江波多罗村 15 年的云南省大众流域管理研究及推广中心（"绿色流域"），分别呈现了两家本土社区组织如何以健康教育和生态修复为切入点，最终推动当地社区走上减贫之路的完整过程。在本书成稿过程中，编著者遵循原书脉络、尊重在地知识创造者的经验以及反思自身工作经验，重新书写呈现了目前收录的四个案例。这正是乐施会最为感动又自豪之处——专业工作者在行动中不放弃思考，坚韧磨炼自己思考的能力并指向更扎实的实践探索，与更多的行动者共同成长。

2015 年 9 月，联合国可持续发展峰会通过了《2030 年可持续发展议程》，为未来 15 年全球发展和国际发展合作指明了方向、勾画了蓝图，提出了 17 个具体可落实的可持续发展目标，其中首要目标正是"在世界各地消除一切形式的贫穷"。近年来，中国大力推动的"精准扶贫"战略也以 2020 年全面建成小康社会为重要目标。在此之中，对实践经验的反思和对知识的梳理无疑将是持续前行的重要保障，也是促进社会可持续发展的必经之路。作为中国减贫与发展队伍中的社会力量，乐施会将继续助力基层组织及一线行动者的成长，达至我们共同期待的——公平、公正、包容的"无穷世界"。

感谢为本书案例成稿付出辛勤工作的各机构一线行动者，他们将自己对农村乡土、对发展事业的热爱，化为一行行文字、一篇篇案例，在此历程中也助力自身由实践前行者成为知识书写者；感谢为本书付梓投入大量心血的杨静老师等同人，是他们不畏烦琐的细致挖掘和反复修订，让这些优秀的农村社区组织案例以清晰脉络和通达叙述与读者相见。

衷心期待这本凝聚了研究者洞察与行动者反思的知识产出，能够对指导农村社会工作实务操作、提升本土农村社会工作理论起到积极推动作用，让关注农村减贫与社会组织发展的社会各界都能听到这些充满韧性与活力的中国故事。

廖洪涛　博士

乐施会（香港）北京办事处首席代表

香港乐施会中国项目部总监

2018 年 5 月

目　　录

我们的知识观

杨　静[*]

马克思在《关于费尔巴哈的提纲》中提出了"认识世界"与"改造世界"的命题："哲学家们只是用不同的方式解释世界，而问题在于改变世界"。[①] 的确，如何创造改变世界的知识是越来越多的社会学家思考的问题，更是当下为了解决社会问题而快速发展起来的社会工作专业面临的紧迫问题。为此，一些学者引入实践研究、证据为本[②]等比较符合社会工作专业知识生产的研究方法，以期能够解决社会工作研究和社会学研究的区别、理论和实践有效对接并促进实践、生产达到改变目的的有效的知识等问题。但这些研究有一个共同的特点，即都是由研究者（社会工作教育者和研究者）发起和完成的。因为人们深信：只有受过一定学历教育和严格训练的人才具备"研究"能力，所以"研究"必然是研究者们做的研究，自然书写者也必然是研究者。

与研究者主导完成的书写不同，本书案例的撰写者（除李大君外）都

---

* 杨静，女，中华女子学院社会工作学院副教授，长期关注农村工作、妇女工作和农转居的社区工作，致力于性别研究和推动实务工作者的行动研究。编著有《政治理想与现实冲突——女领导干部生命故事研究》《行动研究与社会工作》《行动研究经典读书札记》《在地人形——本土农村社区组织工作探索》等。

① 《马克思恩格斯选集》第一卷，人民出版社，1995，第 54～57 页。

② 何国良：《久违的实践研究：创造社会工作学的路向》，载王思斌主编《中国社会工作研究》2004 年；古学斌：《为何做社会工作实践研究?》，《浙江工商大学学报》2015 年第 4 期；何雪松：《证据为本的实践兴起及其对中国社会工作发展的启示》，《华东理工大学学报》（社会科学版）2004 年第 1 期。

是"非社会工作专业学历和机构"的实践者本人或者团队成员。之所以这样安排，原因有三方面：第一，对基于各种缘由（性别平等、环境保护、反贫困、合作经济）长期（近二十年）开展的本土性农村/牧区社会工作进行回溯、梳理和凝练，生产为了"改变"服务的知识；第二，呈现实践者知识的品质以及在实践知识生产过程中，研究者的协同探究作用；第三，为正在蓬勃发展的农村/牧区社会工作专业教育、实务领域提供可供参考借鉴的本土性实践案例，提醒他们重视本土的解决中国农村问题的丰富理论和经验，对解决当下中国农村问题有着非常重要的参看和借鉴价值。

因为我们相信：实践者生产的"实践知识"相对于研究者的"学术知识"是另一种品质的知识；实践者即研究者，同样是知识生产者，研究者发挥协同实践者探究的作用；实践者生产知识的目的是服务于改变。本土社会工作理论的建设首先要立足于理解和积累本土社会工作的丰富实践经验。

一 实践知识是另一种品质的知识

（一）科技理性的学术知识生产观

在当今的学术知识生产领域，实证主义的知识生产观仍然占据主导地位。19 世纪工业革命以来，实证主义对科学和技术的重视代替了之前的神学中心观，成为一种哲学思潮。科技理性是实证主义思潮影响下的一种思维方式，认为科学技术和知识能够改善人类的福祉，因此追求建立具有概括性（generalization）、测定性（testability）、实证（verification）的科学真理、普适的理论知识。[1] 在此思维方式的影响下，国家大力兴建各种大学和研究所，发展各种专业，目的是培养一批经过严格的学术规范训练的人，生产专精化、界限明确、科学化与标准化[2]的知识。

科技理性观下的学术知识生产的逻辑是：社会问题有通用的解决之道，解决之道可以在实务的情境之外生产出来，并通过出版、发表等手段呈现知

---

[1] 何国良：《久违的实践研究：创造社会工作学的路向》，载王思斌主编《中国社会工作研究》2017 年第 2 期。

[2] 唐德纳·A. 舍恩：《反映的实践者：专业工作者如何在行动中思考》，夏林清译，教育科学出版社，2007，第 21 页。

识结果，用课程和培训等方式加以宣讲和传播，宣讲和传播就是促进改变的"行动"。① 至于该知识能否起到有效推动改变和解决社会问题的作用，则是实践者的事情。

因此，研究者被要求使用一套严格的方法论来生产知识，如有明确的研究问题；有可供检验信度和效度的硬资料，能以清晰的推论来连接理论和资料；有可供检验结论的方法以及组织研究的理论。研究行动具体表现为从社会现象中确定问题，然后查询与问题相关的资料，制订自己的研究框架，分析资料的理论和视角，确定研究方法；然后进入田野收集资料，做资料分析，最后得出研究结论，生产出知识（理论），之后寻找期刊发表、写书出版或变成培训的内容加以传播。此类知识生产的目的是服务理论知识的建构，即便是基于实践的研究，实践也被高度概括抽象，并不呈现丰富、复杂和各种张力之下的过程实践。把通俗易懂的实践经验不断抽象化和概念化的过程，最后变成大概只有研究者们看得懂的学术语言（要求语言的理论性、抽象性、概括性）。此时的知识远离了实践场域，自然也无法落回到实践中去指导实践活动。本来是基于实践且为了指导实践的理论研究，但对实践者们来说成了艰涩难懂的知识，书写本身成了知识传播和转化为促进改变的知识的障碍。这套知识的生产逻辑只有受过专业训练的专家、研究者能够做，因此他们自然成为知识生产的主体。实践者的实践经验永远处在被研究者总结和概括的位置上，实践者也永远是研究对象，即使是研究参与者，也只是扮演经验、资料提供者的角色。生产理论知识的权利掌握在研究者手中，研究者们使用理论知识指导实践的思想根深蒂固地存在于研究者的思想和行动中，很自然地扮演着指导实践者的角色。同样，实践者们也寄希望于研究者能来指导实践，觉得"我是做事的，没有什么理论，研究者们掌握着做好实践的知识，我的实践需要他们来指导"。理论高位和实践低位、理论者高位和实践者低位的格局就这样形成并巩固了下来，尽管我们很清楚现实中研究者带着自以为是的理论很难有效指导实践和促进改变。目前，这类知识的生产在学术界占据很大的市场。

有位资深的实践者说："我就觉得研究者和推动者不一样，我们在一线费了好大的力气才迈开第一步，立刻就会有研究者质疑：你怎么没

---

① Herbert Altricher, Peter Posch and Bridget Smoekh：《行动研究方法导论——教师动手做研究》，夏林清等译，远流出版事业股份有限公司，1997，第 260 页。

看到那一步？仅仅走这一步是不够的！还应该关注另外一些问题……我的逆反情绪一下子就上来了，真想对他说一句："你来试试看！"我常常有这样的感觉：你们别来研究了，让我们安安静静地干事吧！"（农村社会工作学习网络的成员之一）。

行动科学揭示，在实践层面，信奉的理论未必和使用的理论一致。很多时候，实践者有效推动实践的知识中有自己的使用理论（这一点在后面会详加叙述）。研究者和实践者都明显感觉到理论和实践是两张皮，尽管理论可能对实践有些启发作用，但并不能直接指导实践者的实践困境。

有位从事农村工作二十年的实践者，她的经验得到社会的广泛认同，也出产了很多研究她经验的学术文章。在她的观念中，研究是研究者的事，她只是做事的。她说：

> "研究是你们研究者的事情，我只要做就行。你们研究出来的东西我也不怎么看，也没有时间看。大家都在写我，但又不是我，后来很多研究文章是什么时候写的、资料是从哪里来的我都不知道，写出来的东西对我的工作没有太大的作用。"（摘自农村社会工作学习网络成员之一的发言）

一方面科技理性知识观大行其道，另一方面对它批评的声音也不绝于耳。著名美国黑人女权主义者贝尔·胡克斯（bell hooks）从女性主义和种族主义的视角批判性地继承了保罗·弗雷勒（Paulo Freire）的批判教育学思想，她批判那种所谓真正的理论作品就是那些高度抽象化、术语化、难以理解，且充满了模糊参考文献的作品的标准和思想。她说："与一份可以感动人心并能促使实践转化的作品相比，究竟哪一种才是学术研究的真正目的？难道客观化、可以类推、引用参考文献等就是学术的唯一标准吗？"此种做法生产了"知识阶级的阶层制度"，是一种自恋、自我沉溺，试图创造理论与实践之间的鸿沟的做法，以便让阶级精英的统治永存。那种对知识呈现的要求和对理论性的要求限制了经验性知识呈现的空间。真正的知识应该是大众共享的知识。① 我国台湾地区的廉兮老师说："我所认识的行动知识

---

① bell hooks：《教学越界：教育即自由的实践》，刘美慧等译，学富文化事业有限公司，2009，pⅷ。

都生成于行动主体的自我觉识之中。知识的主要来源不是靠读万卷书或做论述分析，而是人们从自身实作经验的推敲与处境的回观中凝练而出的体悟。因此应该认识到社会人文的知识实是镶嵌于我们的生活世界的肌理之中。一如 Maxine Greene 说，'世界，不是我所想的，而是我生活过的世界'。"① 克里斯·阿吉里斯（Chris Argyris）等人所著的《行动科学》以及唐德纳·A. 舍恩（Donald· A. Schön）所著的《反映的实践者：专业工作者如何在实践中思考》等书中也阐述了上述科技理性思维模式下的知识观不但没有找到成功的解决问题之道，所谓的"严谨的方法论"和书写模式等的要求反而使研究本身变了味道，成了问题。因此在批判科技理性的基础上提出反映理性的实践认识论，破解理论与实践脱节的僵局，这一观点正好和贝尔·胡克斯等研究者的批判相得益彰。

（二）反映理性下的实践知识生产观

在科技理性知识观的影响下，实践知识一直存在但处境困窘。因为它被认为只是一堆的经验，零散而无系统和理论。20 世纪 80 年代，被称为美国实践哲学家的舍恩在其所著的《反映的实践者：专业工作者如何在实践中思考》一书中，针对美国专业主义盛行却乏力解决社会问题的现象进行了深度剖析，揭示了科技理性逻辑下生产的、"被学术领域尊崇的普遍知识"之所以无法应对复杂性、多样性和独特性的社会问题，正是研究者追求价值中立、检验的严格控制、现象的精准描述等规则，从而导致了理论与实践的脱离。该书提出：实践者需要的是一种面对复杂、独特情境的社会问题的反映能力，因此在批判实证主义科技理性实践模式基础上提出了"行动中认识与行动中反映"的"反映理性"② 的实践认识论，指认了实践者的知识生产逻辑和行动逻辑，将实践者的行动提升到科学和理论的高度，以此来解决"有效改变"的问题。

反映理性下实践者生产实践知识的逻辑与科技理性下研究者生产学术知

---

① 廉兮：《从个人到公共——抵抗与转化的教育行动研究》，《应用心理研究》2012 年第 53 期，第 21~45 页。

② 反映的意思不只是思考，而是涵括了思想、情感与行为表现的对话活动（自己与自己、与他人的对话）（参见唐德纳·A. 舍恩：《反映的实践者：专业工作者如何在行动中思考》，夏林清译，教育科学出版社，2007，第 6 页）。

识的逻辑不同。实践知识生产的逻辑是：实践者面临的实践场域是复杂的、独特的、不确定的，因此很难以通用的、普世的理论来解决复杂、特定的问题。复杂的实务问题需要特定的解决之道，且只能在特定的实践脉络中发展出来。① 属于特定场域的实践经验自然无法复制到其他场域，只能被参看和借鉴。因此实践者首先要厘清问题的情境，即确定问题在怎样的脉络和情境中产生比问题界定本身更重要，因为一旦问题的情境脉络和情境发生变化，问题就会改变，随之目标、方法、策略和手段都会发生变化。只有厘清问题的情境，才可以界定问题，制定相应的目标、达成目标的策略和方法以及评估和反馈目标达成状况。在这个过程中，实践者会与行动相关方（服务对象、团队等）不断通过对话等手段检查目标、手段和结果是否一致，如果目标发生偏差，不仅要检查手段和策略是否出了问题，而且要厘清问题的情境是否发生了变化。实践者的知识是应用在这个过程中并在这个过程中不断丰富的，即实践者使用了什么知识（理论）厘清问题情境、确定问题，又使用了什么知识推进问题的解决、改变的发生及结果的评估等。例如要推进一个改变，首先要基于对群众需求精准的调查和评估，恰当的视角和理念的指导、严谨的干预方法以及基于效果的检验（改变有无发生的检验、改变是否朝向要达到目标的检验、群众是否满意的检验、其他相关方以及工作团队本身的检验）等，这个过程本身也是严谨、科学的。这难道和研究者生产学术知识的严谨度不一样吗？

实践者是研究者，研究的过程也是实践过程，两者不可分割。但实践者研究的目的不是为了写出一篇学术报告和文章，而是为了改善实务、提升实务品质、期望目标的达成和改变的产生。

实践者的知识呈现大概有三种类型：第一种是改变过程中的内隐知识，即发生在问题分析、解决过程中的知识，是只能意会无法言传的知识；第二种是实践成果，如一个社区的改变，一个问题的解决，一本让群众喜闻乐见的读物、影像等；第三种是用文字凝练出来的"对行动反映"的知识。实践者在实践中表现出的不是拿着某个理论去展现理论应用于实践的能力，而是在理论和实践对接、工作者面对工作对象与环境的过程中来回辩证与反思

---

① Herbert Altricher, Peter Posch and Bridget Smoekh：《行动研究方法导论——教师动手做研究》，夏林清等译，远流出版事业股份有限公司，1997，第 261 页。

的能力、有效达到目标和问题解决的能力，这是实践者的核心知识，也是实践者的核心能力。

在实践知识生产观中，知识隐藏在实践者的经验中（因此这类知识又称默会知识①、内隐知识），应用在实践过程中，以产生有效改变的形式呈现。如果要求实践者的默会知识最终用学术性文字呈现出来，意味着实践者必须进入科技理性下学术生产的逻辑，不但要懂得社会科学理论和研究方法，而且要遵循学术书写的规范，将书写的文字发表到权威杂志上，这对实践者来说是极其难的事情。即便对于具有研究者背景的实践者也非易事，何况也没有这个必要。如果仅仅因为实践者没有用学术界所认可的规范来呈现他们的实践经验，就被注重理论呈现的学术界排斥在学术发表和会议之外，甚至连同实践者实践知识生产场也被忽视和忽略，那么就要思考一个问题：如果认定知识生产有一个重要的目的是改变，为何直接产生改变的实践知识就不是知识呢？

表1-1直观地显示了学术知识生产的逻辑和实践知识生产的逻辑。

表1-1　学术知识生产的逻辑和实践知识生产的逻辑②

	学术知识生产的逻辑	实践知识生产的逻辑
知识观	● 实务问题有通用的解决之道； ● 解决之道可以在实践情境之外发展出来； ● 可以通过出版物、培训等途径转换为行动	● 复杂的实务问题需要特定的解决之道； ● 解决之道只能在特定的脉络中发展出来； ● 解决之道不能被复制，但能被视为假设，在其他实践中检验、参考
研究主体	● 受过训练的研究者	● 实践者即研究者（很少的实践者受过学术训练），每个人都是立足于自己的实践的研究者

---

① 默会知识（tacit knowledge）是波兰尼于1958年首先在其名著《个体知识》中提出的。波兰尼提出默会知识，是对传统的实证主义将知识看成完全客观的、静态的一种挑战。因为近代科学革命以来，人们用客观主义的科学观和知识观来看待知识，认为知识都是明确的、可表达的。默会知识的范例体现了智力的各种机能，它本质上是一种理解力、领悟力、判断力。比如，眼光、鉴别力、趣味、技巧、创造力等。"通过知识获得解放"，波兰尼所说的知识其实指默会知识。只有默会知识才能促使人性获得自由，因为默会知识是一种个体知识，它深深植根于个体行为本身。波兰尼指出，默会认识和认识主体须臾不可分离。

② Herbert Altricher, Peter Posch and Bridget Smoekh：《行动研究方法导论——教师动手做研究》，夏林清等译，远流出版事业股份有限公司，1997，第261页。

	学术知识生产的逻辑	实践知识生产的逻辑
行动观	确定问题(梳理与问题相关的文献→确定研究框架/视角→确定研究方法→收集资料→分析资料→得出研究结论)	开放式、群策群力(界定问题→厘清问题情境→界定目标及达成目标的策略、方法→界定问题……)
行动目的	发表、出版、交流	促进改变发生、问题解决
行动结果	● 为知识服务的知识; ● 强调理论知识建构; ● 强调理论应用于实践的能力; ● 概括或简化实践过程	● 为行动而服务的知识; ● 强调改变的发生; ● 强调在理论与实践之间进行反映对话和辩证思考的能力; ● 呈现和保留实践的丰富性、复杂性
知识特点	● 理论高位,实践低位 ● 深入深出或者浅入深出	● 实践知识与理论知识同等重要 ● 深入浅出
知识的最终呈现形式	● 书、期刊发表的论文、学术会议上宣读的文章等	● 有关人、家庭、社区、政策等的改变的书(含普及性读物)、杂志、影像等

从对比中看到,研究者们生产的学术知识和实践者们为了改变而生产的实践知识的确是两种不同品质的知识。但人们深受实证主义科技理性的思维观影响,认为知识生产是研究者的专利,只有出版发表的文字知识才是知识,而实践者生产的只是经验而非知识,这使得实践知识虽然存在但却处于尴尬和困窘的境地。

阿吉里斯等人的《行动科学》以舍恩的反映实践论为基础,将实践者的行动提升到了哲学和科学的高度,提出了行动科学的实践认识论和行动理论,认为"实践与理论的生产是相互依存的",行动者产出的不只是行动(一般认为行动者只是盲目地做事),而是依据一套严谨的科学程序和知识在行动。

二　实践者的行动科学

阿吉里斯等人在《行动科学》一书中通过揭示实践者的行动科学来对质深受实证主义影响的科技理性知识观,目的是让我们摒弃实践者知识只是经验知识、实践者只能生产经验总结和报告而不能生产"学术知识"等的偏见,揭示了实践者的实践具有科学性。

（一）实践者依据的是"行动中认识""行动中反映"和对"对行动的反映"的实践认识论

如前所述，科技理性的认识论认为实践者是依据既定的理论知识来行动的。实际上，实践者在日常行动中则是依据"内隐知识"，即依靠"心智"（acts his mind）①或者直接反应或者"行动中认识"（knowing-in-action）来行动的，也就是我们常说的直觉——一种理解力，一种领会、把握经验、重组经验的能力，或者"只可意会不能言传"的知识。就如同走钢丝的人虽然经过千锤百炼，但他很难说清楚是靠着什么知识走过来的，其行动"超过我们所能言说的认识"。实践者也会边做边停下来思考其所做的事情在"在行动中反映"，并很快改进行动，或确定下一步的行动。实践者讲自己的实践故事以及写自己的实践故事的行动本身已经承载了内隐知识以及对内隐知识的探究，通过此种反映对话照见自己的行动作用，这就是"对行动的认识"，实践者即对自己实践的行动研究。实践者正是靠着无法言说的知识以及边思考边行动的能力，对情境进行定性分析，推进实践，这是实践者在日常生活中行动知识的表达形式。因此实践者的实践是一种"反映理性"，它不单是一种思考，更涵括了思想、情感与行为表现的对话活动。内隐知识是日积月累的实践性知识的一种精炼的展现，实践者依靠内隐知识对某个情境进行定性分析，对人做出判断，是实践者的知识以及实践能力的重要依据。②

内隐知识的探索必须经由对话来探究③、辨识和呈现，也指认了研究者们走马观花或者下马看花式的研究或者利用二手资料的研究为何解决不了实践问题的核心原因。因为研究者们外在于实践者场域，使用访谈和观察等方法很多时候无法发现或呈现实践者的默会知识、行动视框等。这也要求研究者们必须掌握一种反映对话的能力，以协助实践者们探究如何发现和呈现这

---

① 唐德纳·A. 舍恩：《反映的实践者：专业工作者如何在行动中思考》，夏林清译，教育科学出版社，2007，第41页。

② 唐德纳·A. 舍恩：《反映的实践者：专业工作者如何在行动中思考》，夏林清译，教育科学出版社，2007，第6页。

③ 探究指的是思考与行动交相缠绕的一个促使疑惑转变到释疑的过程（详见唐德纳·A. 舍恩：《反映的实践者：专业工作者如何在行动中思考》，夏林清译，北京：教育科学出版社，2007，第6页）。

类的知识。这就是阿吉里斯在《行动科学》中强调"反映对话"的原因。这套反映实践论被认为是回到根部探讨改变的一条彻底的路径。[①] 默会知识的存在表明人类知识的丰富性、多样性和复杂性，它和科技理性的知识模式是截然不同的。

对行动的反映，即实践者开展过一段行动后将经验梳理的过程，也即通过反映对话、研究等方式对过往行动的回溯、反观的研究。研究者的经验梳理和提升就属于这一种类型的行动。对行动的反映有不同的层次。第一层是行动者对自己行动的反思。行动者通过书写日记、田野笔记、工作报告等，或借助录音、录像等资料开展对行动的反映，反思、检查自己的行动过程。第二层是他人对行动者建议、意见。行动者将书写的工作报告等与同事、团队分享，互相检讨、互相督导。第三层是协同探究。如果要将行动者的默会知识上升到公共知识甚至学术知识，就需要研究者参与的协同探究，研究者了解提炼的程序，可以通过不断的反映对话，探究实践者的知识，将实践者的知识从默会知识提炼为公共知识再提炼为学术知识。在行动中认识、在行动中反映的前两种类型的行动，是实践者经自己或咨询他人可以开展的，是行动中的立即性的反映，目的是促进实务的改善和改变，是实践者行动的特质。对行动的反映则需要实践者梳理经验，停下当前所做的事情来开展行动研究。而对行动的反映是行动者对行动所做的一种行动研究，可能会通过文字形式记录和整理其实践的过程，可能从默会的实践知识上升为公众的实践知识，也可能通过反映对话和协同探究上升为学术知识。一旦发生，就会对实践起到非常大的促进作用，对其他实践者也有借鉴意义。

（二）实践者的行动设计受其行动视框的影响

很多时候，实践者并不觉知其实践行动受其行动视框的限制。行动视框是指对实践者的行动起到根本影响的因素。行动视框是受到个人成长环境、知识结构、价值取向等多种因素的影响而长期形成的，呈现形式可能是一个人的三观（世界观、价值观和人生观），也可能是一个人的

---

① 参见《反映的实践者：专业工作者如何在行动中思考》一书中译者序"风筝不断线——实践者的落地深耕"，第7页。

惯习①，或者一种理论视角，或者信仰、价值的选择等，有时候连实践者自己也模糊不清。实践者面对复杂的情境时，可以有多种选择，但最终的选择在一定程度上受其行动视框的影响，而非"客观理性的选择"。"行动视框分析"就是通过反映对话去探究实践者如何界定当事人和当事人与其他系统环境之间的角色、作用以及问题。如本书中的周山案例清晰地呈现了梁军老师团队推动性别平等的行动视框。这种视框来源于梁军老师团队在其成长经历中累积的性别启蒙教育和将其作为生命追求的认定，它既是个人的一种生命经历的累积，也是20世纪八九十年代这些妇女运动先驱者们一起推动妇女工作的结果，是一种已经融入生命的视角和选择。山西永济案例中的郑冰从小深受父母传统教育的影响，她的骨子里就有关于什么是好人、好事的判断标准，因此在她带团队、选择工作人员以及选择合作社社员的标准中，都将孝敬老人、邻里和睦、做人诚实、感恩等中国传统文化中好人的标准放在其中，也成为她的一个行动视框。金巴慈善会的扎西会长自出生就受到佛教的熏陶，慈悲心和利益众生的思想深入骨髓，因此他的公益之心和行动无不反映此行动视框。

（三）实践者依据其行动理论而行动

有研究者提出了实践中的信奉理论（espoused theory）和使用理论（theory-in-use）。信奉理论是指那些当事人宣称他遵行的理论。使用理论则指那些从实际行动中可推论出来的理论。②

深受实证主义科技理性知识观的影响，在社会工作教育中，我们奉行着老师灌输理论、学生到实践中应用理论的教育理念。实践者的能力主要看其在实践中是否应用了理论。③ 其实，只要我们深入实践，就会发现实践者在行动中信奉的理论和使用的理论之间有很大的差别，有时候实践者宣称某种

① 参见皮埃尔·布迪厄关于惯习的理论。惯习本身是历史的产物，是人们后天获得的各种生成性图式的系统。布迪厄认为，惯习是"体现在人身上的历史"，它不仅仅是个体历史经验的结果，更是集体经验的一种综合和反思；惯习不是个体行动的产物，而是社会作用于个体的结果，所以也是个体社会化的结果（参见皮埃尔·布迪厄《实践感》，译林出版社，2003，第184页）。

② 克里斯·阿吉里斯，罗伯特·帕特南，戴娜娜·麦克莱恩·史密斯：《行动科学：探究与介入的概念、方法与技能》，夏林清译，教育科学出版社，2012，第69页。

③ 参见第二章的一些讨论。

信奉理论，但在实践中却执行着一套模糊不清的使用理论。有时候没有明确的信奉理论和使用理论；有时候有信奉理论在实践中无法体现；有时候信奉理论和使用理论都不清楚；有时候实践者依据信奉理论在实践，但信奉理论在实践中已经产生了更丰富的东西，远远不是信奉理论所说的那样。指认实践者行动理论中信奉理论和使用理论的不同，一方面表示实践者在实践过程中并不是遵循理论应用于实践的科技理性的实践模式，另一方面表示实践者是依据内隐知识而进行实践的，只有通过反映理性才能揭示实践者的知识。如以社会工作中常用的赋权理论为例，这是每一个社会工作者都信奉的理论，但在使用过程中却千差万别，有人将赋权理解为"给"服务对象权力，有人则理解为赋权就是和服务对象"在一起"；大家都信奉社会工作是一门关怀社会的专业，看问题要有社会的视野，但在实践中常常不见社会只见个人。

本书的四个案例属于信奉理论和使用理论基本一致的类型，知行合一，但在实践中实践者绝不是将西方理论直接应用于实践。如周山案例中梁军老师的团队以性别理论为指导，但性别是来自于西方女权主义的一个概念，在实践中性别理论很难解释一个在法律上实现了男女平等六十多年的中国农村为何存在重男轻女的现象。因此她们找到中国古代建立的性别制度、性别文化的源头，以此剖析了中国农民几千年前形成的重男轻女的"千年生活圈"，创造性地建构了符合中国国情和实际的社会性别分析方法①，其内涵远远超越了西方社会性别理论的解释框架。信奉理论和使用理论看起来一致，但实践者却将信奉理论创造性地加以发展和丰富。

（四）处境性知识

保罗·弗雷勒在《受压迫者教育学》一书中指出，"人是处境性的存有"，每个行动者都处在某个特定的时空之中，形成了其处境性知识，它限制了这个人对世界的认识。因此，每个人理解宇宙自然社会的知识是有限的。如信仰基督教的人很难理解佛教；相信一夫一妻是人类社会正常生活方式的人就很难理解同性恋和多元性别文化，这就是处境性知识的局限性。处

---

① 详见本书梁军老师书写的《性别平等：撬动村庄变革的支点——河南省登封市大冶镇周山村的社区实践》。

境性知识也可能使得每个人深谙其社会和环境，了解在地知识，掌握这个社会情境下独特的知识。处境性知识的提出说明了科技理性下生产的普适性知识无法指导具体实践的原因，也揭示了实践中为什么存在信奉理论和使用理论。

（五）人际理论

行动和行动后果不仅受一个团队的做事方向、做事风格、团队关系、团队文化和负责人（创办人）的理想及资源等的影响，而且受团队成员的性格、情绪把握能力、处理人际关系的能力、对待自己防卫机制的态度等的影响。因此，行动科学重视实践者知识生产中的人际理论研究。实践者的知识不是抽象的、去脉络的、冰冷的、理性抽离的知识，而是一种扎根于行动者个人、投入生命的实践过程，在一个具体、有脉络的情境下生产出整体的、动人的、有温度的社会性知识。它不仅能让实践者本人更明白里里外外发生了怎么一回事，而且能让其从中发现其行动的意义，从而联结社群的支持，挣脱无力与绝望，滋长内在的力量，不断自我转化，坚持不懈地行动下去。正如阿吉里斯等人所说，知识的设计一定要顾念人类的心灵。①

本书由于字数的限制，只呈现了各案例比较成功的一面，没有呈现四个案例中的实践者们在推动工作中的酸甜苦辣以及他们各自的性格等如何影响了他们的行动。具有佛教信仰的扎西会长宽容的性格和谦卑的态度，让金巴与各方保持良好的关系，在玉树社会组织中树立了很高的威信，他自己却病魔缠绕，心酸和辛苦只有他自己能体会。周山案例中的梁军老师做事追求完美的个性也决定了周山村的社区教育、社区组织等工作深入且有较高的质量，每一个大型活动的记录都能成为一个社区教育的影像资料，成为实务界和社会工作课堂中的教学内容。而在十五年的历程中，她们团队为了做成这些事情，与各种干扰力量博弈，寻找缝隙生存和发展，将艰难和眼泪换成不屈不挠、顺时而动、深深扎根社区并依靠群众力量前行的坚韧力量。"绿色流域"的创始人于晓刚老师的革命性和理想性色彩，让"绿色流域"能够聚焦环境和社会焦点议题，排除艰难致力于改变，至今初心不改。他们有一

① 克里斯·阿吉里斯，罗伯特·帕特南，戴娜娜·麦克莱恩·史密斯：《行动科学：探究与介入的概念、方法与技能》，夏林清译，教育科学出版社，2012，第32页。

个共同的想法就是排除万难，使百姓受益。社会工作是生命影响生命、促进改变的工作，他们肩负使命，带着理想用自己的生命在影响着生命，他们的知识中有温度和感情。如果我们不能与他们共甘苦同患难，那么我们无法真实了解他们在实践中的心酸。作为旁观者和研究者自然生产的知识"客观冷静"，不带感情，因为你没有卷入、没有付出，也体会不到。

（六）实践知识是过程性知识

1. 实践知识呈现的是过程性知识

前面提到，实践者生产的知识可以有多种方式，落在纸上的是其中一种知识呈现的方式。当实践知识在纸上呈现出来的时候，与学术知识呈现的方式也不同。科技理性下的学术知识宣称是经过严格的学术程序生产出来、被权威机构、杂志认可的，被学者称为"结果性知识"，意即更多呈现结果而非过程。[①] 行动科学揭示了实践者的行动构成是一个科学且复杂的过程，实践者的知识隐含在问题分析、目标制订、方案实施、不断改进方法和手段达到目标的行动过程中。实践者要清楚描述几年甚至十几年中发生了什么，就要讲述一个相对完整的故事，实践者的知识则在讲述实践的过程中。这个过程呈现了实践者在解决问题过程中如何辩证地在理论与实践之间，工作者与服务对象之间，工作者与环境之间，工作者与团队之间，个人的成长与情绪、性格、能力之间的思考、对话、处理的艺术。过程性知识就是实践者最重要的知识构成要素，而不仅仅呈现一个结果。

2. 过程性知识的严谨性和科学性

学术知识呈现的是结果性知识，学术知识生产一定要有文献研究、理论视角、研究方法，然后看具体理论在实践中如何被应用，以及对应用的过程加以反思和讨论。因此实践知识一旦落到文字上，研究者们就以上述学术文章的标准来衡量，看它有没有文献、有没有与他人的理论对话等；否则，就认为它不是学术知识。

事实上，实践者的实践知识尽管没有学术贡献，也没有与哪个理论明显地对话，但也是一个科学严谨的生产过程。首先，它必须对多年的实践经验

---

① Sheppard, M., "Practical Validity, Reflexivity and Knowledge for Social Work," *British Journal of Social Work* 28 (1998): 763 – 781.

进行概括和总结，用"节点"加以呈现。节点，即经验中的关键点、时间点，或提炼概括出的概念。使用"节点"进行整理就是一个概念化的过程。整理多年的实践经验需要找出节点，以串起来整个实践过程[①]，找出节点可能对研究者们来说有难度，但对实践者来说很容易。例如，扎西会长将他的公益之路划分为四个阶段等。他们知道为什么要这样划分，每段过程发生了什么，什么节点构成了一个阶段，各段之间的联系是什么。其次，它要提炼呈现的主线，以起到提纲挈领的作用。实践者有着丰富的经验，一件事情能够做成一定在多方面都积累了经验。如山西永济的案例中有将3000多户农民组织起来的经验，有将外面的大学生、本村外出青年动员进村成为工作人员的经验，有进行农民联合社运作的经验，有统购统销的经验，有社会服务的经验，等等。这些经验都是相互作用、相互依存的，因此用什么主线求书写蒲韩乡村的经验就需要研究取舍，这个过程又是一个反复与过往经验对话、推敲、提炼的过程。

另外，由于文本书写字数受限，对丰富的、零散的、多年累积成一堆经验需要像剥洋葱一样层层剥开，或如抽丝般理出清晰的线索，更需要对话、提炼和概念化。实践者的书写过程本身就是与他自己实践经验的再对话、再认识，循环往复的、带着严谨科学的态度进行行动研究和实践知识生产过程。唯有呈现过程性知识，才知道改变是如何发生的。对其他实践者来说，只有参看实践过程，才能实实在在和自己的经验产生共振和对话，别人的经验也如同镜子般照见自己。

三 本书实践知识的呈现

将实践者的知识提炼和总结为文字需要有一个框架和指引。对此，北京大学王思斌教授在其"社会科学研究创新之探讨"的讲座中提出了四个建构中国社会工作理论和知识的框架：①中国概念—中国事实，即用中国文化、中国概念来概括、反映中国的社会事实；②通融概念—中国事实，即以中国事实为基础，融通中西文化—结构的相通之处，形成自己的概念；③拓

---

① 来自2018年4月17日王思斌教授在中华女子学院为社会工作学院师生开设的题目为"社会科学研究创新之探讨"讲座的PPT内容。

展概念—中国事实，即将国际学术界已有的概念、理论加以拓展，对照、解释中国的实际，做出新的概括；④外来概念—中国资料，即用国外理论、概念解释中国事实和经验。[①] 那么，本书的四个案例使用了上述哪种框架来构建本土性知识呢？

在本书四个案例中，笔者认为周山案例比较符合第三个框架。周山案例——一个以推动社会性别平等为主线的案例，社会性别的概念来源于西方女权主义理论，梁军老师团队借用了这个概念，但在实践中完全用中国的事实创造性地发展了此概念。她们使用华夏性别制度——中国父权制理论[②]，创造性地开发了解释世世代代农民形成的"传宗接代和养儿防老"的"千年生活圈"的性别运作机制，在一个有着浓厚重男轻女思想的山村将性别平等写入"村规民约"中，有效地转变了村民重男轻女的思想意识，基本上解决了多年来出嫁女的土地权益问题。这不仅是一套分析农民日常生活中性别运作机制的框架，而且是一套推动有效改变的实践模式；不仅丰富了来自西方的社会性别概念，而且对建设中国本土的性别分析理论做出了贡献。同时围绕着性别平等的推动，借用来自西方的参与式概念，梁军老师团队创造性地发展出利用民众戏剧、百姓日常的婚丧嫁娶风俗，加入贴近生活又高于生活的性别平等知识，不显山不露水地推动村民意识的改变，创造了本土性社区教育的实践知识。梁军老师在进行社区教育和推动周山村工作的过程中并没有看过弗雷勒的《受压迫者教育学》，该书也没有描述对话是如何进行的，但该团队却活灵活现了弗雷勒书中所提倡的"对话"式教育，和民众"一起"推进改变，创造了培育社区组织的实践知识。

金巴案例属于王思斌老师所说的第二个框架，即在贫困这个国内外通融的概念的基础上总结和提炼金巴二十年的牧区反贫困实践之路，为藏区和牧区贡献了真正"精准"的一套丰富的反贫困的实践知识，使反贫困工作紧贴贫困牧民的需求，结合当地人的智慧和文化，创造性地开展反贫困工作。金巴绝没有借用国外的什么理论或概念，但在实践中却和国际反贫困的理论不谋而合。国际社会对贫困的认识是不断发生变化的、逐步深入的，而金巴

---

① 来自 2018 年 4 月 17 日王思斌教授在中华女子学院为社会工作学院师生开设的题目为"社会科学研究创新之探讨"讲座的 PPT 内容。

② 详见本书梁军老师书写的《性别平等：撬动村庄变革的支点——河南省登封市大冶镇周山村的社区实践》。

的反贫困实践告诉我们，藏区的多种贫困是同时存在的，金巴只是有什么条件就做什么事情。他们不是套用西方的贫困理论，而是借用西方的理论对中国的事情做一点分析和说明。

"绿色流域"的波多罗案例和周山案例类似，借用了国外参与式发展的概念，结合当地实际，创造性地推动当地村民参与，展现了一个以环保为议题介入民族地区农村综合发展的图景，丰富了社会工作的实践领域，让我们认识到环境问题不单是环境问题，更是人的生计问题以及社区综合发展问题。

山西永济蒲韩乡村的案例似乎不属于上述第一种类型，合作社是中国的概念，郑冰推出了独特的合作社经验。郑冰只是一个普通的农村妇女，却为中国贡献了一个农民真正组织起来、朝向社会性和公益性的农民合作社模式。当今中国"三农"问题中最难的问题之一大概就是组织农民了，但蒲韩乡村却让3000多户农民组织起来，而组织者竟是村子里的普通农村妇女。她们挨家挨户开展群众工作，动之以情、晓之以理、以心换心、将心比心，真心为群众服务，动用了包人到户、连片承包的中国传统乡村治理方法，最终得到了群众的信任和支持。她们的工作没有按照哪个西方特定的理论，其工作思路和方法无法用任何西方理论来解释，就这样摸爬滚打开拓性地创建了中国当代农民合作之模式。蒲韩乡村的知识的确需要再提炼和概念化，尽管很多研究者们去调查了、研究了，也采用某种概念和理论解释了，但究竟从永济经验中提炼什么概念，仍需研究者和实践者一起努力。创建本土理论十分不容易。

四 研究者和实践者一起创建本土性实践知识

本书立足于将实践者放在实践知识生产中的主体位置上，讨论生产有效促进改变的知识。如前所述，实践者的知识表现在两个方面：一是呈现出来的行动结果，如问题解决、社区改变等；二是呈现在文本上的知识。在由实践者主导的知识生产中，研究者发挥的作用表现在两个方面：一是直接参与实践者的日常工作，协助实践者在行动中反映，一起促进改变；二是协同实践者一起提炼和书写实践知识。后者的好处在于实践者可以结合研究者的经验和理论，增加实践者对于行动的知识和扩展群体的行动视野等。

关于实践者和研究者在生产呈现在文本上的知识时应如何配合，不同的研究者提出了一些相同的认识。如在传播领域，有研究者提出了第一者视角研究和第三者视角研究的区分，认为第三者视角研究就是研究者带着分析框架去研究个人或组织的行动。而第一者视角中研究者不是站在第三者的立场上研究行动，而是与实践者一起工作并参与行动，以取得改革目标。主张为了生产改变的知识的第一视角是最重要的，并排除了第三视角的立场。也有研究者提出了四种处理研究者与实践者研究关系的类型。第一种是研究者隔墙观察的实践，即简单地利用二手材料而不进入实践场域的研究；第二种是研究者扮演外来者角色的研究，即进入了实践场域却只是走马观花地看别人的"花"，并没有参与实践；第三种是协同实践研究，即实践者参与了研究者的研究，在一定程度上，研究者也参与了部分的实践；第四种是实践者即研究者，实践者站在自己的行动位置上对自己的实践进行研究。① 笔者比较认同后两种协同，他们都站在研究者是研究主体的位置上谈论研究问题。

笔者同意研究者即实践者的说法，更希望受过学术训练、有情怀的研究者直接进入社会实践中从事改变的工作，或者深度参与到实践中和实践者一起去创造知识。如果能有更多研究者深度卷入、陪伴浸泡在实践场域中，或许就会生产出如《本草纲目》《伤寒杂病论》等集大成的、流芳百世的、足以让后人在此基础上建立中医理论的经典著作。

现实中，大量的实践者缺乏学术训练，更缺乏系统理论的训练，因此格外需要研究者的协助。本书案例呈现了实践者即研究者的角色。如周山案例的书写者梁军老师，波多罗案例书写者的李大君老师和孙敏老师，他们是研究型的实践者，尽管没有受过社会科学严格的学术训练，但有一定学历，也有很强的书写能力，研究者只是起到协助他们讨论书写思路的作用。而山西永济蒲韩乡村的郑冰以及团队核心人员和玉树金巴的扎西会长以及团队核心人员，都因为书写能力而让他人协助完成。

多年来，我们的做法是研究者通过各种方式陪伴在他们身边，参与他们的工作，深入了解他们在实践中存在的问题，在此基础上选择有能力书写的团队成员协助他们书写，从大纲的讨论到书写完成，自始至终都将书写的内容（主要观点、资料等）拿回实践团队进行检查和讨论，充分听取大家的

---

① 古学斌：《为何做社会工作实践研究？》，《浙江工商大学学报》2015 年第 4 期。

意见，最终的解释权交给实践者。在这个过程中，我们鼓励实践者提升书写能力，因为这是实践者必备的能力。总之，研究者和实践者相互协同，让实践者逐步练就研究书写能力，让研究者走下干爽的高地和实践者们一起创造知识（无论是过程的还是结果的），两者成为一体、互学共享。但我们不强求实践者去书写被认为是学术规范的东西，也不把研究者学术创作的逻辑强加实践者身上。研究者关于实践的研究也要将资料和结论放回到实践场域检验、讨论，目的是将知识变成促进改善服务品质、促进改变的利器。

我们必须抱着认真对待自己本土经验的态度，那些呈现在文字上、促进了改变的实践知识虽然没有"理论"的高度和"学术"的样子，我们也应该加以重视和学习。因为这些知识已经促进了改变的发生，它们是朝向中国本土性社会工作理论建构的基石。

变革取向的农村社会工作理论

古学斌[*]

对社会工作而言，理论是有不同层次的，有些是分析（解释）性的，有些是实践（实务）性的。不同层次的理论在社会工作当中起着不同的作用。解释性的理论能够帮助我们理解社会和人的行为，诊断社会问题形成的根源；实践性的理论能够帮助我们建立行动框架，指导我们的行动。

一 理论取向

解释性理论有不同的理论取向，如功能主义（functionalism）、诠释主义（interpertism）、批判主义（critical theory）等。对笔者而言，参与此书的研究者和实践者，其理论取向基本上是变革取向的。本书所呈现的案例，其实践路径从理论上看都是变革取向的，而变革取向的社会工作基本上是延续批判理论的传统。

批判理论是一个庞大复杂的社会思想体系，简单而言，它包含了侧重于下层建筑/物质批判（马克思主义的结构性社会批判理论）和侧重于上层建筑/意识批判（以诠释学为基础的批判理论）的两大阵营。随着后现代批判理论和思潮的到来，批判理论又发展出更加复杂的多元主义批评理论取向。

* 古学斌，男，香港理工大学应用社会科学系副教授、博士生导师，中国研究与发展网络中心执行主任，英文国际期刊《中国社会工作期刊》（*China Journal of Social Work*）执行编辑。长期参与弱势群体的研究，积极提倡参与式行动研究。

尽管如此，批判理论仍有其共性——以冲突论作为社会本体论的基本假设，在此基础上寻求人性的解放和被压迫群体的社会公正。批判理论或批判的社会理论有狭义与广义之分。狭义的批判理论是指马克思及法兰克福的社会批判理论；而广义的批判理论则包括狭义批判理论、后现代主义、女权主义、多元文化主义、文化研究等。本节主要指狭义的批判理论，同时涉及部分后现代批判理论的内容。

批判理论最早源于以康德和黑格尔为代表的哲学批判传统，而传统马克思主义学派、法兰克福学派和新马克思主义学派则是最著名的批判理论。马克思、恩格斯认为只有科学地揭露（批判）不合理的现实社会，人们才能够彻底改造世界。在马恩之后，曼海姆对意识形态进行了批判，卢卡奇揭示了虚假意识，葛兰西提出了"文化霸权"理论。此外，霍克海默、阿多诺、马尔库塞等都为批判理论的发展做出了重要贡献。当代批判理论的领军人物当属哈贝马斯，他对当代社会的批判侧重于"科技理性"对人类的控制，并将批判理论同诠释学结合起来，形成"批判诠释论"，提出了著名的"沟通行动理论"。

对意识形态的分析和对文化宰制的看重应该是传统马克思主义批判理论的一个重要转向，这方面对社会工作实践有重大影响的是葛兰西。作为意大利社会党和之后共产党的主要成员，葛兰西目睹了意大利工人革命运动的失败，也看到获得工人阶级支持的法西斯主义的兴起。基于这一经历，他提出了霸权统识理论（hegemony），旨在使革命党认识到统治阶级成功和生存的基础是建立霸权统识，这是政党的主要任务。"在葛兰西看来，一个政治阶级的领导权意味着该阶级成功地说服了社会其他阶级接受自己的道德、政治以及文化的价值观念……将最少诉诸武力"。葛兰西的霸权统识概念往往与宰制（domination）一起使用，意指赢得市民社会"积极同意"（free consent）的一个过程，这同通过暴力手段实现"统治"的方式正好相反。① 葛兰西的"霸权统识"概念也很适合用来理解国家（政党）与社会（农民）的文化权力关系及其文化宰制。对葛兰西来说，无论是暴力还是资本主义生产（经济关系）的逻辑，都不能解释附属阶级在生产中所享有的同意；相反，对这种同意的解释存于意识和思想的力量之中。"葛兰西认为，资产阶级是

---

① 安东尼奥·葛兰西：《狱中札记》，曹雷雨、姜丽、张跋译，中国社会科学出版社，2000。

通过它的世界观对人类的意识进行潜移默化的改造而行使统治的，这种世界观通过长期的传播与普及后，最终被群众所适应，成为'常识'（大多数人觉得正确的社会流行见解）。另外，资产阶级对自己政权的维持，主要不是通过对暴力手段的垄断，而是通过赢得其他从属阶级对它的意识形态的同意，因为它的统治主要是意识形态和文化的霸权统识。①

国内外学者对葛兰西霸权统识的概念有很多概括，可以从三方面理解它的内涵。首先，统治阶级将自己的道德、智力、信念、价值观等作为普世性的世界观，由那些负责意识形态控制的统治者（一小部分）通过灌输、教育和改造的过程，内化于人们内心深处和日常生活的每一个层面，结果这个主流的意识在人们心目中逐步变成"常识"，或者已经成为事物自然秩序的一部分。② 其次，霸权统识也涉及统治阶级和被统治阶级之间的一种关系，统治阶级在把自己的世界观变成为常识（"真理"）的同时，也必须满足从属集团的利益和需求。所以，统治阶级意识形态霸权统识的实现也是有代价的，他们必须通过包装、重新构思和透过委婉语气的手法将特殊利益呈现为一般利益；霸权统识必须维护它所辩护的特权、地位和财产制度，这些制度不仅代表当权者的利益运作，而且代表被统治集团的利益，被统治者被诱惑（elicited）顺从和支持，民心已经被当权者俘获了；当权者为了赢得民心必须兑现他们的承诺，有时他们必须对自己的行为做出约束甚至牺牲一些个人利益，但在现实处境下当权者往往无法兑现承诺③，这就会引起社会的矛盾、冲突和底层抗争。④ 最后，葛兰西认为，如果霸权统识是政治道德的，它必须也是经济的，即霸权统识必须在重大的经济活动中占有它的地位。⑤

总之，葛兰西所说的权力与文化宰制，核心是强调国家对市民社会的意识形态文化霸权统识，关注国家权力运作中道德、智力（知识）和信仰等方面的力量，而非权力行使的暴力和强制力。葛兰西非常注重在霸权统识的过程中统治阶级和附属阶级之间的权力斗争，尤其是承诺与兑现承诺中的政

---

① 毛韵泽：《葛兰西：政治家囚徒和理论家》，求实出版社，1987。

② 安东尼奥·葛兰西：《狱中札记》，曹雷雨、姜丽、张跣译，中国社会科学出版社，2000。

③ Ku, Hok Bun. *Moral Politics in a South Chinese Village: Responsibility, Reciprocity and Resistance.* Lanham, Md., U. S. A.: Rowman & Littlefield Publishers, 2003.

④ 罗钢、刘象愚主编：《文化研究读本》，中国社会科学出版社，2000。

⑤ 毛韵泽：《葛兰西：政治家囚徒和理论家》，求实出版社，1987。

治角力（negotiation）以及抗争的可能性。这些对于文化宰制和权力运作的理解深深地影响了社会工作的实践理论。

批判理论对社会工作的最大影响在于强调个人问题的"社会结构"面向，这种理论取向尝试从政治和权利的角度寻求社会变革，期望通过社会行动实现人性的解放。秉持批判理论的社会工作认为，要以社会公正为己任，要尊重服务对象的地方性知识，因为地方性知识不仅能够指导社会工作实践，而且能够改变服务对象所处的社会环境。大卫·豪将传统马克思主义的社会工作称为"革命者"（the revolutionaries）范式，这种范式的社会工作遵循马克思主义经济结构变迁和阶级分析的立场，致力于通过社会行动改变被压迫者的现实政治经济环境和生活条件。① 与传统马克思主义社会工作不同，受哈贝马斯等批判诠释学影响的社会工作被称为"意识提升者"（the raisers of consciousness）范式。这种范式的社会工作实践注重提高人们对于社会压迫的觉悟，通过挣脱思想的枷锁而获得自身的解放。

"革命者"范式的社会工作侧重于社会结构分析，将个人的问题归结为社会经济结构问题，即个人的问题实质上是社会经济结构造成的，而非个人性论题，个人关系被视为资本主义社会关系的产物。"革命者"范式的社会工作认为，不合理的社会政治经济结构直接导致了特定社会群体遭遇不公平对待，造成他们的弱势地位，因此必须通过社会行动消除不合理的社会制度。人性解放和社会变迁是此范式社会工作的核心目标，因为只有社会和政治思想的革命或变革，才能够解决现存的社会体制问题。②

"意识提升者"范式的社会工作往往质疑实证主义的客观性、经验测量和寻求普遍规律等原则，它基于一种解释性社会科学传统，旨在揭示人们赋予行动的意义，帮助人们认识由优势集团制定的规训个人行为和互动的社会规则。批判诠释理论不仅尝试理解某些被视为"变态"行为的沟通方式，而且要从中寻求能够带来改变的新的理解和解释。不同的话语体现了不同的利益诉求，优势群体可以通过法律、制度等来体现其意志，并将压抑弱势群体的话语制度化、常识化，使这套话语体系内化到弱势群体中，常常使他们

---

① Howe, David. *An Introduction to Social Work Theory*. Burlington: Ashgate, 1991.

② 何雪松：《社会工作的四个传统哲理基础》，《南京师大学报》（社会科学版）2007 年第 2 期。

以优势群体的标签化语言进行自我污名化。因此，改变不合理的制度安排，去除对弱势群体的污名化定义，使弱势群体发声和表达利益等，是促进社会变迁的重要手段。"意识提升者"范式的社会工作非常重视弱势群体"集体意识提升"和"集体行动"等策略。①

二　变革取向的农村社会工作实践理论

尽管批判理论的构成很庞杂，在社会工作实践中的路径也有所不同，但背后的精神是一致的，即批判取向的社会工作一般从社会结构、社会制度和社会秩序等方面深层次探寻社会问题的根源，从而倡导社会运动或社会变革。譬如，以马克思主义政治经济学批判为基础的社会工作与以激进人本主义为基础的社会工作，各自遵循不同的批判理论，但都主张从社会存在、经济基础和阶级压迫中寻找社会问题产生的根源，主要任务都是与服务对象一起，通过社会运动形式或其他集体行动来改变现存的社会现实。在批判理论影响下，许多不同的社会工作实践模式得以发展，本文着重介绍当下农村社会工作广为使用的几个社会工作实践理论。

（一）增权理论

增权（empowerment）又称增能理论或倡导理论，是社会工作重要的实践理论之一，主要是从马克思主义演变而来，同时结合了女性主义和解放理论，进而形成社会工作实践中的增权理论。② 传统马克思主义往往主张通过大规模的社会变革解决现存的社会问题，然而许多现实问题大多发生在个体、家庭、群体或小型社区等微观领域。为了将宏观社会变革的目标与微观社会工作协调起来，一些马克思主义的社会工作者提出增权理论。这种理论主张在宏观的社会变革未发生之前，社会工作应该协助服务对象争取社会权益，促使现存的社会结构做出一些有利于服务对象的制度或政策调整。③

---

① Ife, James William and Jim Ife. *Rethinking Social Work.* London：Longman，1997.
② 社会工作的增权理论与巴西教育学家保罗·弗雷勒的思想有密切关系，详细可参阅其著作《为批判意识的教育》（*Education for Critical Consciousness*）。
③ Lee, J. A. *The Empowerment Approach to Social Work Practice：Building the Beloved Community*, New York：Columbia University Press，2001.

增权理论在问题为本的理论模式之外提供了另类的实践。① 与优势视角一样，20 世纪 80 年代提出的增权理论很快成为服务妇女、黑人和受压迫人群的重要理论，其最重要的目标就是建立有力量的民众。② 根据 Lee 的说法，主要有三个层面的增权：①发展更加正向和有潜能的自我（sense of self）；②建立民众的知识和能力，让其可以更加批评性地理解和解读其所处的社会与政治现实环境；③发展资源、策略和功能性能力，以达至个人和集体的目标。简而言之，增权的实践就是致力于提升个人和集体权力，让民众能够主动采取行动，改善自身的处境。③ 支撑增权理论的依据是：受压迫群体的困苦/困境并不是个人的原因，不是个人选择的失误，也不是他们自身行为的失当（pathological behaviour），而是失权的结果，失权意味着缺乏资源、权力和掌控力。只要适当地赋权民众，他们就能够形成更多的力量和能力去改善自身面临的诸多困境。

增权理论最大的优势在于看到社会、政治和经济等宏观的力量对底层民众自身选择和参与的限制。因此，它拒绝以问题为本的视角，即把底层民众的贫困和悲剧归结为个人的问题，倡导促进个人和社会制度改变。为了达到增权这一目标，社会工作的介入则致力于提升民众的意识，让他们认清限制自身发展的社会关系和政治经济环境（包括个人、社会关系和政经、自然环境的限制），然后寻求突破各方面权力桎梏的方法。

在这一过程中，社会工作者主要扮演社区教育者的角色，通过教育启蒙，催生受压迫群体或者弱势群体的意识提升。例如，在农村社会工作中，社会工作者侧重于分析市场化及全球化发展对"三农"问题或社会公正所产生的影响；在介入策略上，他们以农村社区或农民的需求为本，启蒙民众的意识，与民众一起努力改变各种不合理的权力结构或制度安排，致力于创

---

① O'Melia, M. and DuBois, B. From problem solving to empowerment based social work practice, in L. Gutierrez and P. Nurius（Eds.）*The Education and Research for Empowerment Based Practice*, pp. 161 – 70. Seattle, W. A.: Center for Social Policy and Practice, University of Washington, 1994.

② Gutierrez, L. 'Working with Women of Color: An Empowerment Perspective', *Social Work* 35 （1990）: 149 – 154.

③ Lee, J. A. *The Empowerment Approach to Social Work Practice: Building the Beloved Community*, New York: Columbia University Press, 2001.
Gutierrez, L., Delois, K. and GlenMaye, L. 'Understanding empowerment practice: building on practitioner based knowledge', *Family in Society* 76 （1995）.

造一种社会公平的环境，从根本上改善民众生计和生活状况。

批判取向的农村社会工作在中国有相对广阔的运用空间。众所周知，与发达地区的农村相比，我国中西部贫困地区的农村长期处于资源分配短缺、发展机会不平等、相对边缘化的状态，这使得以促进社会公平和社会变迁为己任的农村社会工作者既可以以"增权"或"倡导"理论为基础，努力提升贫困地区农民的权利意识和改善生计的能力；也可以尽力为农村社区争取更多的资源和公平发展的机会，使农民尽快摆脱困境；还可以深入研究农村贫困的根源，推动政府决策部门相关社会政策的改变和体制创新。因此，批判取向的农村社会工作在新农村建设中发挥的重要角色是增权者，通过运用增权理论，提升民众意识，促进民众的赋权。

增权社会工作思潮承袭于激进的人文主义理论，又以传统马克思与现代批判理论家（如葛兰西、马尔库塞、哈贝马斯等）的某些理论为基础。作为人本主义，它认为人们的生活世界是一个"意义世界"；作为激进的人本主义，它又看到这个世界充满了不公正的事实。因此，与一般的人本主义不同，激进的人文主义者认为，人们在"意义世界"中产生的人格的、心理的问题必须从现代资本主义社会的反人道特征中加以理解。社会工作者的任务就是要与服务对象一道，通过改造现存的社会秩序，解决人们在"意义世界"里所遭遇的许多问题。激进人本主义虽然要求改变社会现实，但最终关注点仍然是致力于改变服务对象的"意义世界"。

（二）能力建设理论

在过去 20 年，能力建设理论（capacity building）发展得很快，成为政府、非政府和非营利组织讨论的热点。[1] 显而易见的是，在联合国和其他 NGO 的会议上，人们都在讨论能力建设的议题。这一理论在某些助人专业譬如社会工作、护理等领域得到广泛运用，成为这些专业实务模式的重要指导理论。如果在农村社区发展过程中，要追求可持续性和以民众中心的目标，能力建设不能不成为一个重要的考量。是否有能力建设的因素，往往成为评估一个农村发展项目经费、有效性及其表现的重要指标。发展项目是否

---

[1] Eade，D. *Capacity-Building*：*An Approach to People-centred Development*. Oxford：Oxfam，1997. 譬如乐施会等就出版与能力建设相关的书籍。

有能力建设的因素也被看成评定项目经费和评鉴项目有效性和表现的重要指标。①

能力建设理论主要受早期增权、公民社会、社会运动和参与等理论的影响，而这些理论既有马克思主义、批评理论的传统，也有弗雷勒批评教育学和解放神学的烙印。② 能力建立理论中的关于意识启蒙和良知化等概念本身就源自弗雷勒的批评教育学和解放神学，这些概念在 20 世纪七八十年代出现并很快盛行起来，影响着学术界和社会运动界，成为人们界定人类发展和赋权的学术与道德框架。这些概念之所以最早出现在拉丁美洲，与在地政治压迫和军事镇压时代背景有密切的关系。当时许多左翼知识分子被迫政治流亡，许多激进的神父和宗教群体也被右翼力量迫害，在这样的土壤里形成了与民众团结一致在日常生活中抗争压迫并寻求社会公义的理论。迄今，这一理论依然很有影响力，继续启发着社区发展以及诸如能力建设等新理论。③

承继弗雷勒《受压迫者教育学》④和《为批判意识的教育》⑤ 中关于意识启蒙的思想，能力建设理论也认为阅读是政治性的，如何阅读世界影响着我们如何阅读文字。所以能力建设的重点是通过对话式的教育启蒙民众的思想，挑战原有的社会制度和改变原有的权力关系。这种观点基本上形成能力建设理论的三个层面：①认为民众的经验和知识是非常重要的；②意识、学习、自信、自尊、行动力和改变力（capacity for action and change）是能力建设过程中的重点；③相信贫困和边缘群体有权利和能力去挑战威权，从而建立一个新的没有剥削和压迫的社会。

解放神学是能力建设理论的另一个重要历史源泉。它从对《圣经》的重新解读开始，企图重新寻找真正的"穷人的福音"，希望通过《圣经》找到个人、集体甚至举国的解放之路，挑战真实世界的不公平并解决贫穷的问题。女性主义神学则进一步希望通过运用《圣经》这一有力武器为贫穷和

---

① James, R. *Strengthening the Capacity of Southern NGO Partners*. Occasional Paper Series Number 5. Oxford: INTRAC, 1994.

② Freire, P. *Pedagogy of the Oppressed*. Harmondsworth: Penguin Books, 1972.

③ Escobar, A. and Alvarez, S. *The Making of Social Movements in Latin America: Identity, Strategy and Democracy*. Boulder, CO: Westview Press, 1992; Eade, D. and Williams, S.. *The Oxfam Handbook of Development and Relief*. Oxford: Oxfam, 1995.

④ Freire, P. *Pedagogy of the Oppressed*. Harmondsworth: Penguin Books, 1972.

⑤ Freire, P. *Education for Critical Consciousness*. London: Sheed and Ward, 1973.

弱势的妇女服务。无论如何，这些理论都延续了马克思主义和批评理论的传统，强调穷苦人和弱者的权力，企图通过介入民众意识的启蒙，推动运动和增权①。

能力建设理论出现以来，已经在农村社区发展中得到广泛使用，用于支持和培育农村社区能力的成长和转变。社区参与（participation）是农村能力建设中的关键，如果在推动社区发展中没有在地民众的参与（non-participation），将会导致工作失败。因此，在农村社区工作中，推动个人或集体提升意识，能力建设将是农村社会工作者的重要任务。因为没有意识转化的民众参与将不是真正的参与，民众也无法真正成为发展工作的主人。

（三）资产建设理论

当前，西方国家农村社会工作有一个重要转向，就是重视社会网络（social network）和社会资本（social capital）的建设。美国堪萨斯州立大学社会福利学院的研究认为，资产建设（assets building）以"增强为本"的实务模式为基础，旨在发现及重新肯定个人能力、天赋、智慧、求生技能及志向，挖掘社区的共同财产和资源。美国西北大学资产建设社区学院的研究也认为，与资产及能力建设相吻合的是尝试探求资源及培养社区不同的关系。② 而圣路易斯市的华盛顿大学社会发展中心的迈克尔·谢若登（Michael Sherraden）教授的资产建设研究团队则将资产建设作为低收入家庭和贫困人口的发展策略，以此协助这些群体形成累积资产和积蓄的机制，重新建立生活的信心。③ 社区发展实践非常强调资产和能力建设的方法。④ 斯诺⑤认为，社区资产包括本地居民的技艺、地区居民组织的权力，公营、私营、非营利机构的资源及当地的物资和经济条件。资产建设理论的核心是假设每个

---

① Eade, D. *Capacity-Building*: *An Approach to People-centred Development*. Oxford: Oxfam, 1997.

② Kretzman, J. P. and Mcknight, J. L. *Building communities from the inside out*. Evanston, IL: Institute for Policy Research, Northwestern University, 1993.

③ Sherraden, M. *Assets and the Poor*: *A New American Welfare Policy*. Armonk, NY: M. E. Sharpe, 1991.

④ Kretzman, J. P. and Mcknight, J. L. *Building communities from the inside out*. Evanston, IL: Institute for Policy Research, Northwestern University, 1993.

⑤ Snow, L. K. *The Organization of Hope*: *a workbook for rural asset-based community development*. Chicago: ACTA Publications, 2001.

人都具有能力、潜质和天赋等禀赋资源（资产建设理论的核心前设是每个人都具有能力、潜质和天赋等），关键是要发掘并抓住这些资源，并详细列出社区及个人能力清单（capacity inventory）。农村社会工作者通过发掘社区的资产、发展社区的资产，改变了弱势社区的面貌，使其从被动消极转向主动积极，也改变了社区弱势贫困群体的处境，不管是有形资产的（经济、财务）还是无形资产的（社会资本、社会关系）都得到了提升。

（四）优势视角

优势视角（strength perspective）最早是由美国堪萨斯州大学（The University of Kansas）社会工作学院提出的。与问题为本的社会工作不同，优势视角的社会工作并不把注意力聚焦在民众自身的局限和问题上，而是努力去发现和挖掘在地社区及民众自身的优势。同样，优势视角理论与以问题为本的社会工作模式很不同，它并不聚焦在民众的局限和面对的问题上，反而教会我们怎么样去看见和发掘在地社区和民众的优势。[1] 社会工作者通过优势视角，能够看到民众拥有日益成长的能力和潜能，社会工作的焦点因此也发生了改变，从原来不断解决问题转变为协助民众发掘和启动其自身的优势（包括他们内在的资源、过去的成功和历史、正向的素质等），以实现他们发展的目标。在这种视角下，社会工作者不会运用专家式事先预定的介入手法，而是在协助民众发掘自身和社区资源的过程中去发现可行的方法。有研究者[2]进一步指出优势为本的资源对发展民众的能力有很大的贡献，大大解决了民众关心的问题。因此，优势视角也是以上提到的能力建设理论和资产建设理论的核心，能力建设和资产建设同时是优势视角的重要内容。

优势视角的社会工作反对将服务对象问题化，认为问题的标签对服务对象"具有蚕食效应，重复的次数多了之后，就改变了案主自己对自

---

① Weick, A. Rapp, C. A., Sullivan, W. P. and Kirsthardt, W. A Strengths Perspective for Social Work Practice, *Social Work* 344 (1989): 350 – 54. Scales, T. L. and Streeter, C. L. *Rural Social Work: Building and Sustaining Community Assets*. Belmont, CA: Brooks/Cole/Thomson Learning, 2003. Cowger, C. Assessing Client Strengths: Assessment for Client Empowermentin. D. Saleeby (ed.), *The Strengths Perspective in Social Work Practice*, New York: Longman, 1997: 59 – 73.

② Locke, B., Garrison, R. and Winship, J. *Generalist Social Work Practice: Context, Story and Partnerships*. Pacific Grove, C. A. : Brooks/Cole, 1998.

己的看法和周围人对他们的看法。长远来看，这些变化融入了个人对他们的自我认同（越来越没有自信心）"。优势视角强调社区发展要重视资产建设和能力建设。塞勒伯①明确提出："优势视角是对传统社会工作实践的一次戏剧性飞跃。优势视角取向的实践意味着，作为社会工作者所要做的一切，在某种程度上就是立足于发现和寻求、探索和利用案主的优势和资源，协助他们达到自己的目标、实现自己的梦想、面对自己生命中的挫折和不幸。"塞勒伯认为，在一段时间内，社会工作在发挥案主的优势方面做得不够。"优势视角的实践要求我们从一个完全不同的角度来看待案主、他们的环境和他们的现状，不再是鼓励地或专注地集中于问题，而是把眼光投向可能性。在创伤、痛苦和苦难的荆棘之中，你能看到希望和转变的种子。其实这个公式很简单：动员案主的力量（天才、知识、能力和资源）来达到他们自己的目标和愿望，这样案主将会有更好的生活质量"。

优势视角有这样一些基本信念。①赋权（empowerment）。西蒙（Barbara Levy Simon）认为，赋权应建立在五个理念之上：与案主和委托人之间的合作伙伴关系；强调案主的能力和优势，并不断将其扩大；关注个人、家庭与环境；将案主视为积极、能动的主体；将个人的精神指向一直受到剥夺和压制的人群。②成员资格（membership）。优势取向承认我们所服务的对象和我们每个人一样，都是某一类社会成员，享有成员身份与生俱有的自尊、尊严和责任。保证和实现成员享有的权利和责任，确保成员身份的安全是赋权的第一步。成员资格的另一个价值就是同一归属的人们能够走到一起，发出自己的声音，让不公平受到重视，让需求得到满足，从而实现自己的梦想。③抗逆力（resilience），即一种面对磨难而抗争的能力。很多研究和实践都表明，人在遭遇严重麻烦时会有反弹，个人和社区可以超越和克服严重麻烦的负面事件。④对话与合作（dialogue and cooperation）。通过对话，能够确认他人的重要性，并开始弥合个人、他人和制度之间的裂缝。

为此，优势视角的社会工作有这样一些特点：强调每个个体、团体、家

---

① D. Saleeby（ed.），*The Strengths Perspective in Social Work Practice*. New York：Longman，59 – 73.

庭和社区都有优势（财富、资源、智慧、知识等）；虽然创伤和虐待、疾病和抗争具有伤害性，但这些表象背后可能具有的挑战和机遇，即那些为面包、工作和住房而抗争的人们是具有抗逆力和具有资源的，即便生活困苦，他们有取得成就的期望；与案主合作，才可以更好地服务于案主；案主所处环境都充满着资源；注重关怀、照顾和脉络。

在优势视角理念和原则的指导下，20 世纪 90 年代以来，社区发展在美国再度兴起。美国社区发展主要以能力建设和资产建设为核心，侧重于三方面的内容。其一，资产建设和能力建设。社区发展的许多概念集中关注、洞察并利用社区内可获得的资产、资源和优势。社区发展的起步首先是分析社区存在的资源、支撑社区生活的人力资本和物质资本、居住和工作在社区的人们所拥有的能力和优势、社区内的组织和团体对社区资产所做的贡献和作用等。其二，建立关系。建立关系的前提是社区工作者承认社区及其周围环境中存在没有被认识的有价值的内在资源（基本假设是社区和它的周围环境可能隐藏着某种内在的资源），社区工作者应该认真欣赏和发掘社区的这些内部资源。而社区资源的发掘离不开信任、关怀和负责任的关系的建立，因此，社区工作者十分注意构筑或重塑自己与居民以及正式的居民组织之间的关系。其三是，树立希望。用优势视角和资产为本的取向激发案主和工作者的乐观情绪、希望和动机。

（五）社会发展理论

如果说以上社会工作实务理论是针对微观（micro）和中观（mezzo）层面的介入，那么社会发展理论（social development）则是从宏观层面思考问题。社会发展的整体目标就是要确保社会和经济政策是包容性的，能够让社会各层面的人群受益。任何发展的项目必须是民众中心、可持续性和产出性的。[①] 如果落实到农村社会工作，则必须是致力于提升民众的能力，让他们能够有生产性地参与社会经济发展。[②] 社会发展理论的根本信念是每个贫穷和边缘的人都拥有能力和资源，增强他们的能力和信心、让他们做出自己的

---

① Chambers, R. *Rural Development: Putting the Last First.* London: Longman Group, 1984.

② Torczyner, J. Globalization, Inequality and Peace Making: What Social Work Can Do, *Canadian Social Work* 2（2000）：123–146.

选择、决定自己发展的方向、采取行动是社会发展的根基①。社区发展的另一个重要的理念是，每个人都有平等分享世界财富、主导自己发展的权利，权利的剥夺是贫困和创伤的根源。所以在农村社会工作中，比较好的方式就是去建立在地社区的能力，让民众推动社会的发展。

受后现代批判理论特别是福柯思想的影响，许多学者阐述了发展与权力/知识之间的关系。他们"对发展主义做出不同程度的批判，质疑那种放之四海皆准的现代化工业文明的合理性，挑战建构现代化发展话语的运作流程"②。他们认为这种发展主义（developmentalism）的意识形态是蕴含于意义与权力之特殊文化脉络下的论述，将现代文明的发展视为一系列线性进步的过程③，并将其等同于经济增长，再将经济增长等同于美好生活——这种发展主义的信念，"将丰富多元的人类需求和自然生态，约化成单一的向度，仅以经济指标来衡量"④。这套发达、进步的发展论述声称"落后"地区（第三世界）的人们只要采取发达地区（西方国家）的现代化、工业化、市场化、私有化等发展策略，就可以慢慢追赶上发达国家的经济增长水平，从而获得美好生活。然而，第三世界的发展实践雄辩地证明这条"超英赶美"的发展道路最终都变成了发展的幻象。⑤

发展主义论述将西方以外的国家或地区命名为"贫穷地区""第三世界""落后国家""发展中国家""低度发展地区""边缘地带"等，以此为依据将这些国家或地区的"穷人"边缘化。埃斯科巴认为发展本身作为一套论述，精彩地扮演了这个角色，他借助福柯对知识、真理和权力的分析（主体客体化模式），在文章中仔细地梳理了西方发展主义论述及权力/知识实践（特别是学科专业化过程等）是如何建构了非西方国家（地区）及农

① Ginsberg, L. H. *Social Work in Rural Communities*. Virginia：CSWE Press, 2005. Lohmann, N. and Lohmann, R. A. *Rural Social Work Practice*. New York：Columbia University Press, 2005. Collier, K. *Social Work with Rural Peoples*. Vancouver：New Star Books, 2006.

② 许宝强：《前言：发展、知识、权力》，载宝强、汪晖选编《发展的幻象》，中央编译出版社，2000。

③ 苏珊·斯戈齐、珍·哈吉斯：《文化与发展——批判性导论》，沈台训译，巨流图书股份有限公司，2003。

④ 许宝强：《前言：发展、知识、权力》，载许宝强、汪晖选编《发展的幻象》，中央编译出版社，2000。

⑤ 沃勒斯坦：《发展是指路明灯还是幻象》，载许宝强、汪晖选编《发展的幻象》，中央编译出版社，2000。

民的"第三世界""低度发展地区""文盲农民"等刻板化形象，进而确立和强化西方的优势地位。① 埃斯科巴从真理的生产、标签的生产、主体客体化等三方面具体阐述了发展主义论述对西方以外的国家（地区）及农民的边缘化机制。第一步，有关发展的"真理"生产。西方通过一个理论体系（发展经济学）、一些实践（发展政策和规划等）以及许多区域性或地区性的发展组织等的相互配合（权力运作），使追逐经济增长的发展论述在不同的国家或地区间扩散和流行起来。第二步，标签的生产过程。新的学科（专业）分类及专家与国家新体制密切配合，将全世界划分为"发达"与"不发达"、"发展"与"不发展"、"现代"与"传统"的二元对立的类别，把西方以外的"贫困"地区命名为第三世界、落后国家、发展中国家（地区）、低度发展国家（地区）、边陲地区等，并将这些地区的农民标签化为"小农""文盲农民"等负面形象。埃斯科巴说："在这个过程中，农民被发展机器（development apparatus）组织成生产者，或可被替换，或可被现代化，或可被'整合'到国家经济体系的元素。换句话说，他们被管理、被控制，只能在体制所划定的界限内被要弄。"② 标签的生产更深层的意义是：西方社会的发展路程变成了唯一"正常的标准"（normality of change），凡不合乎标准的（abnormal）社会都被贴上传统社会、未开发社会的标签。故要踏上富强或现代化的道路，就必须以西方工业文明为目标，采纳与西方发达国家相近的知识系统和技术，发展科技、发展工业、建立市场经济等。③第三步，埃斯科巴认为资本主义为了获得廉价劳动力和廉价粮食等资源，通过发展论述及发展计划的推行，将农民建构成为资本主义发展的"主角"（主体客体化）。埃斯科巴认为在发展的知识与权力技术（techniques of power and knowledge）中，农民成为等待发展的他者。

农民的世界被专业化的机构和实践所组织。这些机构和实践，贯穿

---

① 埃斯科巴：《权力与能见性——发展与第三世界之编造发明与管理》，载许宝强、汪晖选编《发展的幻象》，中央编译出版社，2000。
② 埃斯科巴：《权力与能见性——发展与第三世界之编造发明与管理》，载许宝强、汪晖选编《发展的幻象》，中央编译出版社，2000，第95页。
③ 古学斌：《发展中的「他/她者」：中国农民社会边缘性的形成》，载古学斌、李明堃主编《华人社会中的社会排斥与边缘性》，香港理工大学应用社会科学系政策研究中心出版，2003。

渗透了农民的世界，调整着乡村的社群关系（例如农民、商业耕作、大型综合农业公司之间的关系），影响了其他类别的关系（例如性别关系），并且使人对这些不同主体间的互动关系的描述，只能在源自专业化话语的框架类别下进行。由此冒出一个角度是：一群"营养不良"或"文盲农民"有待有效的发展计划去消除（例如通过"绿色革命"或"综合性农村发展"）。①

埃斯科巴意识到发展的专业化和体制化等权力实践对农村社群关系的影响很大，他也提及了高科技（绿色农业等）的推广应用对农民传统的生产、生活方式（包括传统技艺等）所带来的后果。

关于现代知识系统对原住民社群文化生活冲击的问题，马洛林、阿柏杜雷等学者的研究颇具独创性。阿柏杜雷引用印度西部瓦迪（Vadi）的农村案例，指出现代农业知识系统对农村带来的消极影响不单是物质上的，还包括对当地社群文化生活的破坏。马洛林②的研究指出，以杂交谷物和新种子、化肥等为标志的高科技农业在第三世界国家和地区的推广应用，除了造成环境污染、水资源耗费以及对小农土地、资金等分配不公平外，最重要的政治后果是现代化农业知识系统对原住民社群文化生活的冲击。马洛林认为，将传统的生计农业转变为生意，农业的农业商业化运动和高科技杂交农作物的推广应用，给农村社群文化生活造成两方面的恶果：一是打破了传统小区的文化纽带，改变农民的身份认同。"农耕渐渐变成谋生的方式，而非生活方式；农民也就成了农业商人"。马洛林把农民分成两类：第一类是受过教育的、有技术的、有财有势的、有进取心的"醒目仔"，第二类是普通的"泥腿子"。他认为第一类农民在高科技革命中因为拥有信贷管道、资本、推动现代技术的能力和知识等资源，他们与政府、工商界、金融界官僚平起平坐，成为农业商人或新贵，他们最擅长的工作就是管理；在第一类农民（"醒目仔"）富强起来的同时，第二类农民（"泥腿子"）却因为没有经营资本和能力（科技知识等），在农业商业化的竞争中被淘汰出局。马洛林说：

---

① 埃斯科巴：《权力与能见性——发展与第三世界之编造发明与管理》，载许宝强、汪晖选编《发展的幻象》，中央编译出版社，2000，第95～96页。

② 马格林：《农民、种籽商和科学家：农业体系与知识体系》，载许宝强、汪晖选编《发展的幻象》，中央编译出版社，2000，第245～339页。

农业理性化就把农民从一个人降格为致富过程的一部分。农民成了信贷、高科技投入的供应和政府专家意见的附庸，一言以蔽之，农民成了农工业机器的一颗螺丝钉。由于农民依赖或从属于银行家和官僚，他对于土地、小气候和他的世界里的其他枝节的知识，都在高科技农业内部具备的标准化的要求下，变得不合用或不相干了⋯⋯他自然要失掉努力的习惯，而变成最愚钝、最无知的人。[1]

马洛林认为农业商业化和高科技农作物的推广应用，给农村社群文化生活造成第二个恶果是农业高科技专家操纵的现代学识冲击着传统技艺。在农业商业化和高科技农业推广应用中，"知识被完全等同于学识，因而使学识产生独尊趋势（专家的专业知识操控），排斥其他同等重要的知识体系"[2]。科学知识贬低本土知识（技艺等）的表现是高科技农业专家将每个农庄都变成实验室，将高科技农业知识推广应用到农村，用自己的学识教化"愚昧无知"的农民。专家与农民接触所产生的后果十分糟糕，"农民沦为农业无产阶级，依赖推销员提供种子、化肥和农药，依赖银行家提供信贷，依赖专家组织生产。实难想象农民能够避免这一结局"[3]

由于现代科学知识在农村赢得了独尊的地位，传统文化、知识、技艺和价值观逐渐丧失。"在这种发展主义文化的不断生产和再生产过程中，大部分中国农民也接受了别人为他们建构的形象，自我否定、自我矮化"[4]，出现自信心和身份认同危机。

---

① 马格林：《农民、种籽商和科学家：农业体系与知识体系》，载许宝强、汪晖选编《发展的幻象》，中央编译出版社，2000，第259页。

② 马格林：《农民、种籽商和科学家：农业体系与知识体系》，载许宝强、汪晖选编《发展的幻象》，中央编译出版社，2000。

③ 中国学者郭于华2005年以农业转基因大豆生产和消费为例，讨论了在"转基因"高科技领域，知识与权力结合获得霸权统识的过程。正是这种知识/权力的宰制，中国的消费者遭受到各种明显和潜在的威胁。他用实例说明正是"发展是硬道理""在中国人权就是生存权"和"科学技术是第一生产力""崇尚科学"两套话语，使基因科学及科学家获得了知识生产的霸权地位，他们以高科技、专家的名义在商业、农业等领域取得优势和利益并有效地推动着发展主义和科学主义论述的扩大再生产。

④ 古学斌：《发展中的「他/她」者：中国农民社会边缘性的形成》，载古学斌、李明堃主编《华人社会中的社会排斥与边缘性》，香港理工大学应用社会科学系政策研究中心出版，2003，第31页。

　　总之，埃斯科巴运用福柯对知识、真理和权力分理论架构详细论述了权力/知识的运作对农民的社会规训和社会排斥，他从真理的生产、标签的生产、主体客体化等三方面具体阐述了发展主义论述是怎样将西方以外的国家和地区建构成为低度发展（边缘）地区，并将第三世界国家的农民塑造成为"贫穷落后"的他者形象（边缘化机制）。马洛林则非常具体地解释了农业商业化、高科技农业推广应用（专家的专业知识操控）对农民传统知识（技艺）的冲击，并特别讨论了权力/知识的运作对"文盲农民"负面形象的建构的内在机制。

　　今天的中国，同样被这一套发展主义论述所支配。改革开放前的"大炼钢铁""超英赶美"，一场场规模空前的大型社会发展规划工程都是为了摆脱"传统"走向"现代化"；改革开放后也是如此，虽然不再延续集体经济的方式，而是搞中国特色社会主义市场经济，然而背后依然是一套现代化发展的论述框架。私有化、市场化和商品化是新时代的统治真理（regime of truth），历史的发展依然是一种直线式的道路。在中国的发展论述中，农民被构建成中国社会落后的根源、经济发展的障碍。传统农村社会的生产方式（小农经济）、权力结构（知识阶层、士绅阶层）、传统文化中的宗族系统、祖先崇拜和民间信仰等都重新被定义为封建产物，都必须予以否定和消除。

　　这种对农民的形塑，我们在中国各地开展农村社会工作时深有体会。我们常常看到村民自己看不起自己，看不起自己族群的文化；看到一批批的青年人渴望离开自己的"生命共同体"——养育自己的社区，一旦离开，就再不愿意回到故里，即便回来，也是带着外人的眼光来看自己的家乡，嘲弄自己家乡的传统文化，接受别人赋予自己的身份标签，否定自己的文化身份，最后的结果恐怕就是他们被慢慢地同化，他们的文化被侵蚀而慢慢消失，整个社区被瓦解。在这种发展主义文化的不断生产和再生产过程中，大部分中国农民已接受了别人为他们建构的形象，自我否定、自我矮化。今天我们在农村开展社会工作，如果要提倡扶贫灭贫，实现农村可持续发展，那就不能不去反省发展主义的论述，重新发掘、保护和肯定农民传统社会和文化，让农民寻回自己的价值和能力，成为有历史自觉、文化自尊和社区自信的群体；否则，一切发展的结果只会是再度否定农民社会、少数民族社区，强化农民的边缘性。

　　破解发展主义话语对农村社会工作具有重要意义：第一，让我们重新审视发展的观念，认识现代化发展理论对农村社会的破坏，寻求能够保护农村、农民和农业发展的另类发展道路；第二，探索用文化政治的策略来保护和团结农村社区。

（六）社会经济理论

在农村社会工作中，我们无可避免地必须面对村民经济发展的议题。社会经济（social economy，或称团结经济，solidarity economy）理论既是解释性理论，又是实践性理论。它除了对资本主义市场经济发展有深刻的分析和批判外，更加具体地开出资本主义经济发展之外的另类发展道路——团结经济。

社会经济理论指出，经济的发展必须回归社会，将市场经济逐渐向社会经济转变，立足农村社会现实，真正推动和扶持多元化的经济模式，在农村社会的原有基础上培育工业化与城镇化，而不是任由或者鼓励大资本侵入农村社会，将土地和农民进行彻底的商品化，剥夺农民仅存的生产资料与生活资料。

相比于市场经济，社会经济的要旨应该包括以人为本、立足社区、互助合作、民主参与、人与土地的和谐共生、生产是为了解决民生问题（不是为了消费）、多元化的社会所有制。一般来说，市场经济的主要缺陷在于资本垄断的不可避免，人与土地的高度商品化以及对社会与环境的破坏；而计划经济的主要缺陷在于高度集中的计划生产缺乏灵活性，官僚主义管理，工人的生产参与积极性和自主性不足。相比之下，社会经济则最大可能地避免了这两种经济制度的内在缺陷，并吸收了这两者的长处：整合了市场经济的生产效率与管理模式，并承继了计划经济的公平分配与社会参与。

从根本上来说，社会经济不是服务于资本积累的，而是重新将经济发展嵌入社会关系中的一种新型模式。经济发展要为人民服务，而不是要民众为大资本赚取暴利和不理性的经济发展而做出牺牲，经济发展必须立足社会，服务社群。

推行社会经济，要旨应包括：①以人为本：经济为人人，人人做经济，每一个人也可得到有保障、有尊严的生活，也可自主地参与经济活动，免受高地价等不公平竞争的制约；②立足社区、互助合作、民主参与：社会经济提倡社群间互助合作及团结精神，反对当下市场经济为追求大资本利益而牺牲社群生计，一方面复原经济活动的社群元素，另一方面让经济活动呈现多元、开放及创造性；③重视人与土地的和谐共生，创造共同永续富裕，实行多元化的社群所有制。

社会经济是主流市场以外的一种新经济实践，其特点是：经济发展不是为了少数人的暴利，生产不是为了无谓的消费，而是为了解决民生，共同致富，缔造有尊严的生活和理想社会。社会经济欢迎所有市民参与，成为生产者、销售者、分配者或使用者，通过持续不断的经济实践达致自我提升，是一场要求众参与者通过民主参与、互助合作，推动个人和社群经济生活模式改变的社会运动。

社会经济包括生产、交换、使用、分配和创造价值这五个经济范畴，这五个范畴应该充分为不同的社群提供新经济实践的场地，让不同的群体根据不同的专长和需要，参与和体验真实的经济生活，通过不断学习与实践，提升个人的生活内涵和社会经济的可持续发展。

社会经济运动是多元、开放的，且有着统一的目标：不同的社会经济项目有着多元的目标社群和运作模式，同时秉持共同价值理念，并最终以"互助合作"及"共同参与"作为运动的基础理念。在这个意义上，社会经济所依附的不是一个单一的共同愿景，而是通过各式各样及多种的经济生活实践，建构一个以参与者为主体、共同创造理想社会的过程，以建立新的社会经济制度。

依据欧洲社会经济联盟（Social Economy Europe）所倡议的《社会经济原则宪章》（Charter of Principles of the Social Economy），社会经济运动的内部守则包括以下七点。

- 重视个人及社会目标高于资本与利润。
- 成员的参与必须是开放而自愿的。
- 重视社会持份者的参与和成员的民主管理。
- 业务的营运不单照顾组织成员和服务使用者的利益，并同时照顾公众利益。
- 维护并着力实践社群之间的团结精神及相互守责的基本原则。
- 独立于公营部门，实行自主管理。
- 盈余的分配大部分用于维持永续发展的目标，除服务成员的利益外，同时照顾公众利益。

社会经济运动的参与者必须重视以上原则，然而由于不同的社群特点以及在地情况的差异，在具体的经济实践中，有可能需要在不同的价值范畴做出取舍。面对此种情况时，社会经济的实践者须持续地通过集体参与及讨论，以求在不同的社会及经济价值之中取得平衡。这个民主参与及决策过程是社会经济运动实践的重要一环，通过经济民主的体现，参与者得以自我提升、民主参与、互助合作，逐渐改善个人的经济生活模式以及改善社会。

三 小结

以上是农村社会工作实践性理论，其皆有变革的内涵。这些理论虽然重点各异，但也有相通之处。这些理论在具体的农村社会工作实践中可以单独运用，也可以结合起来运用。此书的案例充分展示了这些理论如何跟农村社会工作的实践紧密结合。

性别平等：撬动村庄变革的支点

——河南省登封市大冶镇周山村的社区实践

梁　军[*]

未曾阅读这篇文章之前，请您先做一个测试。我曾在不同地区、不同场合、不同人群中做过这个测试："一位学者到农村调查，刚一进村，迎面走来一个地地道道的农民。请问：此时此刻，你脑海里浮现的这位'农民'是男的还是女的？"

您的答案是什么？

在我所做的历次测试中，无论男女，答案都惊人的一致："男的！"

这大概就是我们常说的"刻板印象"。刻板印象是人们对某个社会群体形成的过分简单、固定、滞后于现实的概括性看法。刻板印象一旦形成，就具有较高的稳定性，在很长的时间里难以改变。

千百年来，"男耕女织"的小农生活和"男外女内"的性别分工，把妇女定位于家庭。在人们看来，农村妇女只是生活在一个个农村家庭中的"女人们"，很难直接把她们和"三农"联系起来。大量男性农民外出务工的那些村庄被人们称作"空心村"，大概就是这个原因。

---

[*] 梁军，女，曾担任河南省妇女干部学校副校长，2000年退休后创办"河南社区教育研究中心"，长期从事妇女研究、妇女教育和社区发展工作。2000年以来主持有关性别平等与农村发展项目若干，如"农村妇女健康""修订村规民约，推进性别平等""农村多样化养老模式探索"等。著有《女性成功的奥秘》《纠正男孩偏好读本》《让晚年充满阳光：写给农村老年人》，编著有《悄然而深刻的变革》《登封探索之路》等。

如果你带着这种"刻板印象"在农村工作，就可能会遮蔽一个丰富的世界。

一 "我们"与周山村结缘

（一）我们——一个小小的"妇女NGO"[①]

1. 教育者与实践者结盟

20世纪80年代中期至90年代初，中国社会处于急剧转型的初始阶段，曾以为早已实现"男女平等"的中国妇女，面对突如其来的各类妇女问题——女工下岗、女干部落选、女大学生就业困难、农村妇女失地、女童失学等，一时间感到前所未有的迷茫。那时，我作为河南省妇女干部学校的教师，应各方之邀，走出校门，深入到机关、医院、科研单位、大中学校、油田、铁路、厂矿等，为各界妇女举办"改革与妇女""认识我们自己""提高妇女素质""妇女参政""妇女就业"等讲座，并先后在中央人民广播电台以及河南、山东等地方电台、电视台开展"漫谈当代妇女要走的路""女性·事业·家庭"等系列讲座。

在此期间，因工作关系我与河南登封市[②]妇联主席孙爱荣、副主席欧阳秀珍结识并建立深厚友谊，我和河南省妇女干部学校的董琳及其他几位老师至少每年两次到登封市进行妇女干部、女职工及农村妇女培训。大家曾多次聚在一起商讨，认为教育/培训在增强妇女自信、提高妇女能力、唤醒社会关注妇女问题、更新公众的性别观念等方面，能够起到很大的推动作用，同时能满足社会各界妇女（特别是教育资源欠缺的农村妇女）的迫切需要。

但是，如果没有比较稳固的教育基地和渠道，像我们原来那种"四处

---

① NGO（Non-Governmental Organizations）特指那些独立于政府、独立于市场、有志愿精神、有公益追求的组织。世界银行的定义：NGO是一种"为人们减轻痛苦、提升穷人福利、保护环境、提供社会基础服务，或进行促进社区发展等活动的组织"。在我国，NGO曾被翻译为"非政府组织"，最初常引起误解，将"非政府"理解为"反政府"。为适应国情，一些学者或NGO开始使用"民间组织""非营利组织""志愿者组织""公益组织"等称谓，以彰显NGO的非政府性、独立性、非营利性、志愿性、公益性等基本特征。妇女NGO是指涉及"社会性别"领域的NGO。

② 当时隶属于河南省省会郑州市，在郑州西南70公里处，世界名刹少林寺所在地。

奔波、蜻蜓点水"般的讲座不但难以持久，实际效果也令人怀疑。因此，大家希望"教育者"能够与妇女工作"实践者"结盟，共同建立一个体制外的、有自主运作空间的机构作为载体，采用较为灵活的方式，将已经开始的"妇女教育"持续下去，并探索开展农村妇女教育的路径。

1998 年 10 月，"河南社区教育研究中心"① 正式成立，我们之所以起这个很"中性"的组织名称，是希望有着共同理念的男性能够参与进来。但我们的组织宗旨却是"旗帜鲜明"的："关注社区发展中的社会性别问题；援助弱势妇女群体；以教育、培训和支持草根组织为主要工作方法，增强妇女的权利意识和能力，推动社会性别纳入社区决策。"

由于机构本身就是"教育者"与"实践者"的结盟，所以我们从来没有把自己局限在讲堂上进行"灌输式"的教育，而是在"广阔天地"开展着自由、创新的教育研究与实践探索。

2. 一以贯之的志愿者精神

"河南社区教育研究中心"的名称似乎很宏大，但实际上只是一个小小的"妇女 NGO"。二十年来，我们虽然做了不少事情，却始终没有发展壮大，高峰期也只有"七八个人、十几条枪"，仅有一名全职人员，其余的都是志愿者（包括机构负责人）。我们常常自嘲，与国内同期成立的、影响力日益壮大的妇女 NGO 相比，我们只是一支非正规的"游击队"。

我们既没有明晰的组织架构，又没有严格的规章制度，更没有进行过"绩效考核"。我们无法走上"专职化"的道路，因为我们总是把争取到的有限经费用在"做事"上，组织成员不仅不能"按劳取酬"，反而经常"有劳无酬"，有时还要"自掏腰包"。机构内曾经有人担心，长此以往会造成大家积极性下降，建议采取"激励机制"——按个人工作量给予报酬，多劳多得。但仅仅试行了 4 个月，大家就一致高呼"停止！"因为每一个人都觉得，一旦把工作量化，反而降低了心中的那份"崇高感"。

虽然机构很小，但大家似乎从来没有扩充的愿望。因为我们发现那些强大的 NGO 固然有很强的实战能力和广泛的社会影响力，我们这支"游击队"却也有着灵活机动、星火燎原的优势。小机构运作成本低，成员之间

---

① 发起人有河南省妇女干部学校教师梁军、董琳、隋红及时任登封市妇联主席的孙爱荣、副主席欧阳秀珍。

容易形成合力，而且"船小好转舵"，便于对不断出现的新问题做出及时反应，迅速调整原有策略和安排。所以，直到今日，我们还是坚守着最初的选择：专注于"做事"，不发展机构。

3. 志同道合的姐妹情谊

与组织规模、框架、制度相比，我们更在意成员之间的关系。与其说我们是同事、同人，毋宁说是朋友、亲人。大家聚在一起，几乎无话不谈。开会时常常出现这种情况：工作已经讨论完毕，可以散会了，但催促数次大家仍不愿离开，似乎言犹未尽。当然，有时也会发生激烈的争论，但大家都本着"对事不对人"的原则，争吵过后关系依然如旧。

这种浓浓的情谊，来自我们的"组织文化"。

● 尊重差异。人与人之间永远是有差异的，每个人都有不完美、令人不满意之处，因此要学会互相尊重，珍惜彼此的不同，而不要"忍受"不同。遇到冲突时，我们会把引起冲突的问题暂时放下，努力"重建关系"。这样做的结果是冲突过后，我们的关系更加亲密。

● 彼此支持。由于成员之间没有特别明确的分工，因此在工作中常常是你中有我，我中有你，大家互助合作，携手前行。工作上的相互支持也会延伸到生活中，谁有了困难、遇到了问题，立刻就会有人伸出援手，分担彼此的难处。

● 坦诚沟通。坦诚，是我们机构的一大特点。我们相信"不坦诚便不可能有群体"，无论是工作问题还是人与人之间的关系，大家都能敞开心扉，坦诚相见。逆耳之言听起来虽有短暂的不适，却能够加深成员之间的相互信任，保证组织的凝聚力。

组织文化其实就是一个组织的"人格"，这是由全体成员日积月累地培育、身体力行地坚守而逐渐形成的。有人曾问我们："作为一个妇女 NGO，你们的组织文化是否具有女性主义特色？"我们不知道以"性别身份"判定组织文化的特色有无"本质主义"的嫌疑，但我们很清楚自己的选择：拒绝威严的权势、尊卑的等级、冰冷的理性；坚守"平等、尊重、合作、参与、分享、情谊、快乐"的原则。这些，是女性主义特色吗？

2005 年 11 月，在中华女子学院杨静老师的协助下，我们举办了"团队建设工作坊"，对自己的机构和使命进行了一次梳理。

战略目标：

＊开发社区中弱势群体的自我发展能力。

*关注并推动社会性别意识纳入社区决策。

核心价值观：

*公平发展是每一个社会成员的权利。

*没有性别平等，就没有真正的民主与平等。

*在推进社会公平过程中实现自我、发展自我、完善自我。

我们的组织——

*有较强的团队协作精神。

*坦诚相待，具有奉献精神。

*认真务实，工作效率高。

我们是一群——

*有理想的人。

*有爱心和公益心的人。

*乐于奉献的人。

*充满激情的人。

我们力量的源泉——

*共同的信念。

*团队的力量。

*自我实现的动机。

*每个人都得到尊重。

杨静老师总结说："你们组织成员的共同理想和追求，就是你们机构最强大的生命力！"

4. 以推动性别平等为己任

组织成立以后，我们在香港乐施会、福特基金会、米索尔社会发展基金会等基金会和政府有关部门的资助、支持下，相继实施了"支持农民演出队 宣传性别平等"（2001—2004 年）、"农民外出务工前培训"（2002—2004 年）、"家庭暴力社区干预"（2002—2004 年）、"农村妇女手工艺品开发"（2002—2008 年）、"农村艾滋病防治综合干预"（2002—2005 年）、"推动妇女草根组织的建立与发展"（2003—2007 年）、农村多样化养老模式探索（2007—2010 年）、"出生性别比失衡综合治理"（2008—2014 年）等项目。

从我们实施的项目来看，项目似乎包含多个方向，但有两点在每个项目中都是一致的：地域是农村社区，目标群体主要是农村妇女。

这些年来，"三农"问题被提到前所未有的高度。有人说，"三农"问题实际上是"一农"（农民），解决好了农民问题，其他"两农"就好办了。无论是"三农"还是"一农"，农村妇女都是不容忽视的。农民中的50%是妇女，她们生活在"农村"，从未脱离过"农业"生产，特别是在农村经济体制改革之后，大量男性农民进城务工，农村妇女成为农业生产的主力军和维护农村社会稳定的重要力量。

但农村妇女遭遇的问题，却常常被人们（包括决策者）视而不见或认为无足轻重。

• 农村妇女是"全职农民"，却有不少人失去了安身立命的土地。《中华人民共和国土地承包法》中"土地承包权30年不变"的规定，忽视了"男娶女嫁"的传统习俗，保护了"居所固定"的男性农民的利益，许多妇女在婚姻流动中失去土地。这不仅使她们的经济权益受到侵害，而且使她们始终处于依附于男性的地位。

• 农业机械化进程中，几乎找不到专为"女农民"设计的农机设备，拖拉机、收割机、播种机、农用车等机械全部是以男性为中心设计的。新技术的推广培训也是男人首先获得机会，以致妇女在接受和使用新技术的过程中被边缘化。

• 非农化转移中，由于家庭的拖累，农村妇女常常难以外出，从而限制了她们对农业以外经济活动的选择。

• 农村的决策系统以男性为主导，妇女在社区中是"沉默的大多数"，缺乏利益代言人，致使女性的群体利益被忽视、被遗忘。即使有少数妇女进入了村两委（村党支部委员会和村民委员会），但她们势单力薄，起不了很大作用。

依照"木桶效应"①原理，如果农村妇女处于"低度发展"状况，那么一定会影响到农村社区整体发展水平，也不会有真正的新农村建设和乡村治理。因此，我们机构始终把"农村妇女的生存与发展"作为最重要的工

---

① 木桶是由多块木板箍成的，盛水量也由这些木板共同决定。若其中一块木板较短，木桶的盛水量就被短板所限制。若要增加木桶的容量，就要加高那块短板的高度，这是最有效也是唯一的途径。

作目标。

"农民外出务工前培训"项目主要针对准备外出务工的农村青年妇女，培训内容包括避免求职陷阱、注意职业安全、女工权益维护以及应对性骚扰等，旨在增强她们的自我保护意识与能力，降低可能遭遇的各类伤害。

"家庭暴力社区干预"项目也在农村社区进行，旨在通过组织受虐妇女的培训和交流活动，探索受虐妇女的经济自助形式；通过组织农民演出队编排有关反对家庭暴力的民众戏剧，改变人们对家庭暴力的错误认识。

"农村艾滋病防治综合干预"项目在河南省南部一个疫情较重的村庄实施。由于现实中的性别不平等，妇女成为艾滋病患者中的脆弱群体。项目实施过程中，我们对妇女的脆弱性给予特别的关注和支持：倾听妇女的呼声与建议，提高妇女自我保健的信心和能力，提升村民的性别平等意识等。

在"农村多样化养老模式探索"项目中，我们发现了"农村养老问题"和"性别制度"的关联性，提出：若要缓解当前农村的养老困境，就必须突破性别制度的障碍（后文有详述）。

在多个项目中，我们的工作中心始终聚焦在立足农村社区，从不同的角度切入，努力推进性别平等，改善农村妇女的生活生存状况。也就是在这个过程中，周山村由一个探索"农村妇女发展"的项目点慢慢成为推动性别平等的试验区。

（二）周山村——一个普普通通的小山村

1. 周山村的自然环境

周山村位于河南登封大冶镇东南 3 公里处，面积 3.4 平方公里，10 个自然村（槐树口、栗子沟、王家门、南地、上门、下门、里河、白岗泉、杨树沟、弋家门）分布在崎岖不平、蜿蜒曲折的山路上。

周山村因姓氏而得名。据《周氏家谱》（1931 年）记载，周氏祖先在元朝时居住在山西洪洞，明朝初年迁至河南密县①周家渡口。明末时，渡口周家中的一人（不知其名）携妻李氏离开密县进入周山，因他会织古时妇女头上戴的網子，人称"網爷"。据说，"網爷"因周山山多土厚，可以种

---

① 现河南省新密市（县级市），隶属于省会郑州，与登封相邻，和周山村仅一山之隔。

地，也能挖窑洞居住，于是选择在此安家。但不知"網爷"何年何月出生、去世，也不知其准确的安葬地。乾隆四十六年，后世子孙为纪念"網爷"开拓周家历史的功绩，专门为他立碑纪念（此碑现存于周氏祠堂），尊"網爷"名号为周开基，村名也定为周山村。至今，周氏家族已在周山繁衍生息400多年，有23代人，占全村人口的70%左右。除周姓外，村里还有十多个姓氏（仅指男姓）：陈、董、孙、王、弋、秦、魏、钱、朱、樊等，迁入时间均晚于周氏。

周山村多树，传说"網爷"当年是攀着树枝进入周山的。1958年"大炼钢铁"时，周山村的树木遭到严重破坏，所有的大树都被砍光，甚至连拳头粗的小树也没有留下。1963年村民有了"自留山"，开始少量植树，2003年退耕还林①后大规模植树，自然林也渐渐生长起来。现在，整个周山村已被林木覆盖，观赏树木有大叶女贞、白杨、槐树、梧桐、松柏、五角枫、白玉兰等，还有杏树、桃树、柿树、枇杷、银杏、核桃等果树。近年来，看到许多大中城市被重重雾霾笼罩，周山村村民的环保意识逐渐增强，植树护树已成为全村人的共识。

农历二月，天刚刚暖和，满山的迎春花就开了。到了三月，各种果树竞相开花，如俗话所说："桃花开，杏花败，梨花骨朵鼓起来"。紧接着，槐花（四月）、月季花（五月）、木荆花（七月）、桂花（八月）、菊花（九月）相继绽放。到了冬天，花败了，树叶落了，只留下长青的松柏点缀着山山岭岭。

20世纪50年代，周山村的野生动物很多，还有狐狸和狼，后来渐渐绝迹了。虽然近几年随着森林植被的恢复，山鸡、野兔、松鼠等动物不断在树林里出没，但比起过去还是少了很多。

周山村的水源原来还算充足，村里有两条小河——南湾河和里河，在周山村神庙附近汇合，一直流到临近的塔湾村。现在的中年人还记得小时候常到河边捉螃蟹的情景。可这些年随着地下水位的不断下降，河水断流，周山村成了一个"缺水村"。目前，多数村民都是吃井水，最大的自然村——槐

---

① 2002年，为保护和改善生态环境，《国务院关于进一步完善退耕还林政策措施的若干意见》指出，将易造成水土流失的坡耕地有计划、有步骤地停止耕种，按照"适地适树"的原则，因地制宜地植树造林，恢复森林植被。

树口一带的村民直到 2017 年才打了深水井，结束了买水吃的日子。

周山村是大冶镇东部的一个村，山高坡陡。以往村里没有路，只有几条羊肠小道，旁边都是深沟，村民们下地劳动全靠肩挑手提。从北面进入周山村，要上一个大坡，村民们说那坡"立陡立陡"的，坡上有很多大石头。最初是王姓人家居住在附近，故名"王庄坡"。十多年前，有个商贩到周山村来收鸡蛋，在王庄坡翻了车，鸡蛋全都打碎了，他发誓以后再也不来周山村。大冶镇载人的三轮车去哪儿都行，但只要说是去周山村，就连连摇头摆手。外村的闺女大都不愿嫁到周山村，村民们还编了顺口溜："周山光棍多，全怪王庄坡。"

现在可大不一样了，4 米宽的水泥路贯穿全村，路两旁绿树成荫。特别是在夏季，炎炎烈日之下，行走在蜿蜒曲折的林荫道上，呼吸着清新的空气，真的非常惬意。村民们说："近些年村里最大的变化是道路，白天畅行无阻，雨天不用踩泥，晚上还有路灯，真好！"

2. 周山村的人文环境

周山村村民 384 户、1544 口人，60 岁以上的有 238 人，18 岁以下的有 333 人，残疾人有 37 人，分为 10 个村民组。周山村有山地 2937 亩，主要种植小麦、玉米、红薯等农作物。因为缺水，十年九旱，农作物产量很低。2003 年退耕还林，2006 年土地流转，镇政府每年给村民发放土地补偿金①，每亩地每年 800 元，村民称之为"口粮款"。

1949 年后，周山村和全国千千万万个村庄一样，走了一条土地改革—互助组—合作社—人民公社—包产到户的道路。农村经济体制改革后，村里始终没有集体经济，男女村民大多靠种地为生，部分男性村民在附近厂矿打工。退耕还林后，村民的生活来源主要靠外出务工，不少青壮年在附近的煤矿、铝矿务工，也有人搞建筑、电焊，或做点小生意；一些青年人到富士康（在新郑市）、宇通汽车公司（在郑州市）等大型企业上班；五六十岁的人主要在附近打零工。村里有三四个养殖大户，养了 5000 多只鸡、上百头猪，但因养殖成本越来越高，环保部门也不断催其搬迁（要求和村庄保持一定距离），他们不打算再干了。村里有个别人靠开采煤矿、铝矿而拥有上百

---

① 2003 年 1 月《退耕还林条例》正式实施，政府按照核定的退耕还林面积，在一定期限内无偿向退耕还林人士提供适当的粮食补助、种苗造林费和生活补助。

万、上千万的资产，而最困难的家庭（主要是患病或残障人士家庭）仅靠低保和"口粮款"维持生活。2016 年，全村人均年收入为 6000 元。

目前，和全国大多数村庄一样，村里几乎找不到 35 岁以下的年轻人。年轻妇女和青壮年男性一样在外谋生，留守在村里的主要是老年人和需要照顾家庭的中年妇女。

因周山村土层较厚，村民们原来大多居住在依山而开的窑洞里，有土窑、石窑和砖窑。窑洞建筑成本低，冬暖夏凉、居住舒适，但也存在居住环境狭小、采光差、易潮湿、交通不便等问题。自 20 世纪 80 年代经济条件稍稍有了改善之后，村民们便陆陆续续从窑洞搬出来，住进了村庄道路两旁的平房或小楼，把那些曾经为他们遮风避雨又装满生命故事的窑洞孤零零地扔在黄土层下，任由它们逐年荒废、坍塌。目前，保存尚好的窑洞还有近百孔，是一大笔被闲置、被遗弃的"不动产"。

有几处可以称得上是村里的"公共建筑"。

村委大院——周山村的村委大院十分普通，一排平房，包括村党支部和村委会主要成员的办公室、一间会议室和一间不大的厨房。村委大院于 2005 年前后建成，占有一亩半地，村组干部会议、换届选举等村庄大事都在这里进行。

文化大院——位于村子中央，原来是一所村小学，1989 年建成，两层小楼，八间教室。那时候，周山村村民在田地里辛苦劳作，看到背着书包去上学的孩子，听到学校里传出的琅琅书声，心里就充满了希望。

然而，从 2002 年开始，农村开始实施"撤点并校"，2003 年周山小学被撤销，合并到 3 公里外的大冶镇。可在"撤点并校"之后，孩子们上学的路途变得难行而遥远，农村家庭的教育成本大幅度提高，周山村成了"不闻童子读书声"的"寂静山村"，学校的设施也日渐荒废，楼房开始漏水，院内长满荒草……

直到 2006 年周山村妇女手工艺协会进驻，这里才慢慢变成了"文化大院"。村两委修缮了楼房，硬化了地面，建起了展览室，几个村民自组织（老年协会、艺术协会等）都在这里开展活动。除了开办"老年学堂"和"妇女学堂"，村民还敲大鼓、担花篮、学跳舞，这里成为名副其实的"文化大院"。

周氏祠堂——周氏家族为祭拜祖先、凝聚族人，于民国五六年间

（1916—1917 年）购买本族一处宅子，改建为"周氏祠堂"（也称"家庙"）。周姓人家年年都要在家庙祭祖。

1949 年后，祠堂功能发生变化，渐渐成为村里的"公共空间"。祠堂也不再祭祖，原来的祖宗牌位、功德碑均遭遗弃。1952 年，村民在祠堂办起了妇女扫盲班，20 多位妇女积极分子在这里读书学习；1955 年，祠堂成为周山村初级合作社的办公室；1957 年以后，村民在祠堂相继办小学、卫生所、磨坊等。至 20 世纪 90 年代初，祠堂渐渐闲置，年久失修，成为废墟，只留下一个空门楼。

2011 年，周氏家族多方筹资，另选新址，重新修建周氏祠堂，2012 年3 月举行了竣工典礼。现今的周氏祠堂是周山村最豪华的建筑物。

神庙——最有名的是香山庙。周山村与新密市有一座界山叫"香山"，虽然与北京香山同名，名气却无法相比。此香山因白居易（号香山居士）而得名。相传，白居易在唐太和五至七年（831—833 年）任河南府尹时，曾在此体察民情，教民采煤、冶陶。为了纪念白居易，此山被命名为香山，并建起了香山庙。庙里原本只供奉着白居易和他的三个奶奶（夫人），如今陆续增加了大肚弥勒佛、观音菩萨、玉皇大帝、东王母等。每逢农历初一、十五，周山村村民都会到香山庙上香求愿。

文化大院的旁边有一座专属周山村的神庙，也是因为白居易上香山时在此路过歇息，民众建庙纪念，后来改为关帝庙，供奉着红脸关公，希望他保佑百姓太平。经过土地改革、"大跃进"、"文化大革命"等三次较大规模的毁神运动，关帝庙被拆毁了，但村庄的民间信仰依然保存着。农村改革之后，村民们又集资重建神庙，供奉的神灵也越来越多。除了关公，还有老君爷（道教创始人老子，向他求灵丹妙药，医治疾病）、玉皇大帝（向他求天下平安、风调雨顺）、李娘娘（民间传说"狸猫换太子"中的李娘娘，向她求公正）、送子娘娘（求子），以及财神爷、药王爷、观音菩萨等，神庙也因此获得新的名称——"天地全神"。前来烧香的人基本是见神就拜，逢神就上香，一个也不落下。

十几年前，这里香火很盛，现在主要是老年人来，年轻人大多不信。神庙的对面是一个自然形成的戏台，每年清明都有人出面组织唱戏，不管台下有无观众，演员都会竭尽全力，因为戏是唱给神而不是唱给人听的。

此外，还有几座分布在村子各处的小庙：老佛爷庙、土地庙、龙王庙等，各有各的职责，村民们也是想拜谁就给谁烧香。和全国大多数村庄一样，周山村村民的信仰具有"民间信仰"的特征：在民众中自发产生，把传统信仰和各种宗教的神灵经过筛选、淘汰与组合，构成多教合一、多神崇拜的信仰体系，有着鲜明的多元性和功利性。这些年信基督教的人渐渐多了起来，村子里没有基督教堂，信徒们都在周末到大冶镇的基督教堂聚会。

四百多年来，在周山村安家的村民们就在这样的环境中繁衍生息，一代又一代，照着祖辈们传下来的规矩，勾画着大致相同的"生活圈"：出生、长大—男的娶妻、女的出嫁—生儿育女、辛勤劳作—为儿子娶媳妇、嫁闺女—指望儿子、媳妇为自己养老送终……

（三）走进周山——从此结下不解之缘

河南社区教育研究中心成立后，确定登封为农村教育试点，在这里开展农村妇女教育、妇女健康、妇女参政等培训活动，也试图在培训的基础上探索农村妇女发展之路。

20世纪90年代末，"发展"是相当时髦的名词，各种发展理论、发展模式层出不穷，人们对"发展"的理解等同于"经济增长"，"经济增长"又等同于"美好生活"。那时的我们同样受到这种"发展主义"的影响，把帮助农村妇女"脱贫致富"放在了"促进农村妇女发展"的首位。

当初的想法是：登封地处山区，水源缺乏，农业发展受限，但登封旅游资源丰富，除了闻名世界的少林寺，还有中岳庙（道教圣地）、嵩阳书院（儒学名胜）、观星台（中国最早的天文台）等多处景区，每年吸引中外游客数百万人。如果能将当地妇女组织起来，生产旅游手工艺品，不仅能保存当地的传统手工艺，而且能增加当地妇女的经济收入。

为了落实这个计划，我们在两个方向上进行了调研：一是对生产者（农村妇女）的手工艺特长、兴趣和愿望进行调查；二是对河南省及近邻陕西省的旅游手工艺品市场进行调查，了解游客的评价和需求。

对生产者进行调查时，我们走访数个村庄之后，发现了周山村。当时的周山村是大冶镇的贫困村，男人下煤窑，妇女在家务农，人均年收入不足千元。但妇女有较好的手工艺基础，不少中老年妇女的绣花和织布技术娴熟，她们在农闲时纺织、刺绣，供家人使用或赠送亲友。当我们来到周山村和妇女们谈到开发传统手工艺品的想法时，她们表现出极高的热情，希望自己喜爱的传统手艺能够保留下来，也希望能依靠自己的手艺增加家庭的经济收入。

就这样，我们在 2002 年进入了周山村。当初，我们仅仅是为了实现"增加妇女经济收入"的想法，却没有意识到在这里一干就是十五年……

二 从"增收"到"赋权"① —— 农村妇女手工艺品开发

（一）单一目标：增加妇女经济收入

1. "农村妇女手工艺合作社前期探索"

2002 年 9 月，在前期调研的基础上，我们向香港乐施会申请了"农村妇女手工艺合作社前期探索"项目（也称"一期项目"），主要思路是：开发妇女传统手工艺品，并将其推向旅游市场，增加妇女经济收入，提高妇女经济自主能力。而要做到这些，必须将妇女组织起来，否则难以形成规模，也不利于产品的设计、生产和销售。项目周期为一年，计划以"妇女手工艺开发合作社"的形式，使周山村妇女依靠自己的力量改善家庭经济状况。

最初，妇女在各自家中制作手工艺品，主要是仿制从陕西、甘肃一带学来的各种挂饰，如十二生肖、葫芦、香包等，同时开发了富有当地特色的"少林童子功香包""少林功夫信插"等挂饰。当产品达到一定标准，我们拿到少林寺旅游市场去试销时，却发觉"此路不通"。原因是：其一，旅游景点的摊位租金太高，大幅提高了手工艺品的成本，增加了销售难度；其二，游客兴趣差异太大，"众口难调"，妇女们制作的手工艺品品种有限，很难满足游客的不同需求；其三，如果某件产品受到游客欢迎，被仿制的风

---

① 赋权的英文是 empowerment，也译作"充权""增权""使能"等。按照字面意思，赋权意味着"变得有力"。赋权是一个参与的过程，通过挖掘与激发潜能的实践活动，赋予或充实个人与群体的权力（包括拥有自信心、改变的能力、对外界的控制力和影响力等）（可参考郑宝华、张英兰主编《中国农村反贫困词汇释义》，中国发展出版社，2004，第 216页）。

险就会很大。试销之后，我们感到初期思路是建立在我们的"想象"中的，以周山村妇女实际的设计、生产和销售能力，很难在竞争激烈的旅游市场中立足。

"产品销售"碰壁后，紧接着"关系"也出现了问题。由于第一期项目定位于"生产合作社"，我们的眼光一直盯在产品的种类和质量上，却忽视了制作产品的"人"。结果，项目尚未结项就出现了问题：生产骨干之间互不服气，部分人斤斤计较个人的利益，成员之间闹起了矛盾。一个筹建中的"合作社"，并没有出现我们期待的"合作"局面。

于是，第二年我们决心不再继续申请项目，而是在没有资金支持的情况下着力进行"人的建设"，对妇女生产骨干持续进行性别意识、合作理念与团队精神的培训，使大家的注意力转移到"经济"以外的需求和目标上。

2. "农村妇女传统手工艺品开发与妇女赋权"

经过一年的调整，我们向香港乐施会申请了第二期项目"农村妇女传统手工艺品开发与妇女赋权"（2004—2007 年）。项目名称中去掉了"合作社"，增加了"妇女赋权"，这不只是文字的增减，而是理念的调整。我们认识到，开发妇女传统手工艺品不单是为了增加妇女的经济收入，或者建立一个形式上的合作社，它的意义应该是综合性的。于是，我们和周山村妇女一起制定了第二期项目目标。

- 开发妇女手工艺品，增加经济收入，提高妇女经济自主能力。
- 提升妇女性别意识、团队意识，依靠集体力量解决问题。
- 促进妇女参与社区事务，改善她们在社区中的地位。

（二）双管齐下：致力于人的改变

项目目标改变了，工作的着力点也随之变化。在"二期项目"实施的过程中，我们把"意识提升"摆在首位，因为我们相信："真正的革命发生在人们的头脑中，这就是观念的革命。"① 意识是行为的先导，意识的提升一定带来行为的改变。意识提升工作主要通过以下渠道进行。

---

① 钱满素：《爱默生和中国》，生活·读书·新知三联书店出版，1996，第 4 页。

1. 教育/培训

教育/培训一直是我们的重要工作手法，也是我们团队的优势所在。要使人们的行为有所改变，就要有教育。任何工作的实施，教育如能行之在先，则比较容易成功。以往的工作经验告诉我们，教育就是赋权，教育能够帮助妇女增强自信、提高能力，重新认识自己。

实施"二期项目"的三年间，我们为妇女手工艺骨干举办的各类培训30多次，内容涉及社会性别、参与式发展、团队精神、沟通技巧、健康知识、手工技能等，培训方法也力求灵活多样、引人入胜，使妇女们在最大程度上理解和接受。

实例一：妇女手工艺骨干培训——主体意识和群体意识

2005年5月，我们举办了"周山村手工艺骨干"培训，主要内容有增强自信、共同参与、互助合作、理解沟通等。培训采用了多种参与式方法，如"互相赞美"、"百花盛开"、"成果树"、"过河"（小品）、"二人画图"等，大家明白了自助、互助、合作、沟通、双赢等因素对团队的重要性，生产骨干之间的凝聚力也增强了。

互相赞美

· 先在大白纸上画一位妇女的身形，请每一位参与者说出自己最大的优点，然后找两位比较了解你的人各说一条，不能重复。
· 全体参与者的优点汇集在一起，就构成了农村妇女的整体形象。这个活动增强了农村妇女的自信。

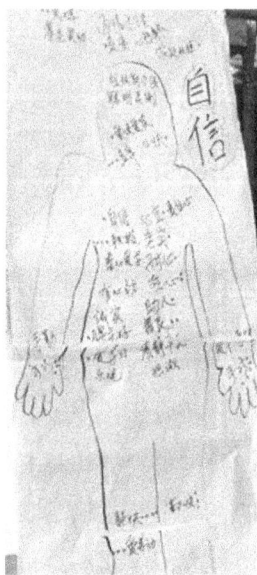

图3-1 "互相赞美"

将自己的收获写在"花瓣"上

分类张贴成"花朵"

妇女组织起来后犹如"百花盛开"

图3-2 "百花盛开"

实例二：参与式健康培训——健康意识

2007年10月，我们邀请香港"全人艺动"主席梁以瑚（周山村妇女们都亲切地叫她"梁中妈"①）和她的同伴程翠云老师举办"农村妇女参与式健康培训"。她们利用妇女们拼布和刺绣的技能，采用缝制"健康娃娃"的方法，引导妇女展示健康需求和经常遇到的健康问题，提高健康意识，学习女性自我保健和预防疾病的知识。缝制娃娃头部的时候，她们教大家如何保护自己的眼睛、鼻子、口腔、耳朵；缝制上半身的时候，让妇女们讲述自己乳房的故事，接纳、热爱

图3-3 农村妇女参与式健康培训

———————————

① 河南社区教育研究中心的梁军，人称"梁大妈"；梁以瑚较之年轻，故被称为"梁中妈"。

自己身体的每一部分，再请妇科大夫教大家怎样进行日常乳房自检；缝到娃娃的下半身，她们让妇女们精心缝制了外阴和子宫，然后讲解生殖器官的卫生和保护，以及怎样防止性侵害。培训用了3天时间，结束的时候，妇女们抱着"健康娃娃"在草地上又唱又跳，她们说："这样的健康培训，一辈子也不会忘记！"

图3-4 大拼图在北京展览

实例三：团队建设培训——大局意识、合作意识

2008年9月，"梁中妈"再次来到周山村，为妇女们举办了"姐妹齐齐拼"工作坊。参与者以拼布为手段，描述自己的生命故事以及手工艺群体成长的过程。在长达4天的时间里，大家用碎布共同制作了妇女手工艺协会的巨幅拼图，这是第一个由她们自己设计并制作的产品。工作坊结束时，大拼图从二楼垂下，大家激动地鼓掌欢呼。这幅作品于2009年3月参加了在北京举办的"女红艺术展览"。曾有人愿出一万元购买这幅拼图，但姐妹们说："还是留给我们自己吧，这是我们群体的象征！"

团队建设，就是大局意识、协作精神、向心力、凝聚力的培养，这是一个有效的沟通过程，很难依靠"灌输式"培训来完成。这个工作坊就是在讲故事、刺绣、拼布的过程中，将互助合作的理念、沟通态度和技巧融了进去，大大增进了姐妹之间的情谊。

2. 生产

"生产"似乎永远是和"效益"连在一起的，但我们却注意了"生产"和"意识"的连接。鉴于"第一期项目"的教训，我们放弃了主打旅游手工艺品的思路，经过一段时间的摸索，妇女们开发了三种类型的手工艺品。

收藏性产品：这是具有当地传统的产品，如新娘披肩、盖头、兜肚、鸳鸯靠垫、绣花拖鞋、荷包等，可作为新人结婚的珍藏品；还有活泼可爱的虎头帽、虎头鞋、虎头枕，既可作为送给宝宝的礼物，也可用来收藏，国外朋友特别喜爱。

实用性产品：如电脑包、U盘包、卡包、钱夹、笔袋、钥匙包及各类布包等，很受青年人欢迎。

公益性产品：这是最让姐妹们感到骄傲的产品，也称得上是"周山特色"。这种产品种类繁多，仅举几例。

红丝带（培育公益心）——2004年5月，为了支持艾滋病防治工作，妇女们编织了一批红丝带，献给了在泰国曼谷召开的第十五届世界艾滋病防治大会，联合国前秘书长安南亲自佩戴了她们编织的红丝带。自此，每年12月1日"世界艾滋病日"就会有艾滋病防治组织来订购红丝带，她们先后为肯尼亚、美国、澳大利亚等国的艾滋病防治组织编织数万枚红丝带。红丝带很小，售价也很低，编织起来却需要手劲儿，姐妹们的指头都被丝带勒出了血口子，但她们缠上胶布后继续编。她们认为这是有意义的事情，不挣钱也应该做下去。

环保购物袋（增强环保意识）——2008年6月，为配合我国政府提倡"限塑"，我们在手工艺骨干中发起了"环保购物袋"设计竞赛活动。村里30多名妇女参加了竞赛，大家利用自家布料，精心设计了各种环保购物袋。评比时，每一位设计者都要上台解释自己的设计理念与作品特点，最后集中所有作品的优点，制作出了"便于携带、易清洗、结实、美观"的环保购物袋，广受好评，她们还接到不少机构的订单。

"关爱女孩"围裙（提升性别意识）——2010年5月"母亲节"，登封市举办了一场大型庆祝活动，1700名妈妈佩戴着印有"关爱女孩"标志的围裙，在嵩山广场表演了颇具声势的"女孩妈妈秧歌舞"。浩大的场面、优美的舞姿、昂扬的精神风貌，使现场观众感到振奋与震惊。这不是通常意义的"扭秧歌"，而是在张扬"女孩妈妈"的身份。过去，这个身份带给她们的是压抑甚至是屈辱；今天，她们为自己是"女孩妈妈"而感到光荣和自豪。近2000名舞者佩戴的围裙，就是周山村手工艺骨干日夜加工赶制出来的。那段时间，她们经常煮一点挂面，摘一些花椒树叶当菜吃。秧歌舞表演的当天，她们也受邀到现场观看，激动地流着眼泪说："一千多人穿着我们做的围裙，扭得那么好，为女孩妈妈们争气。自己的手艺也被展示出来，感到非常自豪！"

图 3-5 女孩妈妈秧歌舞

在公益性产品的制作中，除了意识提升，也有新理念与新事物传递、渗透在其中。例如，香港岭南大学订制的"和平妇女"提包（2005 年）、北京"农家女文化发展中心"订制的手提袋和环保购物袋（2008 年）、巨幅十字绣"姊姊妹妹站起来"（2009 年）、香港社区伙伴订制的环保筷子套（2010 年）、国际助学义卖会的"虎头枕"（2011 年）、海峡两岸"姐妹牵手"（2014 年）等，不胜枚举。

制作公益性手工艺品之前，我们都会进行相关培训，让姐妹们认识到产品背后的理念。例如给"农家女文化发展中心"制作礼品包时，我们先介绍"农家女"是什么组织，开展了哪些有影响力的活动，如开办"农家女书屋"，实施"预防农村妇女自杀"项目等。设计"环保购物袋"时，除了进行"白色污染"的培训，让大家认识到塑料污染的严重性与危害性外，还特别讨论了环保袋的颜色。最初，姐妹们采用的是单一的红色，我们问："为什么只用红色？"她们说："因为妇女喜欢红色"。我们接着问："难道只让妇女买菜吗？"她们悟出了其中的道理，于是又增加了湖蓝色和苹果绿，包上的图案也由一朵小花改成了辣椒、白菜、草莓等，让男士们也喜欢使用，以此作为对"男女共担家务劳动"的倡导。我们就是这样，在开发手工艺品的同时，将性别平等理念点点滴滴地渗透在生产环节中，起到了滴水穿石的作用。

与制作普通手工艺品不同，制作公益性产品在赋予传统手工艺新价值的同时，也使妇女们在生产的过程中增强了自尊、自信和社会责任感，为她们日后积极参与村庄事务提供了强大动力。

（三）建立组织：走上合作道路

1. 妇女手工艺品开发协会

周山村位于山区，村民居住非常分散，考虑到生产者之间的相互交流，我们依据村庄的自然环境，分了4个生产小组。各生产小组采用"自愿结合，自定规矩"的方式，以各自在家制作为主，定期或不定期聚在一起进行交流。生产小组运作一段时间后，多数人都认为应该联合起来，建立统一的组织。

2004年9月，"周山村妇女手工艺品开发协会"（以下简称"手工艺协会"）正式成立，大家共同制定了协会宗旨："开发妇女手工艺品，提高妇女自身能力，活跃农村妇女文化生活，促进妇女参与社区管理。"从中看到，姐妹们已经不再单单强调"生产"和经济效益了。

手工艺协会成立初期，仍以小组为单位进行生产，协会统一进料、安排产品、监督产品质量，并组织各类培训和技术交流。这样，各小组不再"独自作战"，成员之间也有了明确的分工。手工艺协会的主要发起人刘淑贞（时任周山村妇女主任）还争取到村委会的支持，将闲置的村小学（现文化大院）内两间教室作为协会集中活动的场地。

2. 坚持核心理念：合作第一，经济第二

手工艺协会经历了初期探索的坎坷，渐渐走上了轨道，产品也从旅游手工艺品转向收藏性、实用性和公益性产品，协会在周山村之外开始有了些"名气"，不时接到外面的订单。可是，当大家都以为手工艺协会的发展渐入佳境时却风波骤起，成员之间在协会的发展方向上产生了重大分歧。

2006年年底，一部分成员提出，手工艺协会应把"增加经济收入"作为第一位目标，首要任务是扩大规模，实行股份制，吸引有经济实力的人入股并"按股分红"。这种提法遭到另一部分成员的坚决反对，她们认为如果实行股份制，生产者就变成了有钱人的"奴隶"，完全背离了成立协会的初衷，甚至有人激烈地表示，如果实行股份制，她们立刻退出手工艺协会。

当时，我们为这场争论深感忧虑，担心刚刚成立两年的手工艺协会由此分裂。但作为外来者，我们不能过度干预，强制性地让手工艺协会按照我们预期的方向发展，应该让她们自主选择。因为协会是"周山妇女"的协会，不是"我们"的协会。

悄然而深刻的乡土变革

2007 年 3 月，我们牵头组织了一次全体手工艺协会成员参加的研讨会，把刚刚从经济学家那里学来的"股份制""股份合作制"的相关知识，以及尚在设想中的"合作组织"的特点、理念、优势与弱势、当前状况等一条条摆出来，让大家充分讨论后做出"知情选择"。最后，"合作组织"的理念与运作方式——平等互助、能力增长、共同发展、公平贸易、建立发展基金等——得到绝大多数成员的赞同。虽然目前没有很多成功案例可以借鉴，但大家也愿意共同努力，摸索出一条路来。

如今，十多年过去了，我们对研讨会的情景依然记忆犹新，印象最深的是大家共同制定的一项"合作原则"。由于要到外省购买刺绣用的丝线，急需筹集资金，大家提出协会成员依据家庭情况和自愿原则来兑钱，可多可少，但"上要封顶"——每人最多 500 元，防止有实力的人控制经济；"下不封底"——1 元即可，不将任何一个弱势妇女排除在外。无论兑钱多少，一律不分红，待产品卖出后，归还垫付资金。大家还提出，凡由手工艺协会售出的产品，按价格的 10% 抽取部分资金，作为"协会发展基金"和周转资金，并用来支持村里的公益事业。

从内部重大分歧（甚至有可能导致协会分裂）到最终选择合作，这次经历是手工艺协会发展中的一次重大转折，使协会真正成为以"平等互助、共同发展、扶助弱势群体"为理念的"农村妇女合作经济组织"。

这次研讨会结束不久，恰遇一个契机，我国台湾地区"仙鹿巷一号布工坊"[①]（以下简称"布工坊"）的推动者马丽芬等 4 人到周山村交流，向姐妹们详细介绍了布工坊的成立、运作及核心理念，还将她们制作的"泥石流娃娃"赠送给手工艺协会。布工坊采用的是集体生产方式，她们说："我们可能会吵嘴，却能凝聚在一起长久地工作。集体生产中会有矛盾，但更多的是对相互间关系的促进。"

布工坊的探访者离开后，手工艺协会失去了往日的平静，妇女们说协会也要像布工坊一样集体生产，这样大家能够随时交流技艺，保证产品质量；更重要的是大家聚在一起，边做活边说笑，加强了团结，也得到精神上的满

[①] 台湾 1999 年"9·21"大地震后，经历重创的南投县中寮乡 10 位妈妈组成的一个小型妇女合作社。她们利用各地捐助的"爱心布"，靠着巧妙的创意与构思，制作出可爱的布质玩偶，这些玩偶远销韩国和日本。布工坊始终坚持"人是一切的根本"理念，注重对妇女生命、生活的关怀，希望妇女从生产中获得自信和成长。

足。但是，作为推动者的我们却十分忐忑，因为不时听到外地一些妇女手工艺小组"散伙"的消息，知道把大家集合起来容易，坚持下去很难，因而力劝她们慎重，不要轻易迈开"集体生产"这一步。

不过，这一次她们真是表现出了"主体性"！2007年4月11日，我们来到手工艺协会的工作室，只见十几位姐妹已经开始做活，有的绣花，有的纳鞋底。她们告诉我们说，刚刚放了一挂鞭炮，宣告正式开始集体生产，而且还制订了"上班"制度：每天"朝八晚五"在协会工作，中午大家共进午餐，成员轮流做饭，粮食、蔬菜各人自兑。重要的是她们的分配制度："记工不计件"——上一天班，记一个工，收入按"工"分配。她们说，如果以"计件"来分配收入，就会引起竞争，会排斥技术不熟练的新手，从而影响成员之间的关系和协会凝聚力。这些是不是"合作经济"的特点呢？

协会工作地点（文化大院）在村庄的中心位置，姐妹们每天从家到协会要走许多山路，常年坚持真的不易。集体生产刚开始时，我们嘴上不说却常常在心里暗暗计算：两个月了……半年了……一年了……没想到她们整整坚持了十年！

目前，手工艺协会的产品已注册了品牌——"周山巧女"，她们的刺绣技艺也被列为登封市"非物质文化遗产"。2017年4月11日，在"手工艺协会集体生产十周年"的庆祝会上，姐妹们回顾了协会的成长历程，再一次强调：即使协会是一个经济组织，也不能把"经济"作为最重要的目标。手工艺协会在"经济"之上选择了"合作"与"公益"，提升了团结合作意识，增强了妇女的自信心和社会责任感，使她们有了更长远的眼光和更广阔的发展前景。增加经济收入的同时，实现了妇女的社会价值，可谓物质、精神双丰收！

3. 参与村庄事务，提高社区影响力

手工艺协会宗旨中的"提高妇女自身能力、促进妇女参与社区管理"并不只是一句口号。对于村庄来说，"参与"是实现村民自治的必要条件，是乡村建设的坚实基础。对于在村庄事务中长期被边缘化的妇女来说，"参与"是培育权利意识、民主意识、合作精神、利他精神的必经之途。同时，只有在持续的参与中，才能完成妇女群体力量的培育，提高她们的社区影响力。因此，参与的过程就是"赋权"的过程。

在各类培训和公益产品制作的过程中，姐妹们的性别意识、参与意识和社会责任感得到提升，为她们参与社区事务打下良好的基础。自手工艺协会成立以来，姐妹们从来没有"关起门来搞生产"，而是积极主动地参与社区事务和村里的集体活动，无论是种花、植树、打扫卫生，还是后文中谈到的推动风俗变革、修订村规民约、义务修筑村庄道路，手工艺协会成员个个都是骨干和先锋。

有一次村里进行换届选举，开始时姐妹们并不关注，无论是谁当选她们都觉得都无所谓，可后来她们的态度发生了变化。有一天，大家一边做着绣花鞋一边议论说，村里应该有人代表妇女的利益，替妇女说话，于是就动员协会会长景秀芳去参加竞选。秀芳不同意，说自己"不是那块料"，更不愿意在村里抛头露面。大家说："这不是你个人的事，是妇女的事，你是代表'妇女'去竞选！"姐妹们的激将法起了作用，秀芳终于表态说："好，妇女参政不能等，要主动争取，我去！"大家当机立断，把绣花线往鞋底上一缠，说："走，去村委会报名！"

每当姐妹们说起这件事，我们都觉得当时的情景充满了"画面感"，培训时强调的主体意识、参与意识都落实在她们的行动中。最终，在姐妹们的支持下，秀芳当选了村监委会主任，如今已连任两届。

想起我们刚进周山时，这些"周山巧女"特别怕见外人，常常挂在嘴边的一句话是："俺农村妇女素质低，不会说话，啥也不懂……"但如今，她们的变化用"翻天覆地"来形容也不算过分。

首先是个人的变化，姐妹们越来越独立、开朗、大胆，用她们自己的话说："过去整天不出门，见人不说话，参加协会后不但技术提高了，胆量也练出来了，村里决定大事时，也敢代表妇女说话了，就像换了一个人！"2013年，手工艺协会和香港艺术家合作出版了刺绣书《咱们的故事咱们绣》，在新书发布会上，她们更是语出惊人："俺们是在记录历史，这是一件'永垂不朽'的大事！"

其次是家人关系的变化。原来，她们对丈夫完全"仰视"，自己承担着田地里的劳动和全部家务，花钱时却要"勾着头"向丈夫讨要。现在，看到手工艺协会的成功和妻子的成长，丈夫们的态度有了翻转式的变化。手工艺协会手艺最好的王云，丈夫是村医，每天很忙，特别反对她外出。但王云偏偏酷爱刺绣，又爱说爱笑，愿意和姐妹们在一起做活。每次来手工艺协会，王云都要趁着丈夫不注意，一溜烟偷跑出家门。而现在王云到手工艺协会"上班"，丈夫会催着说："快走吧，别迟到"，时间晚了还会骑着摩托把她送到协会。另一位当初极力反对妻子参加手工艺协会的丈夫说："村里有人问我，你媳妇也在协会吗？我说'是啊'，心里可自豪啦！"

最明显的变化是手工艺协会在村里的影响力。最初，村里无人看好手工艺协会，认为"十几个娘们儿聚在一起成不了大事"。而今，这一帮"娘们儿"真的干成了大事，全国各地的参观者来到周山村，第一个去处就是文化大院里的手工艺协会。村民们开始赞誉说："手工艺协会这帮人，搁到哪儿都中（干啥都行）！"几个后起的村民组织（老年协会、艺术协会等）也把手工艺协会视为榜样。

在姐妹们编写的《协会成长歌》中，我们看到，通过看似传统的手工艺开发，一批妇女骨干成长起来。她们的视野打开了，心胸宽广了，生命的向度得以拓展。

《协会成长歌》

咱们组织成立了，参加人员还不少；又学习，又培训，经济收入不太高。
家庭成员齐反对，乡亲四邻也嘲笑；自己觉得脸无光，部分成员流失掉。
姐妹们，别烦恼，换个角度来思考：
收入不能只看钱，个人成长最重要；提高技术和能力，文化生活活跃了。
家庭和睦眼界宽，身心健康换面貌；自我价值得体现，妇女地位有提高。
姐妹互帮情谊深，互相支持有依靠；自助助人做贡献，共同发展是目标！

2006年10月，在香港乐施会的支持下，我们组织召开了"河南妇女民间手工艺研讨会"，探讨本土妇女手工艺品的抢救、保护、传承与开发。研讨会上，姐妹们不卑不亢地向坐在前排的河南省著名民间手工艺专家介绍自己的产品："我们制作手工艺品不是为了挣钱，而是在手工艺品中寄托我们对生活的热爱。当我们的作品被人们珍爱、收藏的时候，我们为自己感到骄傲和自豪！"

这两张照片见证了手工艺项目的最大成果，即一批妇女骨干成长起来！

按照原计划，第二期项目应该在2007年11月结项，但是手工艺协会2007年4月才开始集体生产，并同时进行"合作经济"的探索。鉴于当时

图 3-6　河南省妇女民间手工艺研讨会

国内少有合作经济组织的成功案例，我们很想把刚刚起步的探索进行下去，因此向香港乐施会提出申请，在不增加经费的前提下将项目延期至 2008 年年底结项。

没有想到的是，在此期间，另一个全新的课题又摆在我们面前，而且是推动农村地区性别平等的一场硬仗……

三　由表及里，触及乡村性别制度

（一）"出生性别比失衡"引发的课题

1. 中国是全世界"出生性别比失衡"最严重的国家

"出生性别比"（全称"出生人口性别比"）是人口学中的一个统计指标，是指在一定时间和空间范围内，出生活产婴儿中的男女比例。正常的出生性别比应在 103 ~ 107，[①] 而我国的出生性别比从 20 世纪 80 年代初就超出 107，之后逐年攀升，至 2008 年严重偏离正常值，达到 120.86。[②]

我国出生性别比失衡有三大特点。一是持续性。出生性别比失衡问题从 20 世纪 80 年代初至 2008 年，近三十年持续处于上升态势（2010 年第六次人口普查时虽下降至 118.06，但依然处在危险的高位上），是世界上出生性别比失衡持续时间最长的国家。二是普遍性。除西藏外，全国

---

① 即每出生 100 个女婴，男婴出生人数应在 103 ~ 107，其他值域则被视为异常。

② 数据来源：2008 年 10 月 19 ~ 23 日原国家计生委宣教司负责人在中央党校所做的培训"综合治理出生性别比失衡试点县领导干部培训"PPT。

31 个省（区、市）普遍存在出生性别比失衡问题，有的省份出生性别比甚至超过了 130。三是严重性。虽然我国不是世界上第一个也不是唯一一个出生性别比失衡的国家（或地区），却是全世界出生性别比失衡最严重的国家。目前，"全面二孩"的生育政策并没有改变出生性别比失衡的现状。

2. 成立课题组："研究·行动·倡导"相结合

2008 年 1 月（当时是出生性别比失衡的最高峰），受原国家人口计生委宣教司委托，中共中央党校（以下简称中央党校）妇女研究中心李慧英①教授承接了"在关爱女孩行动中推进性别平等"项目。为了使项目取得切实成效，李老师牵头组建了"性别平等政策倡导课题组"（以下简称课题组），成员来自国内党校系统、研究机构、高等院校和基层妇女 NGO，旨在从"调查研究、社区推动、政策倡导"三方面入手，探索一条治理出生性别比失衡的治本之路。

课题组成员来自全国六个省份，各有领域、各有专长，也各有自己的关注点。河南社区教育研究中心因与李老师在农村妇女的课题上有过多次合作，便作为"社区推动"的力量加入了课题组。在课题组内，我们称自己为"草根团队"。

课题组组建时，制定了合作方针："平等参与、合作分享；低调做人、高效做事；真诚相待、集体成长。"就像十年前河南社区教育研究中心的成立基于"教育者"与"实践者"的结盟一样，课题组的成立更是不同领域、不同身份、不同层次的"研究者"（理论）和"行动者"（实践）的结盟。正是由于这种联合，周山村的实践探索才取得较为深入、扎实的效果。

3. 社区调研：农民强烈的"男孩偏好"

课题组成立后，在河南、安徽、湖北、河北、江苏等地进行了为期 8 个月的深入调研。我们"草根团队"为了制订切实可行的行动计划，就以中原农村（河南漯河三个村庄和登封周山村）作为调研重点，除了召开不同群体座谈会、深入农户访谈外，还采用了和专家们不同的参与式方法（如

---

① 中央党校科社部教授，社会性别与社会政策方向博士生导师，国务院妇女儿童工作委员会《中国妇女发展纲要（2001—2010 年）》监测评估专家组成员，中国妇女研究会副秘书长。

画图、排序、讲故事、做游戏等），与村民们共同探讨出生性别比失衡的原因。

我们在调查中发现，出生性别比失衡虽然有着复杂的社会文化原因，但最集中的表现是农民对生育男孩有着强烈的偏好和期望，甚至为了实现"生男"意愿，不惜堕掉女胎、遗弃女婴。"男孩偏好"在中国农村地区长期存在，没有实行计划生育之前，人们通过多胎生育来满足"男孩偏好"；实行计划生育之后，生育数量受到控制，人们便通过人为的性别选择（堕女胎）来实现"生男"愿望。

也许我们的参与式方法不像"做调查"，所以村民们很容易也很愿意说出心里话。

问：如果第一胎是女孩，还要不要二胎？

答：要！即使没有指标，罚款也要生。

问：为了保证第二胎是男孩，会不会去做 B 超？

答：头胎是男孩的，很少去做 B 超，不管二胎是男孩还是女孩，都可以接受；头胎是女孩的，百分之百去做 B 超，除非精神不正常。

问：计生部门严厉打击用 B 超进行胎儿性别鉴定，你们怎么做？

答：（笑）什么办法都有，去私人诊所，到大医院找熟人，还有人把 B 超机放在面包车上拉到村里，做完就跑，谁也逮不着。

问：做了 B 超，还是女孩怎么办？

答：简单得很，现在医学这么发达，拿掉！有的人为了第二胎生男孩，连续打掉四五个的都有。

一个姐妹还亲口向我们讲述了她自己的"生育故事"：头胎是个女儿，婆婆不中意，丈夫给脸色，她也觉得自己"没本事、不中用"。为了保证第二胎生男孩，她千方百计去做性别鉴定并连续 4 次堕胎，最后一次在手术中昏厥，差点丢了性命。可是，她依然坚定地对我们说，还是要生下去，"我就是不信，我这一肚子都是闺女！"

（二）促进行动的参与式分析

1. 农民为什么一定要生男孩？

对于这样的调查结果，我们很容易得出结论：农民强烈的男孩偏好受制于个人、家庭、社区，是社会文化和制度环境交互作用的结果……然后，把此结论作为我们提炼、抽象出来的知识和理论，形成调研报告，或进行政策倡导——督促有关方面出台政策，形成所谓的"长效机制"；或进行社会倡导——引起社会大众对该话题的"高度"关注；或拿来"教育"农民——"使"他们知道自己的问题是什么……

但是，农民对这些问题是怎样认识的？他们为什么会这样想？为什么要这样做？

巴西著名教育家保罗·弗雷勒在《受压迫者教育学》[①] 一书中这样说："唯有透过在这个世间的人们，与世界、与他人一起进行无尽的、彻底的、不断的、充满希望的探究，知识才会出现。"

于是，我们列出了几项"生男"的理由让村民们选择：体力劳动、家庭收益、家族势力、传宗接代、养儿防老……其实在调查前，我们已经先入为主地认为农民是"短视"的，最看重眼前利益，所以他们会把"体力劳动"（经济利益）和"家族势力"（政治利益）排在前面。但是，每一次的调查结果都告诉我们："农民和你们想的不一样！"村民们（不分年龄，不分性别）永远把"传宗接代"排在首位（量化统计100%），"养儿防老"排在第二位（量化统计96%），多个群体中的多次调查都是同样的结果。

我们向村民们表示，如果说"养儿防老"还是现实生活需求的话，"传宗接代"已经是过时的陈旧观念了。村民们立刻反对："传宗接代永不过时，后继有人是'正事儿'！如果一个家没有男孩，女孩又要出嫁，这一家血脉就断了。'没人'了，还过啥日子?! 这一点你们城里人是不理解的。"

虽然我们的说法没有得到村民的认同，但却让我们认识到，农民并不都是"短视"的，"养儿防老"是在为他们几十年后做准备；而"传宗接代"则关乎家庭和家族的延续，是更为长远的利益。

我们开始反省：不能自以为是地站在批评者的立场去责怪村民"观念落后"。如果某种观念传承千年且至今难以撼动的话，是否应该去挖掘"观念"背后的深层因素？我们必须以尊重、平等的态度，从村民的生活情境中倾听真实的声音，让他们从自身的角度阐释问题，然后和他们一起探寻问

---

① 保罗·弗雷勒：《受压迫者教育学》，方永泉译，台湾巨流图书有限公司，2013年第六次印刷，第108页。

题的根源，找出有效的解决策略、路径和方法。

2.“传宗接代”仅仅是“观念”吗？

观念是人的看法和思想，是支配行为的主观意识。有人说“人是观念的囚徒”，人们头脑里许多由来已久、习以为常的观念，常常成为束缚人们的紧箍咒。

说实在话，我们除了简单地给“传宗接代”扣一个“陈旧观念”的帽子之外，并不能清楚地解释它的来龙去脉。出于习惯，我们首先查阅了文字资料：“传”即传递；“宗”是祭祀祖先的场所。“祖”，左边是“示”字旁，“示”是“神”的本字，指与天地、祖宗、鬼神有关事宜，如神、祖、祭、祀等；右边的“且”在古文字里是男性生殖器的象征，表示“祖先”是男性。“宗”就是祭祀男性祖先的场所。故按字面解释，“传宗接代”就是承接男性祖先，并为他延续后代。

为了保证男性的世系传续，一定要遵循以下刚性原则：第一是“父系”，即按照“父子相承”的原则，父亲的血脉、财产传给儿子，儿子再传给孙子；第二是“父姓”，即子女随父姓，是父亲血脉的象征；第三是“父/夫居”，即女子婚前住在父家，婚后住在夫家，成为丈夫家庭的正式成员，为夫家生养后代。这种婚居模式决定了女儿要出嫁，儿子要承担养老责任。

这些原则是“经”（纺织品上的直线，“持久不变”之意），遵循这些原则是“天经地义”，违背了就是“离经叛道”。所以，传宗接代不仅是观念，而且是严格的父系家庭制度。

那么，村民们怎样认识“传宗接代”呢？从村民们画的“传宗接代”示意图中可以看到，虽然农村经历了翻天覆地的土地改革、轰轰烈烈的“大跃进”和人民公社运动，父系家庭的牢固根基依然没有动摇，十分顽强地“活”在村民的现实生活中。

从图中还可以看出，儿子是最关键的一环，没有儿子，血脉就会中断，家族就无法延续。因此，“一定要生儿子”不仅仅是一种“观念”，而是必须实现的人生目标。为了实现这个“崇高目标”，农民的生育行为才会表现出不问缘由、不计得失的冲动，也不惜为此付出经济（罚款）和健康（堕胎）的代价。

现象看到了，原因分析了，可是作为行动者，我们的目的是要推动改

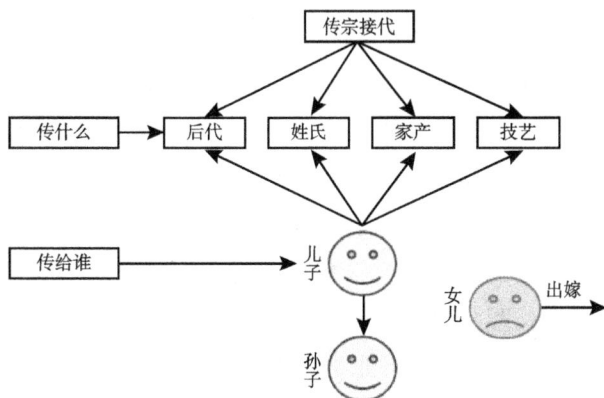

图 3-7 "传宗接代"示意图

变，对事物的认识不能局限在"是什么""为什么"，最重要的还要知道"怎么办"。但这同样不能靠我们拍着脑门想象，只有在和村民的共同探究中，才能获得符合实际的答案。

于是，我们将"传宗接代"引出的问题，继续和村民们探讨。

我们问："完成传宗接代的任务，对你们来说意味着什么？"回答这个问题时，村民的情绪是亢奋的："后继有人、养儿防老、财不外流、光宗耀祖、顶门立户……"他们一个个满面笑容，似乎已经拥有自己想要的东西。

我们接着问："为了传宗接代，你们付出了什么？"让人没有想到的是，这个问题好像一下触到了大家内心的痛处，他们沉默良久之后，忽然就像"炸了锅"。村民们一边讲述着发生在身边的事例，一边总结所有的付出："一辈子做儿孙的奴隶；到老了一无所有；儿子争家产；不孝敬老人；让老人伤财又伤心……"每个人似乎都悲愤填膺，把刚刚还在津津乐道的"光宗耀祖、顶门立户"推向了另一个极端。

这样，我们很自然地引入了下一个话题："养儿防老"。

3. 养儿真能防老吗?

一方面，大家都表示对"养儿防老"的认同："活着的时候儿子养老，死了以后儿子送终，农村的传统就是这样"；"儿子是自家的根儿，闺女养老让人笑话"。另一方面，他们却一致表示对现实中"养儿防老"的不满："啥叫养儿防老？不打你骂你，就是孝顺儿子！""一个老人能养一群儿子，一群儿子养不了一个老人，儿子多了是罪孽！"

为什么会是这种情况？

若要保证晚年生活的平安幸福，应该具备四个条件：经济保障、生活照顾、精神安慰、自主选择。那么，现实景况如何呢？

首先是自主选择受限制。由于社会养老保障严重不足，家庭养老依然是农村最普遍的养老方式。"传宗接代"制度下的婚姻规则是"男娶女嫁"，儿子娶媳妇，留在父母身边；女儿离开父母，嫁到婆家。所以，家庭养老实际上只能是"儿子养老"。一旦儿子出现问题——或者儿子不孝，"不愿"养老；或者儿子外出打工、家庭困难，"不能"养老，老人就会因为没有其他选择而陷入困境，那些生活不能自理的老人更会陷入绝境。

其次是经济没保障。经济保障是"防老"的物质基础，但在"养儿"的过程中一步步丢失。为了晚年有依靠，人们要生儿子；有了儿子，父母就必须完成两大任务：盖房子、娶媳妇，这是农民一生中最沉重的负担，会耗去大半生的心血，所以有人把它比作"泰山压顶"。房子是父母给儿子盖的，但儿子一结婚，老人就要腾出最好的房间（甚至整栋房屋）。老人们说："费了一辈子的心力给儿子盖房成亲，可儿子成了家，老人却没有家了！"如果不止一个儿子，兄弟们常常会因为房子盖得大小、婚礼花费多少而相互攀比，抱怨老人"偏心"，从而给日后老人赡养问题埋下隐患，使老人"伤财"又"伤心"。如果再有了孙子，老人不仅要承担照顾责任，而且要负担"过满月"、买奶粉等费用。对此，老人纵有怨气也无话可说，因为自己一定要有孙子"传宗接代"。

最后是生活照顾和精神安慰的缺失。农村的性别分工依然是"男主外女主内"，老人的生活照顾和精神安慰基本上是由媳妇和女儿承担。但被父母称为"贴心小棉袄"的女儿是一定要出嫁的，不能留在身边，限制了她对娘家父母的照顾与支持。因而，照顾老人的日常事务则更多由媳妇承担。照顾老人是一项操心费神的事情，不仅要付出体力劳动，而且要承受心理压力。公婆对媳妇没有"养育之恩"，很难要求她尽心尽力、事事周全。何况媳妇也很难，做得好了，所有人都认为理所应当；做得不好，便会受各方谴责。因此媳妇很容易用各种方式发泄内心的压力和不满，由此引发和老人之间的矛盾与冲突。

　　生活现实加上推理分析使我们和村民共同发现，祖祖辈辈所坚守的从"传宗接代"开始到"养儿防老"结束的"千年生活圈"，随着时代变迁、社会生活变化，在现实中已经成了一个"怪圈"。为了"传宗接代、养儿防老"，人们一生都要辛勤劳动。生了儿子，盼来了孙子，却在圆满完成人生责任后，不知不觉陷入了晚年生活的困境：一面是终生辛劳所积累的财富，通过"盖房子、娶媳妇、生孙子"一步步移交给了儿子，老人陷入两手空空的经济困境；另一面是按照"男娶女嫁"规则，嫁出闺女娶进媳妇，又使老人陷入女儿远离、婆媳不和的情感困境。对此，村民们也不是没有知觉，大家说："其实都知道，只是没有别的路，明明知道前面是个坑，也只能闭着眼睛跳下去！"

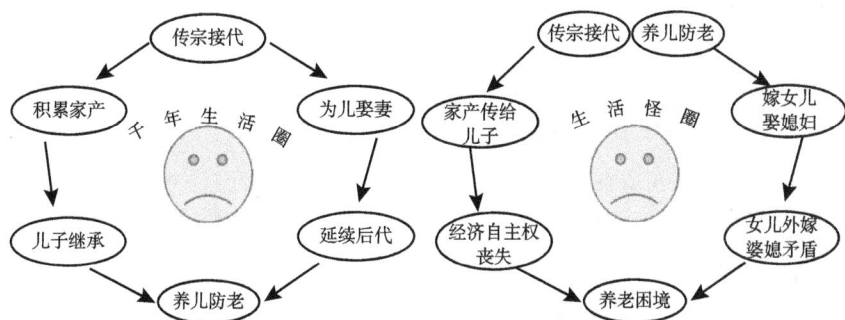

图 3-8　"千年生活圈"与"生活怪圈"

　　讨论进行到这里，村民们谋求改变的愿望似乎"呼之欲出"了。但是，从哪里开始突破呢？

四　抽丝剥茧——在盘根错节中寻找突破点

（一）历史：华夏父权制中的"男女有别"

　　村民在日常生活中挂在嘴边的"传宗接代"和"养儿防老"，在专家的论述中则是"源于周朝的华夏父权制家庭运转的两个密切相关的环节"[①]。

---

　　① 杜芳琴、梁军：《草根行动：在纠正"男孩偏好"治本之路上迈出的第一步》，载谭琳、周颜玲主编《全球背景下的性别平等与社会转型》，社会科学文献出版社，2011，第553页。

只有找到理论和现实的连接点，才能产生推动改变的方案。如果缺乏理论支撑，常常会就事论事，只看到"表象"而看不到内核，更发现不了各种"表象"之间的相互关联。同理，听起来悦耳或者看起来符合逻辑的理论，也不一定具有现实可行性。理论若不在村庄现实和村民生活中印证，则可能被束之高阁，甚至被"减损至纯是咬文嚼字或者智力游戏"①。行动者的任务就是要站在凝练而精准的理论高度，并以追本溯源的态度深入现实生活，在此基础上提出符合实际的、可行而有效的行动方案。唯有如此，改变才可能发生。

杜芳琴②教授提出的"男女有别"③的理论分析，给了我们极大的启发。杜老师认为，自公元前 21 世纪周代建立起男性中心的父权制性别制度以来，历经 3000 多年，至今在农村地区没有发生根本的变化，这个性别制度和两性关系的基本格局就是"男女有别"。

1. "男女有别"之"男外女内"

"男女有别"表现在空间场域、活动空间、职事分工上的"男公女私"、"男外女内"。

空间场域——男"公"女"私"，国为公，家为私；大家（家族）为公，小家（家庭）为私；男（位）居"公"，所以要"修身、齐家、治国、平天下"；女（位）在"私"，"主中馈（家中供膳诸事）"，故"妇无公事"。

活动空间——以家为界，男人在家外的公共领域活动，同时兼管家庭治理；女人则只能在家的范围之内活动。

职事分工——男"事"（"从事"的意思）农桑；女蚕织、主中馈、孝亲（侍奉公婆）、生育、相夫、教子……

2. "男女有别"之"男内女外"

"男女有别"又表现在婚姻、家庭的身份/名分、居所、生育、继承、丧葬、祭祀等方面的"男内女外"。

---

① 保罗·弗雷勒：《受压迫者教育学》，方永泉译，台湾巨流图书有限公司，2013 年第六次印刷，第 13 页。
② 杜芳琴，女，天津师范大学教授，中国妇女史和性别研究专家，曾任中国妇女研究会常务理事和副会长。
③ 杜芳琴："从历史的角度理解华夏族社会性别制度"，天津师范大学妇女史研究生课程，2004。在北京师范大学 2017 年 12 月 5 日举办的"女性与中国传统文化——京师论坛第六期"上，杜芳琴教授又加以详细阐述。

- **婚姻制度**

定位：男为内，女为外（娘家的外人，婆家的外来人）。

成立：男娶女嫁，男主（主人）女客（外来者）、男主（中心）女从（附属）、男固定（娶进）女移动（嫁出）。

居所：普遍的男婚女嫁，"从夫居"。

- **家庭/家族制度**

生育：男子是家庭/家族的根基，承担传宗接代任务，子女从父姓，重男轻女。

继承：父子继承（权位由嫡长子继承，财产诸子平分），女儿则没有继承权。

丧葬：男主女从，男主仪式女主情（哭），女随丈夫的名分服孝。

祭祀：男子主祭祀、续家谱；女子不得进祠堂，不入家谱，或以"×氏"写于丈夫名字的一侧。

亲属：男子之族内亲属均为自家人；而本族出嫁之女（女系）、娶入之妻（妻系）及至母亲（母系）的亲属，皆为外亲（戚）。

3. 性别制度设计对男女地位和人格的影响

在"男女有别"的制度设计中，两性间的权力关系形成了："男尊女卑、男主女从、内亲外疏"被框定；"男强女弱"的性别气质被规训、塑造；"男公女私、男外女内、男主女辅"的职事分工被确定。由此也决定了男女的地位与价值：男性是主导、中心，以男性为本位；女性处于被限制、被排斥、受支配的屈从地位：未嫁从父、既嫁从夫、夫死从子，终身要依附一个具体的男人，既没有独立的财产权利，也没有独立人格。

"男女有别"作为基本原则建构了父权家庭的性别制度，渐渐浸透在民众的意识观念、行为规范、风俗习惯、日常生活之中，并不断进行文化再生产，深刻地影响着历史上乃至今天女性的生存环境、状况和主体构建。

（二）现实：父权制依然"活着"

通过社区调查，我们看到源自周代的父权家庭性别制度依然有着顽强的生命力，丰富而具体地"存活"在周山村村民的日常生活、风俗习惯以及村庄制度之中。

1. 日常生活

（1）婚嫁规则——男内女外。周山村95%以上的婚居模式都是男娶女嫁的"从夫居"，个别"招婿婚"（男到女家）不外乎两种情况：一是没有儿子的家庭允许一个女儿招婿；二是妇女丧偶后"招夫养子"。村民们说："这都是特殊情况，要是有一点办法，谁也不想走那一步！"因为"男娶女嫁是祖辈传下来的规矩，天经地义，理所当然"。

但妇女们切身体验到这种"理所当然"的"从夫居"婚居制给自己带来的不利影响。

> "妇女一出嫁，两头不靠岸：无论是在娘家还是婆家，永远都是'外人'，说话没有分量。"
> "妇女只有结了婚才有土地和住房，必然在经济上依赖男人。"
> "村里选举时，男人说选谁，女人就得选谁，没有女人说话的份儿。"
> "生孩子是给男人传宗接代，姓他的姓，是他家的人。"
> "妇女离了婚无处可去，住到哪儿、靠啥吃饭都是问题。"
> ……

可见，男娶女嫁"从夫居"的婚居制不仅是一种生活方式，而且是一种性别权力关系的组建。妇女作为外来人，她的居住地选择权、土地权、家产继承权、生育权、参政权都会因婚姻流动而受到影响，这对妇女的家庭地位和社区地位也有重要影响。

（2）身份认定——男内女外。儿子是"自家人"，是家里的"根儿"，承担着"传宗接代"的任务；女儿则要嫁到婆家，成为"外人"。儿子结婚叫"娶媳妇"，女儿结婚叫"打发客"。"客"，就是外人；"打发"，就是"让她走"。一个"娶"，一个"打发"，一下子就看出了儿子、女儿的身份与地位。

周山有很多这一类的俗语：

> "儿子再赖（不好）是条根，女儿再好是门亲（亲戚）。"
> "娶来媳妇满屋明，打发闺女满屋穷。"
> "荞麦不算粮，闺女不养娘，十个好闺女也抵不上一个赖儿子。"

（3）家产继承——男内女外。赋予男性的价值越高，家庭中分配给他的资源自然就越多，对待女儿就越不平等。人们常用的比喻是："嫁出去的闺女泼出去的水"，顺着"肥水不流外人田"的逻辑，女儿一定被排除在家庭财产继承之外。虽然国家法律规定了子女的平等继承权，但在实际生活中，父子相承的继承原则从未动摇，女儿权利被剥夺依旧是司空见惯、自然而然的事情，尽管这一切都发生在温情脉脉的家庭面纱之下。女儿既没有家产继承权，又没有在原生家庭的长期居住权。如果哪个女儿胆敢主张自己的权利，反倒会遭到家人和邻舍的一致谴责，说她"不明事理"，破坏了家庭关系。

（4）性别分工——男外女内。在周山村，绝大多数男人是不做家务的，妇女做饭、洗衣、照顾老人和孩子依然是"常态"。特别是家中有老人或病弱者，妇女别无选择地担负起照顾责任。村民们都说"养儿防老"，但儿子只不过是担了养老的名分，却很少亲自去照顾父母，实际的照顾责任都是由媳妇和女儿承担。一个男性村民偶然替生病的父亲洗了一件衣服，村里人就笑话他："你娶媳妇是干啥的？"

2. 风俗惯习

习俗是一种"活着的传统"，对人们的观念、行为和村庄生活产生持续的影响力。各类风俗特别是人生礼俗中的婚姻习俗、生育习俗和丧葬习俗等，对妇女的歧视和排斥已成为不可更改的例行规则。

（1）婚嫁习俗。婚嫁习俗自古就有一套丰富、繁杂的礼仪程式。如议婚、订婚、迎娶、拜堂、回门等，其中的每一个环节都强调男性的重要作用。

铺喜床：迎亲的头一天晚上，男方家人要为新人"铺喜床"，铺床的人要儿女双全，没有儿子的人是不能参与的；褥子四角撒上枣、栗子、桂圆，意为"早生子才圆满"；喜床铺好后，抱个男孩来"压床"，祝愿新人生育男孩。

祭祖：迎亲队伍出发前，新郎要祭祖，叩拜父亲的祖先，告诉祖先自己已经长大成人，可以为他传宗接代，同时祈求祖先保佑喜事顺利，主持祭拜仪式的人全部是男性。

换鞋：女儿结婚，上花车时有一个"换鞋"仪式——脱掉在娘家穿的鞋，换上婆家拿来的新鞋。换鞋意味着女性身份、立场的转变，表示从此以后夫家为主、娘家为客，婚后处理任何事情都要把夫家利益摆在首位。

（2）生育习俗。与婚俗相比，生育习俗更是不加遮掩地强调"男孩偏好"。

埋胎盘——产妇生孩子后会向医院索取胎盘拿回家填埋，认为只有把胎盘埋在土里，孩子才有"根儿"，才能茁壮成长。但男孩的胎盘埋在庭院正中间，女孩的胎盘埋到厕所旁边，说法是："男孩胎盘埋在院中间，顶天立地男子汉；女孩胎盘埋在厕所边，早晚她要嫁外面"。多数人家盖好新房硬化庭院地面时，会提前在院中央预留一块地方，准备将来埋男孩的胎盘。假如地面已经硬化，也会用切割机重新切开一块，用来填埋男孩的胎盘。在村子里，你走进任何一户人家，只要看看院子的地面，就知道这家有没有男孩。

送米面——一种"庆生"仪式，是孩子出生后的一次重要庆贺活动，其中一项是姥姥给孩子佩戴饰物，男孩戴"长命锁"，图案是龙、虎，文字是"长命百岁"，寓意是男孩是传家人，一定要锁住孩子的生命，彰显了男孩的"价值地位"；女孩戴"鸡嗉"（一种椭圆形的银制品），鸡嗉是鸡脖子到胸口处一个储存食物的囊，寓意是"鸡要下蛋、人要生育"，图案是"麒麟送子"，文字是"多子多福"，凸显了女孩是"生育工具"。

一些流传在村民中的顺口溜也很能说明问题：

"奶奶前襟包孙子，他是俺家接代人；奶奶围裙包孙女，烧火做饭要嫁人！"

"生男孩眉开眼笑：'带把儿的'；生女孩唉声叹气：'死妮子'！"

"生男满月大摆宴席，扬眉吐气；生女请客吃顿面条，一门亲戚。"

"生男孩写进家谱，有名有序；生女孩一笔带过：×氏之女。"

"男孩夭亡埋在祖坟旁，死了也是传后人；女孩早死埋在大路边，永远不能进祖坟。"

（3）丧葬习俗。丧葬习俗是人生最后一项礼仪，标志着人生旅途的终结，受到家庭、家族的格外重视。丧葬仪式中要表明由谁继承家产，承担继往开来的责任，所以女儿在丧葬仪式中遭受排斥的程度远远高于婚嫁和生育习俗。

摔盆——也称"摔老盆"。"老盆"是一个瓦盆，用来烧纸钱，要在坟前打碎。"老盆"象征着老人的财富继承权，谁来摔"老盆"等于当众宣告继承人的身份。一般是由长子摔盆，儿子不在由孙子摔盆，没有儿子的家庭就让侄子来摔盆，而不会让女儿摔盆。

打幡——"幡"是送葬中为死者招魂的旗帜，和"老盆"一样，是家庭继承人的象征。给亡人送葬时，由孝子或孝孙"打幡"，走在送葬队伍的最前边，其他男性随后，女性亲属走在最后。周山村的"幡"是一棵树，需要有力气的人才能扛起，所以"幡"原本就是给男人设计的。

杜芳琴老师有一段很精彩的文字："民间习俗源自'礼'，'礼'就是典章制度；'礼'需要转化为'仪式'进行显化、程式化、通俗化来推行、实行；而后被民众下效即为'俗'，扩展流布即为'风'；一旦成了风气/风尚就是'习'。于是习惯成自然，无人质疑，成为深层的集体无意识，融化在血液里，落实在行动中。"①

在习惯成自然的过程中，种种禁忌与习俗也内化成为妇女自己默认的规范，她们既是这些习俗的受害者，又是习俗的参与者与传递者。

3. 村庄制度

这种基于"父姓、父系、父居/夫居"的性别制度并不只是"活在"村民的日常生活和风俗习惯中，同样体现在当下的村庄制度，即"村规民约"② 中。

现行的村规民约是村民共同约定的村庄管理规则和村民行为规范，是国家法之外的公共性规则。许多村庄的村两委办公室或会议室内，都在醒目之处张贴着本村的《村规民约》或《村民自治章程》。但如果深入村庄的实际生活，就会发现村规民约其实包含两个部分。一部分是"村规"。这是贴出

---

① 摘自杜芳琴"男孩偏好的深层文化根源"，中央党校"性别平等政策倡导课题组"调研报告（可参考丁东红：《变革社会中的性别平等问题》，中共中央党校出版社，2011，第24页）。

② 村规民约是产生于本土的乡村治理手段，以维护乡村治安、稳固社会秩序为目的，按照乡村习俗，由村民自行制定，共同遵守。宋代的《吕氏乡约》是我国第一部成文的村规民约，对后世产生重大影响。清朝中期，村规民约日渐成熟，在漫长的历史中维护着乡村社会的基本秩序。1949年后的三十年多年里，乡村自治空间被压缩，特别是人民公社时期，村规民约几乎不复存在。20世纪80年代初，广西宜山县屏南乡合寨村自发选举了村委会并制定了本村的村规民约，标志着村规民约作为村民自治的制度形式得以恢复。后来，广西的经验被国家发现、肯定，并迅速推广。1998年《中华人民共和国村民委员会组织法》实施后，村规民约在文本形式上日趋完善，但在制定主体、程序特别是在部分内容上仍然存在许多问题。

来的、成文的村庄管理规则，具有公开性和"文本正确性"，似乎无可挑剔，但村民们说："那是贴在墙上让领导检查的，中看不中用。"另一部分是"民约"，是"隐性"或"潜在"的规约，即按照风俗惯例或本村情况制定/约定的规则，虽然大多没有公开的文字依据，却是传统的、公认的规则，在现实生活中发挥实际作用，对村民有很强的约束力和强制力。如"出嫁女无论户口迁出与否，不得参与本村分配"；有儿有女的家庭不能男到女家结婚落户，违约者不享受村民待遇"；"婚出男女因离婚将户口迁回本村者，可暂时保留户口，不享受村民待遇，但必须接受本村计划生育管理"……

村庄作为村民生活的共同体，与父权家庭性别制度相适应，形成了男女有别的社区规则。如果以图示将现行村规民约与父系家庭制度进行对比，就可发觉两者的同构性。

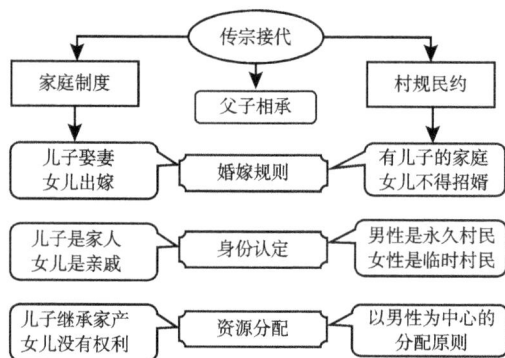

图 3-9 父系家庭制度与村规民约的对比

无论是家庭制度还是村庄制度，都是以男性为本位、为主体、为中心，制度与日常生活规则和习俗交织在一起，使妇女在获得个人机会、经济资源等方面处于不利地位。但村庄似乎也有自己的理由：不是村里限制了一些妇女的村民待遇（主要是指土地承包权），而是要执行国家"30年不变"的土地政策。

我们再顺着村庄制度"向上"追寻，果然看到"国家政策"对妇女的限制。

4. 国家政策

政策是政府为了解决不同利益群体间的关系，确保社会公正、社会稳定和社会发展而制定的相关规则。社会政策一旦形成，就具有权威性、强制性和持续性，具有其他社会因素不可替代的作用。但遗憾的是，某些政策缺乏性别视角，看似"性别中立"，实为"性别盲点"，给不同的性别带来不同影响，不仅使旧有的性别不平等得以延续，还可能制造新的不平等。对农村妇女影响最大的，就是土地政策。

1984 年，中央"一号文件"① 规定土地承包期为 15 年以上（俗称第一轮土地承包）。第一轮承包还没有到期，1993 年《中共中央、国务院关于当前农业和农村经济发展的若干政策措施》② 提出，土地承包期延长至 30 年（俗称"30 年不变"）。2003 年 3 月施行的《中华人民共和国农村土地承包法》（以下简称《农村土地承包法》）对上述政策从法律上予以肯定，重申"耕地的承包期为三十年"（第二十条），提倡"增人不增地，减人不减地"。党的十九大报告再次提出："保持土地承包关系稳定并长久不变，第二轮土地承包到期后再延长三十年。"

不可否认，这些政策在很大程度上保障了农民的土地承包经营权，在促进农民对土地的投入及稳定民心方面都起到了积极作用。但由于政策的制定缺乏性别视角，假定男女为"无差别"群体，政策实施过程中却侵害了妇女的合法权益。

其一，"30 年不变"忽视了农村妇女因婚姻而流动的现实，使得农村妇女在"女儿"（娘家）和"媳妇"（婆家）之间的身份变动时，土地权益随之"消失"。娘家村采用"嫁出收回"的办法，而婆家村则因执行"30 年不变"的政策而不予分地，导致出嫁女土地权益落空。即使娘家村没有收回其承包地，她们也只是保留了名义上的权利，土地的实际使用权和收益权则"自然"而无偿地让渡给了娘家父亲或兄弟。

其二，土地承包政策是以"户"为单位，而不是以独立的"个人"身份享有。由于"从夫居"的婚居模式，妇女权益被以男性为中心的"户"所淹没。妇女并不真正享有独立的土地权利，一旦她的婚姻状况发生变化，

---

① 即《中共中央关于一九八四年农村工作的通知》，规定："延长土地承包期，鼓励农民增加投资，培养地力，实行集约经营。土地承包期一般应在十五年以上。"

② 《中共中央、国务院关于当前农业和农村经济发展的若干政策措施》指出："为了稳定土地承包关系，鼓励农民增加投入，提高土地的生产率，在原定的耕地承包期到期之后，再延长三十年不变。"

土地权益就会受到侵害。土地是农村最主要的生产资料，是农民赖以生活的"命根子"。失去土地，不仅使妇女的经济利益遭受损害，而且使她们在家庭和社区中永远处于依附于男性的地位。

近年来，随着城镇化进程的加快，土地迅速增值，妇女土地权益受侵害的程度日益严重，已经由村庄内部的隐性问题转化为公开的社会矛盾。一些权益受损妇女为了争取自身合法权益不断奔走上访，特别是在经济发达地区，"出嫁女上访告状"已成了谁都害怕触碰的"顽疾"。

在抽丝剥茧中进行条分缕析，我们看到一张与"性别"相关的大网，透过观念、行为、风俗、制度、政策等各个方面，纵横交错地分布在乡村社会的脉络中，"形成了无所不在、无时不有的制约机制"，"规范着人们（包括妇女在内）的生活行为、心理情操，成为一种文化积淀，稳定地传承下来。"①

这张"性别网络"既是一种"男性中心"的社会结构，又是一种"男性优先"的社会实践。当我们试图去触碰这张网的时候，发现任何微小的动作都可能引起整个体系的回响和抵抗，或者"牵一发而动全身"，或者"按下葫芦起来瓢"，不知该从哪里下手。

一次参与式培训中的"结网"游戏，给了我们很大启发：当每个人都把自己手中的绳子拉紧，这张网的力量就很大，甚至能把一个人抬起来；但是只要有一个人松开手，就会导致网络的松动；两三个人松开，整个网络就会垮掉。

我们从中悟到，这张令人望而却步的"性别网络"的各个环节之间有着很强的关联性，任何一个环节都是网络的"固定点"，但也有可能就是"突破口"。当我们没有力量改变全局时，却可以寻求一点一滴的改变，进而引起连锁反应，打破整个网络的平衡。

（三）探寻：哪里是突破口？

画出的这样一幅网络图，能够帮助我们厘清各种因素之间的牵连，既让我们看到必须解决的问题，也让我们知道解决这些问题面临的挑战。

观念层面——"男娶女嫁"的婚姻制度延续几千年，为大多数村民认可与遵行。

制度层面——触动以男性为中心的村庄资源分配制度，牵动了村民的实

---

① 郑永福、吕美颐：《近代中国妇女与社会》，大象出版社，2013，第221～224页。

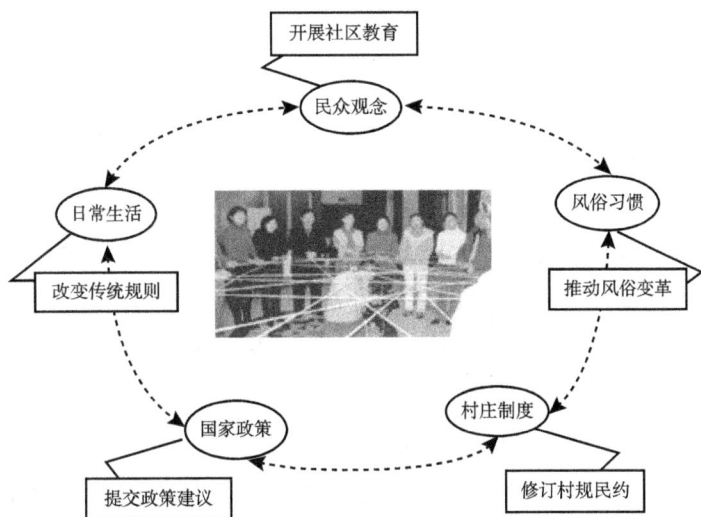

图 3 – 10   "结网"游戏

际利益。

操作层面——既不能讲形式、走过场，又不能急于求成、操之过急，否则很容易激化矛盾与冲突。

虽然我们深知面临的是一场"硬仗"，但我们也知道，改变一旦发生，带来的效果也许不可估量。因此，寻找启动变革的突破口就非常重要——这个突破口一定要从村民最现实、最迫切的问题切入，这样才能打动人心、激发共鸣。

1. 谋求共识——从养老问题切入

有了变革的需求，才会有变革的动力。如果我们直接从"推进婚居制变革"谈起，那就是硬要碰撞无法攻克的壁垒；如果谈"妇女土地权益"，村民会说那只是"少数人的利益"；而谈"出生性别比失衡"，他们觉得"与自己关系不大"。即使说"村规民约的内容违背了国家法律"，也有人固执地认为："国有国法、村有村规"。

因此，怎样与村民达成共识，找好切入点是至关重要的。而这个"切入点"是在我们与村民的不断探讨与磨合中"发现"并逐渐清晰的。那就是避开敏感的"出嫁女土地权益"问题，不过分强调村民不太关心的"出生性别比失衡"问题，而是从他们最切身的"养老问题"入手。

养老是"民生"问题，牵动着千家万户。目前，传统的"养儿防老"

模式正在经受着越来越大的挑战和冲击，村民们对于养老现状和前景普遍感到焦虑。如果能和他们一起找到适当的解决途径，既符合民意，又能带动村民观念和行为的转变。

于是，我们和村民一步一步共同探讨：由于我国经济社会发展水平的限制，无论是农村养老机构的普遍建立，还是农村公共福利水平的提高，都不是指日可待的事情。何况，即使有了较高的社会养老保障，家庭养老也有着不可替代的功能。1991 年 12 月联合国大会通过的《联合国老年人原则》提出"老人应该能够尽可能长久地住在家里"，强调了家庭养老功能的优越性和不可替代性。因此，在我国现有经济水平及文化模式下，家庭养老在相当长的时间内仍然会是农村的主要养老方式。

但是，由于"男娶女嫁"的硬性规定，女儿要出嫁，养老责任只能由儿子承担。前文谈到，这种单一的、强制性的养老模式不仅强化了"养儿防老"的观念，而且使得村民们在"儿子养老"之外没有别的选择。一旦"儿子养老"出现问题，老人就会陷入困境。要想改变现状，最现实的办法就是在"儿子养老"之外，鼓励家庭养老的多样化模式，如"女儿养老""儿女共同养老"，以及提高老人的自养能力等，使老人能够在多样化养老模式中自主选择。这样，不但有助于改善农村老人的生存状况，也会引起连锁反应，推动父权家庭性别规则的改变。

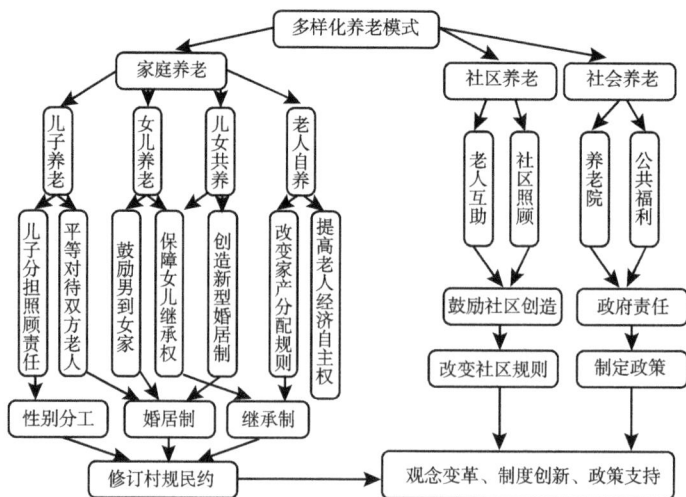

图 3-11 多样化养老模式

82

儿子养老——要求"儿子承担具体的照顾责任"，提倡男性分担家务劳动，推动"男外女内"性别分工的变化；要求"儿子媳妇平等对待双方老人"，表明处理家庭事务不再是"夫家本位"，媳妇和丈夫一起赡养公婆，丈夫也应和妻子一起承担赡养、照顾岳父母的责任。

女儿养老和儿女共养——要求改变单一的"男娶女嫁"婚居模式，鼓励"男到女家""小两口两头居住"等，为"女儿养老"和"儿女共养"提供制度上的保障；要求改变传统的家产分配规则，保证女儿的财产继承权。

老人自养——主要是指增强老人的经济自主能力，保障老人的宅基地使用权和住房权，同时希望老人不要把所有的金钱都花在儿子、孙子身上，要留一点"老本儿"。有了经济自主权，才能保证晚年的尊严。

多样化的养老模式让村民有了更多的选择，在缓解养老困境的同时，也松动了父权家庭性别制度，引发婚居制、继承制以及性别分工的改变。事后证明，村民们认为从养老问题谈变革，"最符合民情民意"，特别容易接受。

2. 重点难点——村民资格认定

若要走出养老困境，就要推动婚居制、继承制、性别分工的改变。多样化养老模式在逻辑推理上似乎赢得了村民的赞同，但在实际运作中仍面临很大的难题。

推动养老模式、婚居模式的变革，必须要通过修订村规民约来完成。村规民约包含几方面的内容：维护村庄秩序、管理/分配集体资源、规范村民行为、调解民间纠纷、引导民风民俗等，其中分配集体资源最直接地牵涉村民的经济利益，是村规民约中最敏感的部分。而婚居制的变革，恰恰是和这个最敏感的部分联系在一起。因为分配集体资源的依据是"村民资格"。换句话说，只有具备"村民资格"的人，才享有集体资源分配的权利。但目前国家法律对"村民资格"没有明确界定，各级政府也没有规范性的指导意见，所以全国绝大多数村庄是按照"从夫居"的规则来确认村民资格：男子基于"出生"——他们一生一世住在某个村落，天然拥有村民资格，直至死亡；妇女则是基于婚姻——出嫁前在"父家"拥有村民资格，出嫁后在"夫家"获得"村民资格"。

这样，以下几种情况就有可能失去村民资格，进而失去集体资源分配的权利。

出嫁女——女儿一经出嫁（不管户口是否迁出）便失去"嫁出地"的村民资格，其承包地或由村庄收回，或自然让渡给娘家父兄；"嫁入地"以"30年不变"为由不予分配承包地，导致出嫁女权益"两头落空"。

"农嫁非"（即嫁给非农业户口的妇女）——由于户籍制的限制，她们的户口很难迁入城市，在娘家村也因为失去村民资格而不能享受"村民待遇"。

离婚、丧偶妇女——妇女离婚后，难以继续在婆家居住，失去了婆家村的村民资格；而生养自己的娘家村认为其"迟早还要嫁人"，不予落户分田。丧偶妇女只有在把夫家利益摆在首位（如"招夫养子"）的情况下，才能被允许在婆家居住并继续享受村民待遇；若改嫁他人，则和离婚妇女同等对待。

合法权益受损者还包括上门女婿。多数村庄对"招婿"都有明确的限制，如"纯女户只能一人招婿，有儿子的家庭，女儿不得招婿"等，使上门女婿在生活上、地位上矮人一头。

这种基于"男娶女嫁"婚居制的村民资格认定规则，深刻支配着村庄资源分配和性别间的权力关系。妇女要获得身份的"合法性"（不是指法律，而是指被承认），只能依赖丈夫。因此，要使"村民资格"的认定合法而公正，必须改变强制性的"男娶女嫁"，提倡婚居模式多样化，鼓励"从夫居"以外的婚居形式。

这里说的"改变"不是"推翻"，不要求"一刀切"，而是提倡"多样化"，即在"男娶女嫁"之外，允许人们有更多的选择：结婚后住夫家、住妻家、小夫妻独住，或娘家婆家两头居住等。一个村庄若有20%"从夫居"以外的婚居模式，就足以改变村民观念和村庄风气。

但是，鼓励婚居模式多样化遇到的最大难题是"村庄资源有限"。村民们说，如果儿子、女儿结婚后都不愿离开本村，有限的村庄资源将无法承载过多的人口。表面上看，村庄资源是现实问题，然而如何看待"资源"却是认识问题。于是，我们和村民一起从"法"的角度来认识"资源"。

"法"首先是指法律。《农村土地承包法》第三十条规定："承包期内，妇女结婚，在新居住地未取得承包地的，发包方不得收回其原承包地；妇女离婚或者丧偶，仍在原居住地生活或者不在原居住地生活但在新居住地未取得承包地的，发包方不得收回其原承包地。"村庄资源有限是实际情况，但不能以牺牲妇女的合法权益为代价，这样既不合法也不公平，还会引发新的问题。

"法"还有另外一个解释："办法"。在遵循男女平等的宪法原则下，可以找出相应的解决办法。例如，我们提出了"无形资源"的概念，如人力资源、智慧资源、优惠政策、政治待遇等，都是无限的可供开发的"无形资源"。村民们也觉悟到："鸡有两只爪，人有一双手，人才也是资源，闺女和上门女婿都是人才，都能为村庄发展做贡献！"

3. 上下联动——提交政策建议

政策的制定是一个自下而上的过程：一种办法经过基层的实践证明后，才会有政策的出台；而一旦出台政策，就会进一步拉动基层变革。

中央党校"性别平等政策倡导课题组"一方面摸索在基层推动的经验，另一方面进行高层倡导。以举办"高层论坛"和向全国"两会"提交政策建议的方法，使国家有关部门看到现行村规民约存在的问题及其造成的严重后果（如农村妇女土地权益长期遭受侵害、为"男孩偏好"提供制度性支持、引发公开的社会矛盾、法律权威和政府公信力下降等）。这些活动既引起了有关部门的重视，也有力地支持了基层社区工作的开展。

看到了现象（出生性别比失衡），找出了原因（强烈的男孩偏好），进行了促进行动的参与式分析（农民为什么一定要生男孩），一直到在盘根错节的因素中寻找出有效突破点（从农村养老问题切入），以及"攻克堡垒"的途径（修订村规民约、进行政策倡导）。我们没有也不能在对问题的分析与认识上止步，而必须产出切实可行的方案——这是行动者的逻辑。

（四）领先：周山村迈开第一步

农村改革之后，周山村并没有像其他村庄一样很快制定村规民约，直到1996年，村庄治安不断出现问题，村两委才制定了一些针对性的条款，共有10条。如"坚决打击拉帮结派、欺压百姓、小偷小摸等不良行为；严厉打击越级上访，破坏稳定团结的不良事件；对不能和睦邻里，大吵大闹或指东骂西的人，罚款200元；不按时参加康检（孕检），每次罚款500元"……

几乎都是惩罚性条款，完全把村民当作"管理对象"。

2006年土地流转后，镇政府每年发给村民800元/亩的"口粮款"。可这数目不大的"口粮款"却让村民们争得头破血流。现任村支部书记董银川（当时任村主任）说："国家没有免除农业税之前，向村民收钱是最困难的事。现在土地流转了，不用种地，还能分钱，大家都高兴成麻了（方言：非常高兴），谁知道'发钱'比'收钱'还难！"

为了解决分配"口粮款"中的纠纷，2007年6月村两委成员和村民组长开了整整三天闭门会议，制定出了"兑现粮款十三条"，规定了参与分配人员的资格，其中两条涉及妇女："妇女婚后户口未迁出者，不论时间长短，一律不分配口粮款"；"离婚丧偶妇女回村落户，暂不参与口粮款分配。"多数村民认为这是按"老规矩"办事，没有表示异议，但是一些户口没有迁出或在婆家没有土地的出嫁女、离婚回村妇女及其家人却坚决反对。每到分配粮款时，各村民组都会发生纠纷与争吵，动辄就闹到村两委。现任村支部委员周怀亮回忆说："2007年村里制定'十三条'时，我是副支书，每到分配口粮款，提前几个月就得做准备，随时处在'战备状态'。分配那几天，几百号人挤在村委大院，又是吵又是闹。有个村民，因为他妹妹分不到口粮款，把村支书的桌子都掀翻了。屋里装不下，再到院里吵，还有人拿着棍子准备打架。"

2008年10月，课题组在中央党校举办了"修订村规民约，推进性别平等"培训班，时任周山村支部书记的景占营和村计生专干周改云参加了培训。培训结束时，景占营发言说："我们村也和大多数村庄一样，村民们都想生男孩，不少人偷偷去做B超，是女孩就打掉；还有些离婚妇女回到娘家后不能享受村民待遇，造成她们生活困难，也引发了村里矛盾。参加培训后，我明白了这些问题都和村规民约有关。所以，年底换届选举之后，明年开春我们就修订村规民约，希望中央党校课题组支持我们！"

景占营主动请缨，使周山村成为修订村规民约的第一个试点。当然，对我们来说，选择周山村还有另一个重要原因，那就是我们在周山村2002年以来的工作基础，培育了一批以手工艺协会为基本队伍的妇女骨干。在一个较为熟悉且有支持力量的村庄修订村规民约，能够减少探索路上的一些障碍。

五 七年磨"规约"：修订村规民约中的博弈

（一）破冰：第一次修订

1. 首战告捷

2009 年 3 月 10～11 日，"周山村村规民约修订研讨会"在登封市鹿鸣山庄会议室召开，村两委成员、部分村民组长和村民代表以及特邀妇女代表等 24 人参加了研讨会，大冶镇有关领导也在座旁听。因为是"首次出击"，我们心中忐忑不安，不断问询村支书景占营："会上如果吵起来怎么办？会不会打起来？"景占营倒是很镇定："不会，只要把道理说清楚，大家都能接受。"

研讨会上，我们并没有单刀直入地讨论"如何修订村规民约"，而是采用以往在培训中使用的头脑风暴、判断选择、答题竞赛、案例分析、小组讨论等参与式方法，先从"出生性别比失衡""农村养老问题"切入，一项一项展开、深入，最后归结到要很好地解决这些问题就必须修订村规民约。出乎意料的是，那些在会前让我们担忧的场面不仅没有出现，反而取得了令人欣喜的成果：经过两天热烈的讨论，与会者提出了《周山村村规民约》（修订草案），分为"村庄秩序维护""集体资源管理""实行计划生育""提倡时代新风"4 个篇章、30 个条款，明确提出了"纯女户、有儿有女户婚嫁自由，男到女家、女到男家均可，享受本村村民待遇""支持鼓励妇女参政议政""夫妻双方共同分担家务劳动""反对任何形式的家庭暴力"等多项涉及性别平等的条款。

研讨会结束后，村两委将《周山村村规民约》（修订草案）提交村民代表大会讨论。由于原有村民代表中妇女比例过低（不足 5%），村两委又特邀 12 位手工艺协会成员作为妇女代表参加表决，她们说："我们从来没有机会参加村民代表大会，第一次堂堂正正坐在这里，感到非常自豪！"

大会持续了近 3 个小时，虽然讨论和争论十分激烈，但最终 30 条村规民约全部顺利通过。只是对于未迁户口的出嫁女，大家只同意"保留半年的村民待遇，半年之后，不论户口是否迁出，一律不再享受"。

从村民的辩论中我们了解到，对于"婚居自由，男到女家、女到男家均可"这样貌似"激进"的条款反而全部举手赞成，是因为村民们觉得这只是"提倡"，不可能一下子落到实处。而出嫁女的村民待遇，那是要"实打实"立刻兑现的。大多数人认为:"不管她以什么理由未迁户口,但只要出嫁,就不是这个村的人了(失去了村民资格)!"

我们知道,这条路不是一次就能走通的。既然是"博弈",就要有策略,如果步子迈得太大,反而会激起反弹。

2. 突兀生变

果然,新的村规民约实施还不到两个月,就发生了一件震动全村的事情。第五村民组一位村民有一儿两女,在儿子外出打工失去联系长达四年之后,恳求已出嫁的二女儿和女婿迁回娘家、照应家里。村民组根据他家的实际情况,表示同意二女儿和女婿回迁落户,并分配了口粮款。可过了两年,儿子突然回来了,村民组就根据"有儿子的家庭女儿不能留在村里"的老规矩,要求女儿再迁回婆家。女儿觉得需要时让自己回来,不需要时就撵走,极大地伤害了自己,坚持不走。她说:"这不是几个钱的问题,是我的尊严!"就这样,一方要撵,一方要留,闹到村两委,又告到镇政府,一直闹了好几个月。

3. "只管上台去宣传"

为了保证新的村规民约的落实,手工艺协会的骨干们做了不少工作,她们对那些反对女儿留下的村民说:"那都是咱一条一条举手通过的,咋能说变就变呢!"为了让更多的村民知晓并认可新的村规民约,手工艺协会的姐妹们商量着把村规民约条款编成唱段或快板为村民表演。她们虽然擅长手工,"表演"可是绝对的"弱项"。没有参加手工艺协会之前,她们除了农田劳动,闲暇时就在家里做针线,最不愿意抛头露面。可是为了宣传村规民约,她们说:"我们也不爱面子了,鼓起勇气上台!"

村里举办学习宣传村规民约活动时,手工艺协会成员非常积极,编排了好几个节目,准备登台演出。可是,一个村干部嫌其中几个人年龄大、不漂亮,让她们退到后排,让那些年轻的、穿得漂亮的人站在前面。姐妹们气得不行,当场就哭了。有人对她们说:"哭算啥本事?把人拉出来就走,看他们怎么搞活动!"她们冷静下来后,还是做出了自己的选择:"我们又不是来'选美'的,是来宣传村规民约的,就是要上台!"为了这件事,她们专门编了一段顺口溜:

> 姐妹几个台前站,未曾表演泪涟涟;
> 说俺长得丑,嫌俺不好看,不让上台去表演。

姐妹们，别生气，堂堂正正站台前；

村规民约定得好，只管上台去宣传！

周山村村组干部和村民骨干（特别是妇女骨干）是修订村规民约的
"动力"；我们作为外来的协助者是"推力"，不断对持反对意见的村民进行
培训，讲明道理；大冶镇政府态度明朗，坚决支持周山村新的村规民约，耐
心做反对者的工作，是很强的"支撑力"。三股力量，形成合力，经过 8 个
多月的磨合、博弈，终于得到多数村民的理解与赞同，保留了女儿和女婿的
村民待遇。

在整个事件协商、解决的过程中，村民们对村规民约的知晓度大大提高
了，从这个意义上来说，坏事变成了好事。

（二）深入：第二次修订

2011 年年底换届选举，原村主任董银川接替景占营担任村支部书记。
新上任的"村三委"（村支部、村委会、村监委会）认为，第一次修订的村
规民约已经实施三年，有些条款还不够完善，应该进行第二次修订，也再次
邀请课题组进行培训和指导。

2012 年 5 月，周山村正式启动第二次修订村规民约，接连召开了村组
干部会议、党员会议和村民代表会议，并于 5 月 17 日召开村民代表大会进
行表决。有了第一次修订村规民约的经验，大家对此次修订格外认真，几乎
每个条款都要仔细推敲，没有人认为"只是提倡"，而是要"动真格"了。

1. 离婚妇女权益得到保障

第二次修订村规民约，除了继续鼓励妇女参政议政、提倡男到女家落户
之外，最大的突破是关于"离婚妇女"的村民待遇。

这次修订的条款不仅保证了女儿离婚回村后的村民待遇："婚出男女因
离婚或丧偶将户口迁回本村，可享受村民待遇；若再次婚出，户口仍在本村
的子女可继续享受村民待遇。"如果外来媳妇或女婿离婚后不想离开周山
村，也可保留他们的村民待遇："婚入男女离婚后若愿意留村，继续享受村
民待遇；离婚妇女招婿，享受男到女家落户的优惠待遇。"

在总是强调资源有限的周山村，制定出这样的条款实非易事。

2. 出嫁女问题依然阻力重重

但是在"出嫁女"的问题上，依然遭遇很大阻力。村民们认为，之所

以保证离婚妇女的待遇，一来是人数较少，对整体影响不大；二来她们毕竟是"回家"，周山村理应接受。但出嫁女一经"嫁出"就是"外人"，不能继续享受村民待遇。

一次党员会上，为了出嫁女的事情大家又吵得不可开交，一个名叫周西川的党员在发言中把矛头直接指向课题组，他说："老辈子说'婚嫁、婚嫁'，就是男的娶女的嫁。闺女嫁出去了，就是'外人'，不能再回来争资源。改变观念也要循序渐进，你们推动性别平等我不反对，但也不能让我们退回到母系社会！"

由于阻力甚大，第二次修订村规民约大会的最终表决结果是：出嫁女因各种原因未将户口迁出，村民待遇可保留一年（第一次修订时保留半年）。距第一次修订过去了三年时间，只取得了这"一丁点儿"的前进。即使如此，我们也为之欣喜，因为毕竟向前迈了半步！

为了避免与多数村民的直接冲突，我们只能选择"局部变革"的道路，清醒地认识能做什么、不能做什么，尊重村民的步伐，也把握自己的力量和限度。不期待奇迹的发生，只要求微小的进步；不苛求立竿见影，但求一点一滴的改变。

"思想者"和"实践者"的行为逻辑不同，思想者讲彻底、讲超前，只有这样才能唤起人们的觉醒；而实践者必须讲现实、讲妥协，唯如此才能在脚踏的土地上迈开步伐。

制度的改变是艰难的，我们只能是先求"有"，再求"好"。

（三）挺进：第三次修订

第三次修订村规民约时，课题组承接的原国家计生委的项目已经结束，但"出嫁女"的村民待遇问题依然悬在那里，我们的工作并未完成。于是，我们又以"基层法治建设与高层倡导"的角度向北京市近邻社会工作发展中心①（简

---

① 一家民办非企业单位，2010 年 5 月正式注册，主要从事社会工作服务、教育、培训及相关的社会发展工作，包括应用专业的社会工作方法，在城乡接合部的外来务工者社区、拆迁转居社区开展社区服务，探索中国本土社会工作的发展模式；支持社会工作实践、政策、教育研究、实习基地建设，提供社会工作专业培训等；接纳社会工作实习生，培育未来社会工作专业服务人才。

称"北京近邻"）申请了"社会工作培力小额资金项目"①，开始对周山村村规民约进行第三次修订。

这是在最少资金的支持下，花最大力气进行的一次村规民约修订。

1. 借助"依法治国"之东风

2014年10月，党的十八届四中全会召开，首次以"依法治国"作为会议主题，"法治"二字以从未有的热度走进社会生活的方方面面。党的十八届四中全会公报提出："推进多层次多领域依法治理""发挥市民公约、乡规民约、行业规章、团体章程等社会规范在社会治理中的积极作用"。

2014年年底，我们反复与周山村村三委讨论，大家一致同意遵照"法治"精神，对村规民约进行一次更深入、更全面的修订，推进村庄治理的法治化和规范化。由于借助了十八届四中全会的"东风"，这次修订与第一、第二次相比，力度要大得多。

第一步——动员。召开"第三次修订村规民约动员会"（2014年12月21日），村组干部、村民代表、权益受损代表近40人参加，再次强调修订村规民约的意义。

第二步——起草。由村组干部和村民各方代表（特别是权益受损者和持反对意见者）共11人组成"村规民约起草小组"，经过两天深入讨论（2014年12月27~28日），提出修订草案。

第三步——评审。我们与大冶镇和周山村村两委代表一起，将村规民约修订草案拿到北京（2015年1月3日），在中央党校妇女研究中心召开的"依法修订村规民约研讨会"上逐条讨论，听取法律专家与政府有关部门对修订草案的意见与建议。

第四步——完善。我们回村以后根据法律专家的建议，重新制定修订草案。经过一个多月的磨合、斟酌，2015年2月9~11日，与村组干部和村民代表讨论新的修订草案，并要求村民代表逐户听取村民意见。

第五步——表决。经过十多次大会小会的讨论磋商，2015年3月12日，我们在文化大院召开了"周山村第三次修订村规民约表决大会"，村组

---

① 旨在通过小额资助等手段，支持和推动中国社会工作走一条与国情相符合、与本土经验相结合的社会工作实践、研究和教育三位一体的道路。项目总目标是：推动行动研究，培育好的实践者（社会工作者和NGO从业人员）；力求将社会工作的实践、教育、研究和政策倡导有机地结合起来，促进本土社会工作专业化和社会工作专业本土化。

干部、村民代表70余人（男女各半），中央党校课题组及登封市、大冶镇有关部门代表参加了大会，前后磨合三个多月的村规民约修订草案顺利通过。

表决大会后，村组干部在"周山村纪念林"种植了一棵梧桐树，纪念《周山村村规民约》第三次修订成功，寓意是"栽下梧桐树，引得凤凰来"。

2. 依靠充分的民主协商

修订村规民约涉及全体村民的切身利益，稍有不慎就会引发矛盾。以往的村庄管理中遇到不同意见，最简便的做法就是"举手"或"投票"表决，大家认为这是最民主的做法。其实，这是对民主的片面理解。民主的核心是尊重每一位公民的权利，而不是简单的"少数服从多数"，更不能把"民主"等同于"投票"。特别是涉及公民基本权利的时候（如决定某人的村民资格、应该享有哪些权利等），必须遵循"法治"的原则。

对于长期存在的"出嫁女"村民待遇问题，如果采取投票表决的办法，估计有90%以上的村民要投反对票。这样做肯定是不合理的，因为即使多数人反对，出嫁女的合法权益也不容侵犯。但如果以简单的行政手段压制多数人的意见，不仅会造成村庄不稳定，而且会破坏出嫁女的生存环境，使她们很难在村内立足。

怎样才能既保护少数人的合法权益，又不简单压制多数人的意见呢？最好的办法就是进行民主协商。但是，在被认为"最不懂民主"的农民中应该怎样操作呢？

联合国"全球治理委员会"关于"治理"的界定①给了我们很大启发（大意）：

- 治理不是一整套规则，而是一个持续的过程。
- 治理不是控制，而是协调。
- 治理的目的是使不同利益得以协调，并采取联合行动。

民主协商在第一、第二次修订村规民约时就开始了。第三次修订时，我

---

① 参见联合国"全球治理委员会"1995年的研究报告《我们的全球之家》，中国干部学习网，2015年5月24日。

们更是花费许多时间和心力，与周山村干部、村民一起走过了无数个"不同利益协调的持续过程"。

首先，我们制订了民主协商的原则。

- 既不能随意剥夺少数人的合法权益，又不能简单压制多数人的意见。
- 协商主体多元化（强调各方代表的参与，特别是妇女、老人、权益受损者、持反对意见者）。
- 协商中要求平等、公开、理性，在充分尊重各方意志的基础上达成共识。

其次，每次协商都会根据村庄实际，提出不同议题，例如：

- 你怎么认识"村庄资源有限，应该限制女儿招婿"？
- 如何避免农村妇女土地权益"两头空"？
- 为什么媳妇也反对出嫁女享受村民待遇？这是一场女人之间的战争吗？
- 对待村民基本权利问题，能否依靠简单的"少数服从多数"？
- 推进农村地区男女平等，我们可以做些什么？

最后，"民主协商"可采用多种形式：修订村规民约研讨会、村规民约大家谈、参与式培训、特定人群座谈、个别访谈等。在研讨会和培训班上，同样采取答题竞赛、案例分析、角色扮演、影视播放等多种参与式方法来协调冲突，处理矛盾。

协商就是"对话"，只有通过"对话"，才能使多方利益群体沟通调和、相互妥协、消除分歧，形成较为一致的意见。"对话"中，特别要尊重持不同意见的人。例如，第二次修订村规民约的党员会上，那一位说"不能退回母系社会"的周西川是个正直坦率又十分倔强的人，如果公开反对他的意见，他就会感到自尊心受伤，即使从自我保护的角度出发，他也不会认同我们的观点，甚至会有意地反击和抵抗。所以，我们从来不说"你的想法不对"，而是说"能听听我的意见吗？我们一起来讨论。"我们发现，当他的意见被尊重时，他也会尊重我们的看法。第三次修订村规民约时，我们数次主动上门听取他的意见，还特邀他作为"持不同意见者"的代表，参加了全村只选 11 个人的"村规民约起草小组"。后来，周西川成为积极参与村庄事务的骨干成员，他有一句名言："鸡蛋要从里面打破。从外面打破是食品，从里面打破是生命！"

我还是要引用保罗·弗雷勒的话："对民众的信心是进行对话的先天条件，若没有这种对民众的信念，对话就会成为一场闹剧，并且无可避免地沦为父权式的操控。"①

周山村修订村规民约的实践（特别是第三次修订）充分证明，民主协商是民主和法治建设的重要内容，强调多元主体平等参与，通过公平、公开的渠道，引导村民有序参与社区事务管理，以理性、合法的形式表达利益诉求，调和矛盾与冲突。

"民主"是要学习的。通过民主协商，村民们获得了真实的"参与感"，有了"当家作主"的感觉，这使得新修订的村规民约得到绝大多数村民的认可并自愿遵守，他们说："村规民约是自己订的，约束着咱呢，不照着做，自己都不好意思。"

3. 性别平等取得突破性进展

第三次修订的村规民约包括总则、村民权利义务、村庄事务管理、集体资源管理（分为"集体资源保护"与"集体资源分配"两部分）、村民自我管理、村庄环境保育、继良俗树新风、附则等8个篇章、46个条款，涉及"实行依法自治、保障村民权利、推进男女平等、保护生态环境、推动风俗变革、促进乡风文明"等多个方面，是三次修订村规民约中最为完善的一次。

但最值得提出的是在推动性别平等方面的较大突破，46个条款中除了在"总则"部分提出修订村规民约的原则是"依法、平等、民主"，以及在"村民权利"中专门提出"妇女权利、男到女家落户者的权利"之外，还有14个具体条款涉及性别平等。例如，"村民权利义务"部分提出了婚居自由，男到女家、女到男家均可，触碰了"男娶女嫁"的"从夫居"婚居制度；"村庄事务管理"部分提出了促进妇女参与事务管理，并制定了具体的参与指标，挑战了"男公女私"的场域分工；"继良俗树新风"部分制订了男女共同承担家务（改变"男外女内"的性别分工），提倡姓氏改革（触碰父系、父姓制度），以及改变婚俗、葬俗中的性别歧视等（改变"男尊女

---

① 保罗·弗雷勒：《受压迫者教育学》，方永泉译，台湾巨流图书有限公司，2013年第六次印刷，第132页。

卑"的性别观念）。

难度最大的"集体资源分配"部分也有了重大突破，针对"婚入男女"和"婚出男女"的各类情况都有具体规定。① 前两次修订村规民约都未能解决的出嫁女"两头落空"的问题，在大家动手、动脑、动口的"民主协商"过程中基本上得到解决："婚出男女户口未迁出，不在本村居住，在对方没有享受村民待遇者，由本人提出书面申请，对方村委会出具证明，经周山村两委核实后，可享受村民待遇。"（《周山村村规民约》第二十三条）

当然，面对这样的阶段性成果，我们不会头脑发热。只是觉得胡适先生的一句话很能表达我们当时的心情："怕什么真理无穷，进一寸有一寸的欢喜。"②

我们深知，尽管村规民约的条款已经制定，落实中还会遭遇种种问题。因为"男尊女卑的妇女观，在斗转星移的历史长河中，早已渗透、融化在人们的社会生活和社会习俗的各个方面，规范着人们的生活"③，改变起来将是非常缓慢的。但制度毕竟是制定了，由此而引起的"占人口一半的女性，其社会地位的任何变化，带给社会已不单纯是'量'的变化，也是'质'的改变，是对原有社会性别结构的冲击。"④

4. 引起国家有关领导重视

实践先于制度。"法"是在社会实践中反复探索、总结后才由国家制定

① 详见《周山村村规民约》
    第二十二条 婚入男女
    1. 婚入男女须达到法定婚龄、领有结婚证并将户口迁入本村者，依照户口迁入时间享受村民待遇。
    2. 婚入男女离婚、丧偶后户口在本村者，再婚前继续享受村民待遇。再婚后，其配偶及所带子女将户口迁入，在本村居住并履行村民义务，可享受村民待遇。
    第二十三条 婚出男女
    1. 婚出男女户口未迁出，在本村居住并履行村民义务者，享受村民待遇。
    2. 婚出男女户口未迁出，不在本村居住，在对方没有享受村民待遇者，由本人提出书面申请，对方村委会出具证明，经周山村两委核实后，可享受村民待遇。
    3. 婚出男女户口迁出，不在本村居住者，自结婚之日起享受一年村民待遇。若愿返回本村居住，将户口迁回并履行村民义务，可重新享受村民待遇。
    4. 婚出男女因离婚或丧偶将户口迁回本村，在本村居住并履行村民义务，享受村民待遇，所带子女以有效法律文书为准。若再次婚出，其户口仍在本村的子女可继续享受村民待遇。
② 胡适：《胡适谈读书》第一卷，中国华侨出版社，2015。
③ 郑永福、吕美颐：《近代中国妇女与社会》，大象出版社，2013，第235页。
④ 郑永福、吕美颐：《近代中国妇女与社会》，大象出版社，2013，第225页。

或认可的，特别是在社会变革时期，更需要实践基础上的理论创新和制度创新。提出这样一部合法的、符合村庄实际的、体现性别平等的村规民约，应该说是周山村对基层法治建设的贡献。

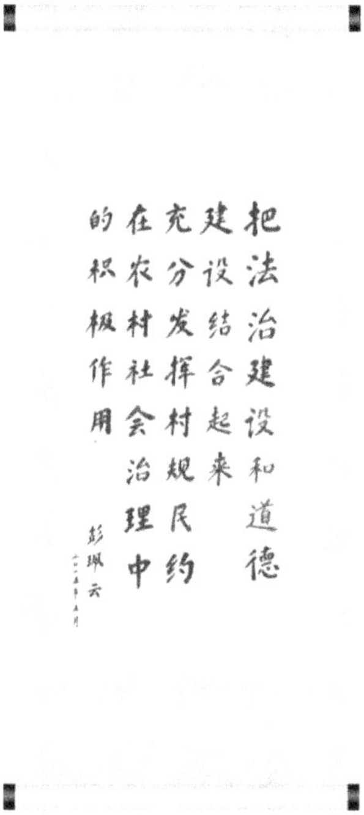

2015 年 5 月 29 日，周山村在文化大院召开了"《周山村村规民约》发放、宣传、誓师大会"，第九届全国人大常委会副委员长彭珮云、国务院妇女儿童工作委员会有关负责人、河南省和郑州市人民代表大会的相关领导也出席了大会。彭副委员长在村里召开的座谈会上说："周山村的村规民约七年来经过三次修订，内容全面、细致，符合实际又有所创新，密切结合本村实际，贯彻落实了国家法律和党的政策，把法治和德治结合起来，必将在村庄的社会治理中发挥积极作用。"

彭副委员长拿着《周山村村规民约》说："我认为周山村的村规民约已经达到'范本'的水平。"离开周山村之后，她又专门寄来了给周山村的题词："把法制建设和道德建设结合起来，充分发挥村规民约在农村社会治理中的积极作用"。

图 3-12 第九届全国人大常委会副委员长彭珮云题词

从 2009 年到 2015 年，周山村经过三次修订村规民约，至此算是取得了阶段性成果。

周山村三次成功修订村规民约之后，课题组于 2015 年 3 月给全国两会提交了"在全国范围内推动依法修订村规民约"的提案，引起政府有关部门的重视。2015 年 12 月，河南省民政厅、河南省综治办、河南省文明办联合下发了《关于修订完善村规民约（居民公约）的指导意见》，拟在全省范围内推动村规民约工作。

六 以"柔软的身段"打一场"硬仗"

"男女有别"的性别制度存在几千年，任何较大的改变都需要一个长期的过程，其间还会出现反复甚至倒退。这时刻提醒我们：处理性别之间的权力关系不是简单的"东风压倒西风"，而是"彼此靠拢、缩短差距的性别平等建构"，"将'协商'作为性别问题解决的有效方式，往往超越了政策法规的范畴，需要在情与法、伦理与习俗、理想与现实之间寻找一种各方都能接受的折中方案。"①

（一）参与式培训

1. 教育的作用

对于人的成长与改变，教育的作用是不容置疑的。古希腊教育家苏格拉底说"教育是点燃火焰"②，保罗·弗雷勒说"教育是通向永恒解放之路"③，联合国教科文组织总干事伊琳娜·博科娃说"再没有比教育更加强大的变革力量"④ ……

我们在村里推行的任何一项工作，"教育"一定是摆在首位的。农村社区的特点是：面积大，人数多，生产生活分散，不同利益群体交织，性别观念也较为陈旧，必须采用多种形式的教育方法，使民众理解、认同，达到"入脑入心"的效果。特别是关于性别意识的培训，我们深知改变传统性别观念绝非一朝一夕之功，若是急于求成地宣扬、灌输，反而会激起民众的逆反心理，欲速则不达。因此，"参与式"培训就成为我们所有教育活动中（培训、会议、座谈等）最有力的"武器"。

2. 实例：出嫁女"两头空"问题

我们是如何运用"参与式"培训的？以最难解决的"出嫁女"村民待遇问题为例。

前文已反复提到出嫁女土地权益"两头落空"问题：妇女结婚后，不管其户口是否迁出，也不管她在婆家是否享有村民待遇，一律取消其"口粮款"分配资格。在第一次（2009年）和第二次（2012年）修订村规民约

---

① 董丽敏："延安经验：从'妇女主义'到'家庭统一战线'——兼论'革命中国'妇女解放理论的生成问题"，《妇女研究论丛》，2016年第6期。
② 引自网络360问答"苏格拉底底名言警句录"，2013年6月4日。
③ 保罗·弗雷勒：《受压迫者教育学》，方永泉译，台湾巨流图书有限公司，2013年第六次印刷，第43页。
④ 摘自联合国教科文组织2016年研究报告《反思教育：向"全球共同利益"的理念转变》序言。

的过程中，由于多数村民坚持认为妇女只要出嫁就不再是"周山人"（失去了村民资格），我们不得不采取"分步走"策略：第一次修订，出嫁女保留半年村民待遇，第二次修订增加到一年，但始终不能根本解决。

第三次修订时，还是要面对这个问题。2014 年 6 月，在我们举办的"村规民约大家谈"活动中，参与者又围绕出嫁女"两头空"问题起了争论，主要集中在两点：一是几乎所有人都否认存在出嫁女"两头空"的问题，有人还十分恼怒地说："什么'两头空'？不要听有些人瞎嚷嚷！"；二是就算"两头空"，那也是对方的问题，"让她去找婆家要，凭什么让周山村负担！"

问题一：究竟是否存在出嫁女"两头空"问题？

方法：让事实说话

第一步，请大家写纸条。每人家里有几个妇女，就写几张小纸条（如母亲、妻子、女儿、媳妇等）。

第二步，"投票"。我们临时找了四个空的奶粉罐当作"票箱"，分别标明：娘家有（指村民待遇）、婆家有、两头都有、两头都没有，再请大家把自己写好的纸条如实投入相应的"票箱"。

第三步，公开统计结果。但结果也让我们十分意外——女儿"两头空"、媳妇"两头吃"，各占 80%。先把媳妇"两头吃"放下不说，大家都承认了女儿"两头空"不仅存在，而且普遍存在。村支书董银川说，他的三个女儿实际上都是"两头空"。

问题二：造成"两头空"，完全是婆家的原因吗？

方法：共同学习法律（用符号代替：◇我们◆村民）

◇周山村为什么有"口粮款"？

◆是国家给的土地补偿金。

◇是不是相当于村民的土地承包权？

◆应该是。

◇取消出嫁女的"口粮款"，是不是等于收回她的土地承包权？

◆（沉默）有人小声说：是。

◇我们来看《农村土地承包法》第三十条："承包期内，妇女结婚，在新居住地未取得承包地的，发包方不得收回其原承包地；妇女离婚或者丧偶，仍在原居住地生活或者不在原居住地生活但在新居住地未取得承包地

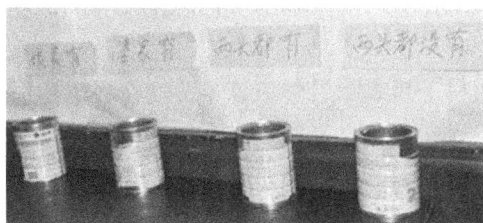

结果

女儿两头空
媳妇两头吃
各占80%

步骤一 ——写纸条
步骤二 ——"投票"
步骤三 ——统计结果

出嫁女"两头空"问题

图 3 - 13 出嫁女"两头空"问题讨论场景

的，发包方不得收回其原承包地。"

根据这条法律，周山村在出嫁女"两头空"的问题上不负责任吗？

◆······

解决了问题一、问题二，再来讨论投票中出现的新问题。

问题三：为什么媳妇"两头吃"？

方法：对话

◆虽说有的闺女"两头空"，但媳妇 80% "两头吃"。媳妇也是妇女，不能再说周山村男女不平等！

◇不错，媳妇和女儿在性别上都是妇女，但她们代表的都是"妇女利益"吗？

这可是个尖锐的问题，一时间在场的人没有马上回答，而是陷入了思考。我们一边画图一边和村民讨论，使问题步步深入。

◇女儿为什么没有村民待遇？

◆因为她"出嫁"了，不再是周山村人，不能再享受周山村的村民待遇。

◇但是，她如果嫁给本村的男人呢？

◆当然还是周山村人，照常享受村民待遇。

◇媳妇为什么不管娘家是否取消她的村民待遇，只要嫁到周山村立刻就能享受呢？

◆她嫁到周山村就是周山村一口人，自然应该享受。

◇可是，如果她离婚呢？还会继续享受吗？

◆当然不能再享受了，除非她再次改嫁到周山村。

◇所以，女儿和媳妇能否享有村民待遇，并不是根据她们"自己的身份"，而是要看那个和她们结婚的"男人"是谁，然后依据"她的男人"决定她是否有资格享受村民待遇，对吗？

◆……（沉默）

◇女儿和媳妇不是共同代表了"妇女利益"，而是分别代表了"她的男人"。

◆……（大部分人继续沉默，有人默默点头）

◇这就是我们所说的"以男性为中心"的资源分配制度。大家通过这张图，就会理解图中人物的关系，也能明白什么是"以男性为中心"。

闺女和媳妇都代表"妇女利益"吗？

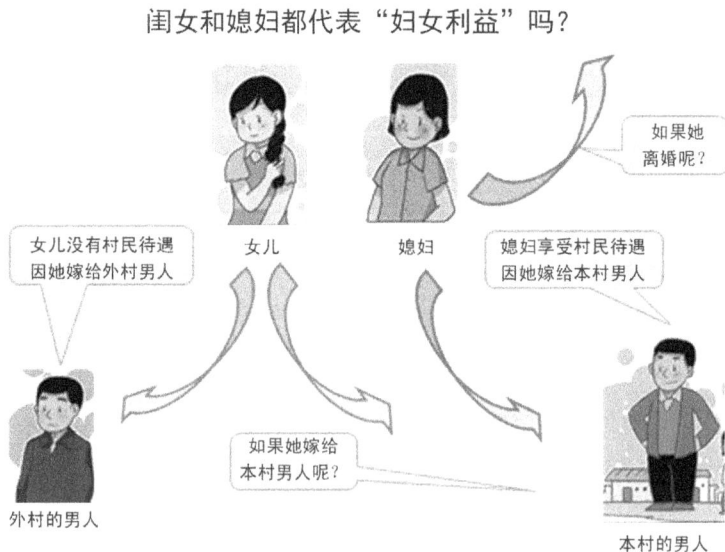

图 3-14 "以男性为中心"的资源分配制度

接着，我们和村民继续探讨为什么会存在媳妇"两头吃"的问题。

一是这种情况的特殊性。媳妇的娘家大多是农业地区，土地承包权30

年不变，是"死"的。出嫁后，娘家村子没有收回她的土地承包权；嫁到周山村后，"口粮款"年年调整，是"活"的，使她能够因丈夫"得福"，得以享受周山村的村民待遇。如果周山村同样是"30年不变"，她绝无"两头吃"的可能。

二是这种状况的虚假性。说媳妇"两头吃"，她本人真的"吃"了吗？"吃"指的是土地的使用权和收益权。实际上，媳妇嫁到周山村后，她们只是在名义上保留了娘家的土地承包权，而土地的使用权和收益权已经完全让给了娘家的"男人"（父亲或兄弟）。

所以说，无论是村庄还是家庭，都是"以男性为中心"分配资源，修订村规民约，不只是改变村庄制度；在"民约"部分，也要提出根据国家法律调整家庭财产的分配规则①。

有了这次参与式培训的基础，讨论有关出嫁女村民待遇的条款时就十分顺利，大家想出了许多保证出嫁女合法权益的具体措施。

3. 我们理解的参与式

说到参与式培训，许多人仅仅理解为一种"方法"，即"创造轻松愉快的学习环境，运用视觉、听觉等多种工具，引导学员进行思考，积极参与到学习过程中"②。在这个概念中，每一个关键词都体现了培训者的主体性，学员只有在培训者的"创造""运用""引导"下，才能"参与"到学习过程中。

我们所理解的"参与式"有所不同，这是我们十几年来在无数次的参与式培训实践中慢慢积累、体会出来的。

第一，摆在首位的是态度——平等和尊重。无论参与者是处于怎样弱势地位的人群，哪怕是从来没有受过学校教育的人（常被说成"没有文化"的人）都有自己的知识，有自己看待世界、解释世界的方式，都不是等待帮助的客体，培训者不要试图把自己的信念"强加"或"植入"在参与者的脑海中。如果你不能真正谦卑下来，与参与者建立平等的关系，就无法赢得他们的信任，无法了解他们的真实想法，从而使培训效果大打

---

① 《中华人民共和国继承法》第九条"继承权男女平等"。《中华人民共和国妇女权益保障法》第三十一条"在婚姻、家庭共有财产关系中，不得侵害妇女依法享有的权益"；第三十四条"妇女享有的与男子平等的财产继承权受法律保护"。
② 引自网络360百科关于"参与式培训"的解释。

折扣。

第二，参与式培训中，培训者和参与者是互为主体、彼此教导的，教育对方的同时也接受对方的教育，时刻对自己的观念和行为进行反省与调整，在互动中产生新的认识和方法，进而提高双方改变现状的能力和信心。

第三，参与式的最终目的不只是获得知识、加深认识，而是要推动改变。培训内容一定是双方最关切的问题，培训方案一定要转化成行动力量和具体规划，培训效果一定要体现在社区实践中。

第四，运用参与式，还要掌握一定的方法和技巧，如分组讨论、案例分析、角色扮演、小组竞赛、画图、排序、辩论、游戏、亲身体验、观看录影、小讲座等。我们常说"小游戏、大道理"，一些活动不仅使培训场域活跃轻松，而且会逐步深入，引发大家思考。村民们常开玩笑说："你们挖个坑，我们不知不觉就跳下去了，还是心甘情愿地跳下去！"当村民们心甘情愿"跳下去"的时候，往往一个新的行动方案就诞生了。

（二）民俗变革

1. 民俗文化的特征

民俗，即民间风俗，起源于人类社会群体生活的需要，在特定的民族、时代和地域中不断形成、扩大和演变，为民众的日常生活服务。

民俗文化有以下几个特征。第一，群体性，即民俗文化的本质是群体文化，广大民众参与创造、传播、传承。民俗文化涉及民众生活的方方面面，几乎无处不在。第二，规范性，即民俗被称为一种非正式制度，具有规范和约束人们行为的强大力量。晚清著名学者黄遵宪先生这样形容民俗的力量："举国之人习以为然，上智所不能察，大力所不能挽，严刑峻法所不能变"。① 第三，变异性。黄遵宪先生又说，民俗同时具有"难于更改"和"可以更易"两方面的特征。民俗由于流传久、范围大、多数人认同而难于更改，但也由于范围过大而造成"百里不同风，千里不同俗，因地而异"的特点，可以更易。

一位专替村民们办理红白喜事的先生，用最质朴的语言表述了民俗的"变异"特征："习俗就是规矩，规矩就是嘴，嘴说啥规矩，啥就是规矩。

---

① 《黄遵宪全集》，中华书局，2005年，第1427页。

这个村子说，清明节闺女不能上坟：'闺女上坟，娘家死人'；几十里外的村子偏让闺女上坟，说'闺女上坟，骡马成群'。哪儿的规矩是标准呢？"

一物两面，恰恰是民俗文化的这些特征为我们提供了推动风俗变革的空间。首先，民俗的群体性，即改变旧俗，创造新风，然后通过群体传播不断扩大影响力，产生连锁反应，带动更多人的改变。其次，民俗的规范性，即农村社区是"熟人社会"，人与人关系紧密，趋同心理较强。新风尚一旦被民众接受，就具有新的规范力和制约力。最后，民俗的变异性，即无论什么样的风俗都是"人为"的规定，因此也能靠"人为"的力量去改变。

在周山村，生孩子、过满月、婚礼、祝寿、葬礼等民俗活动长年不断，每个活动都可以成为我们开展社区教育的平台。

2. "新兵打胜仗"——"女娶男"婚礼

2008 年 11 月，手工艺协会成员郝玉枝要给她大女儿周涛红举办招婿婚礼。按照周山的老规矩，即使是"招婿上门"，婚礼形式也是"男娶女嫁"。婚礼前，女婿住在岳父母家象征儿子，女儿则要送到婆家象征媳妇，然后女婿再去把女儿"娶"回来。这种婚礼形式依然是靠着"仪式化的表演"来强调男性的主导和中心地位。

既然是"男到女家"，能不能改变一下老规矩呢？我们找到郝玉枝和她商议："能不能让女儿去迎接女婿？"没想到她非常爽快地表态说："我是手工艺协会成员，参加过好多次性别平等培训，知道这是好事儿，我同意！"后来，她听说女婿不太赞同"女娶男"，觉得"我一个大男人，咋能坐在家里等她来娶我呢？"郝玉枝就主动跑到男方家里协商，劝女婿说："放下架子，丢掉面子，改变一下观念，有啥不好哩？"

婚礼前，为了增加喜庆气氛，郝玉枝找到本村小学教师写了多副对联，贴在家里的门上："男到女家同样好，登门女婿格外亲""男孩女孩都一样，女孩同有继承权""打破千年旧传统，落户女家亲上亲"……她说："这些对联在俺家贴了两个多月，不管谁来串门都觉得新鲜，都会念上一遍，这不也是一种宣传嘛！"

婚礼当天，郝玉枝的女儿乘坐花车从娘家出发，到男方家里迎接女婿来到周山村落户，300 多名村民赶来观看，礼台两边的大幅对联写着："男尊女、女尊男，男女平等；男娶女、女娶男，两样都行"。婚礼现场热闹非凡，欢笑不断。手工艺协会会长景秀芳登上礼台，向全村发布了"婚俗变革倡议书",这可是她平生第一次当着这么多人说话!村民们说:"周山村几十年、几百年都没见过这样的婚礼,真是生男生女都一样,女孩照样能为父母争光!"

图 3-15 "女娶男"婚礼现场

老实说,作为推动者的我们从来没有见过农村婚礼的场面,更不要说主持这样的活动。我们这些完全不懂农村风俗的新兵能够初战得胜,真的要感谢周山村村两委的支持和手工艺协会成员的积极参与。

这场婚礼对于推动风俗变革产生了积极影响。不久,周山村连续三家举办了"女娶男"婚礼。三个月后,周山村第一次顺利修订村规民约。大家都说,郝玉枝家的"女娶男"婚礼做了铺垫,就此拉开了周山村"悄然而深刻的变革"之序幕。

初次旗开得胜给了我们很大的信心,以后又多次举办风俗变革活动,如"女孩胎盘埋到哪儿"的生育习俗变革(2010 年)、为去世的纯女户老人举办的葬礼变革(2012 年)、老年再婚集体婚礼(2013 年)等,在村子里产生了一定影响力。

因此,我们在推广此类经验时,曾得出这样的结论:"风俗变革易操作且有实效"。"有实效"是真的,已被多次活动所证实;但"易操作"却未必,尤其是 2017 年 9 月的"嫁女儿"仪式中,我们体会到如果不只是满足于热热闹闹的场面，而是深入到风俗中的"细节"，并不是那么"易操作"。

3. 好事多磨——嫁女儿的风波

2017 年 9 月 27 日，村民周新正、陈花荣的小女儿周培娇结婚。这个"纯女户"家庭过去在村里是受人轻视的，但周新正夫妇立志为"女儿户"争气，无论生活多么困难，坚持让女儿们上学读书，尽量接受高等教育。他们的二女儿周蓓晓（现任大冶镇宣传办副主任）大学毕业后曾在周山村做过 8 年大学生村官，参与了三次修订村规民约的全过程，深知风俗变革对改变村民观念和乡风文明建设的重要意义。她主动提出以妹妹的结婚仪式为平台，再一次推进周山村的风俗变革。

我们团队和周山村"乡村艺术协会"及蓓晓家人一起，策划并举办了这场"嫁女儿"庆典，在不少环节加入了性别平等的内容。

• 请周山村的女孩子集体诵读《新编女儿经》（节选）。

女儿经，女儿经，叫女儿，仔细听。旧时代，不平等，女儿们，受苦情。
新时代，沐春风，男与女，讲平等。敬事业，爱家庭，互敬爱，树新风。
......

新村规，指路灯，奋力干，洒豪情。当自立，又自重，立壮志，攀高峰。
公益事，争先锋，重参与，讲公平。周山女，有美名，半边天，立新功。
......

• 新郎迎娶新娘时，按照习俗被挡在门外，他要三次递红包恳求，才能接走新娘。我们把"三请新娘"的环节改为"三考新郎"。

一考：你希望妻子具备什么样的品格？温柔、善良、独立、顺从、热心、能干、坚强、谦虚、柔弱、勇敢、宽容、乐观、勤快、节俭。（在以上词语中选择三个，并要说明为什么，测验新郎选择终身伴侣的价值观。）

二考：你认可哪种夫妻关系类型？一张图上画有四种类型：完全重叠的两个圆（夫妻完全一致）、夫大妻小（夫管严）、妻大夫小（妻管严）、两个圆一半交错（夫妻有共同的生活，同时拥有自己的空间），希望新人婚后能够建立新型的夫妻关系。

三考：结婚后，你要成为什么样的丈夫？是共同分担家务还是做个甩手丈夫？

如果新郎答得不对，主考人（新娘的堂嫂）再给他讲一遍，这也算得上是一次性别平等的"婚前教育"吧！

● 舞台背景是一张大型喷绘，印有醒目的"我们这一家"五个大字，其中"家"是个空心字。庆典的最后环节，周新正全家登上舞台，拿起画笔，共同把"家"字描绘完整，凸显这个"纯女户"家庭的进取与和谐。当时的情景再配上主持人动情的解说，使在场的所有人动容。一位观看仪式的外村村民说："周山这个活动搞得好，从此不会有人轻视纯女户了！"

但我们没有想到，庆典中的一个"细节"却遇到了麻烦。由于平时我们经常听到老人夸奖闺女比儿子孝敬老人，就编排了一个节目"夸闺女"，既为了彰显女儿的价值，也为了在村里提倡孝老敬老风气。可是登台表演时，有人却打起了退堂鼓，理由是："儿子媳妇常在家，闺女再好不能夸！私下说说还可以，千万不敢公开'夸闺女'。"费尽周折，最终只有三家上台，其中一家是儿子媳妇远在云南，他们夸闺女没有顾虑；另一家是嫂嫂夸奖婆家妹妹，也不怕有人说闲话。

我们真的为闺女们抱不平，就以"女儿"为话题，借着"嫁女儿"典礼的舞台，进行了一场临时"培训"。

"今天在台下的大半是妇女，不管你现在是奶奶、姥姥、婆婆、妈妈、媳妇或是闺女，咱大家有一个共同点，那就是我们出生时的第一个身份——都是'女儿'！

我们自己是女儿，但要思考一下，我们是怎么对待女儿的。为了生儿子，不少人把怀着的女胎打掉，把生下的闺女送人。就算把她留下来，也和男孩不一样对待，有点好吃的，紧着塞给男孩子。到了该上学的时候，如果家里经济条件不允许，肯定是只让儿子上学。分家的时候，从来没有女儿的份，家产都要留给儿子……

大家会说：'这是老传统，祖祖辈辈都是这样。'可是，老传统不是要让儿子养老，让女儿去赡养公婆吗？近些年，这个老传统开始被打破了，但只打破了一头——强调女儿也要承担赡养娘家父母的义务，经济上她和儿子媳妇共同分担，照顾上她和儿子媳妇一样轮流，生病住院主要靠闺女照顾。这时，你咋不说闺女是"人家的人"了？咋不讲"老传统"了？闺女对娘家的责任和义务在增加，但是她在娘家仍然是一无名分和二无权利，这对闺女公平吗？

当然，闺女赡养娘家父母是她应尽的责任，但如果闺女做得好，夸两句总可以吧？那也不行，女儿做得再好也不能夸，主要是怕得罪媳妇。

媳妇和闺女是敌人吗？在婆家是媳妇，回到娘家就是闺女。我们同时兼有女儿和媳妇的双重角色，应站在同一立场思考问题。只有大家互相理解、互相支持，共同努力去改变人们的观念，妇女们（不分媳妇、闺女）才能得到公平公正的对待！"

当时，天下着大雨，不少村民站在雨地里"参加培训"，不知道他们能听进去多少，我们却久久不能平静。从 2009 到 2017 年，周山村三次修订村规民约，经历了无数次性别平等教育，但仍然发生这样的事情，可见传统观念的深厚基础。

图 3-16　村民在雨中参加"培训"

4. 旧瓶装新酒——祠堂变革

村规民约中虽然制定了"姓氏改革、女儿继承家产"等条款，但"传宗接代"在村庄生活中还有一个巨大的载体——周氏祠堂。

祠堂又称宗祠、家庙，是祭祀男性祖先、延续父系家谱的场所，是维护"传宗接代"的载体。虽然周山村在 2009 年就第一次修订了村规民约，但由于"传宗接代"观念根深蒂固，周氏家族在2011年花费了近50万元人民币，历时一年多，重新修建了"周氏祠堂"，并第五次重续周氏家谱。

宗族祠堂代表着父权制的权威，家谱最基本的功能是对家族成员资格的认定，遵从着严格的父系制，保存了男性完整的谱系。而妇女无论是作为母亲还是妻子、女儿，在男性谱系中要么完全缺席，要么只是"列席"。

如果不去触碰祠堂，在落实村规民约中性别平等的条款时，就会遇到观念上的障碍。但是推动祠堂变革不仅困难，也有激化与家族冲突的风险，必须采用适当的策略。我们考虑到祠堂虽然是旧时代遗留的产物，在凸显男性主导地位、强化男孩偏好方面有负面影响，但作为一个精神空间，它在增强家族凝聚力、约束家族成员不良行为、倡导优良家风方面也能够发挥一定的积极作用。

于是，我们决定采用"旧瓶装新酒"的策略，为古老的祠堂注入新的元素。在和周氏家族核心成员经过数次磋商，经历了一波三折之后，最终由村支部委员周怀亮（他父母和他本人都曾担任过周山村支部书记）牵头，成立了由3男2女组成的"周氏新家风倡导小组"，男女共同管理祠堂，这在历史上是从未有过的现象。

2015年5月，倡导小组发起了"传扬周氏新家风活动"，并向周氏家族全体成员（占周山总人口的70%）发布了"传扬周氏家风，跟上时代步伐"倡议书。

（1）周氏新家风：爱国爱家、诚实守信、读书知礼、尊老爱幼、男女平等、互助友爱、保护环境、文明节俭。

（2）改掉"女孩不能入家谱、妇女不能进祠堂"的陈规旧俗。凡是留在周山村的女儿、随母姓的男孩，以及到周山落户的女婿及其子女，均可载入《周氏家谱》。

（3）提倡性别平等，互相尊重。男女共同参与家庭家族事务，共同管理祠堂，共同分担家务劳动。

（4）保护女孩的家产继承权，坚决反对人为选择胎儿性别的行为。

2016年3月，周氏祠堂举办了盛大的祭祖仪式，八项"周氏新家风"写进了拜祖词中。仪式是传统的，但内容是全新的。

斗转星移，更新万象；周氏家风，传承优良。

爱国爱家，胸怀理想；赤胆忠心，志在四方。

言行如一，襟怀坦荡；诚实守信，力戒贪赃。

读书求知，奋发向上；学而不倦，智多识广。

言传身教，子女榜样；尊老爱幼，孝敬爹娘。

互助友爱，邻里守望；扶弱济困，忧乐同尝。

男女平等，大力提倡；革故鼎新，全面开创。

保护环境，热爱家乡；青山绿水，鸟语花香。

移风易俗，引领时尚；勤俭持家，民富国强。

民众观念的变化不要求天翻地覆，这是一个"渐变"的过程，在"旧瓶"里加进一些新的元素，就会引起化学反应，慢慢形成一股清新的力量。

5. 民俗变革制度化

目前，周山村的民俗变革已由村民实践走向制度化，村规民约中制定了相关条款。

第三十八条　婚俗变革

（1）提倡文明节俭办婚礼，提倡新式婚礼（集体婚礼、新婚夫妻共同植树等），反对铺张浪费、大操大办。

（2）新式婚礼、男到女家婚礼，由"乡风文明促进会"主持或参与，村里文艺团体义务助兴，营造喜庆气氛。

（3）提倡婚俗中男女平等，改变歧视妇女的陈规旧俗，不提倡索要彩礼。

第三十九条　葬俗变革

（1）村民去世后火化，提倡安葬在村公墓，反对先火葬后土葬的做法，节约土地，减轻村民丧葬负担。

（2）葬礼力求节俭，不大摆供品、宴席，少用孝布，不搞迷信活动。

（3）提倡葬礼中男女平等，女儿也能"打幡""摔盆"。

（4）对老人要厚养薄葬，反对生前不孝，死后大操大办，严禁借机敛财。

（5）孤寡老人的葬礼，村两委负责操办；纯女户老人的葬礼，"乡风文明促进会"协助操办。

6. 民俗变革的几点启示

民俗变革是村民自我教育的重要手法，社区民众是"教育活动"的主体。我们作为推动者和协助者，借助当事人提供的平台，经费投入很少，却能够收到"入脑入心"的效果，化解其他手段不能解决的问题。

几年来的实践告诉我们，推动农村风俗变革中应注意以下四点。

（1）农村社区有无穷无尽的"载体"可用来推动风俗变革，如孩子出生、满月、周岁、老人寿诞、婚礼、葬礼或祠堂活动等，要善于在当地的生活情景中寻找工作资源，见缝插针、顺势而动、借机造势，可取得数倍于课堂培训的效果。

（2）培训者事先要做足功课，了解每一种风俗的成因、程序、寓意及历史变迁，特别要关注仪式细节中对妇女的约束和排斥，这样才能深入，对症下药。

（3）使用的语言应该是深入浅出、言简意赅、人人都能听得懂的"大白话"，要与民众生活息息相关；否则，"美声"固然深刻优雅，不被广大民众接受也是枉然。

（4）民众不只是旧习俗的承接者，也是新民俗的创造者，要逐步培养村庄骨干，使他们成长为推动变革的主体力量。

（三）民众戏剧

1. 最初"无意插柳"

我们团队多数成员是教师出身，长期习惯于在课堂上"讲授"，参与式培训对我们来说已是大的突破，而把"戏剧"当作一种教育形式则连想都没有想过。最初注意到这种手法，完全是"无意插柳"。

2000年6月，在为农村妇女举办的"社会性别与发展"参与式培训班上，一位村妇女主任表示，她最大的愿望是把培训班上学到的东西"唱"给身边的姐妹。我们认为这个想法很新鲜，也想去探索一种"培训"之外的教育方法，就支持她组建了一支农民演出队，并创作了反映农村妇女土地问题的小戏曲《山花》。剧本采写于村里的真实案例，演员全部是本村农民。2001年5月，《山花》在登封市"村妇女主任培训班"上首场演出，获得很大成功。之后，演出队不断接到周边村庄的邀请，接连演出了20余场。一次在深山区演出，几公里之外的农民开着拖拉机赶来观看，密密麻麻的观众坐在山坡上、爬在树上观看的场面，给我们留下极其深刻的印象。自此，我们开始有意识地将"戏剧"作为一种手法，纳入我们的性别教育中。

戏剧在农村有广泛的群众基础，很容易对民众产生吸引力。农民平日劳动时间长、强度大，"唱戏"和"看戏"是他们劳动之余满足精神需求的重要方式。农村的演出场所都是开放的空间，不收门票，出入自由，很符合农民的生活习惯。演出队表演的剧目反映的是农村实际生活，用的是方言俚语，乡土气息浓郁，有很强的感染力，观众易于接受。

如果将这种艺术形式和性别教育结合起来，有着独到的优势。

（1）给妇女公开发声的机会。在农村，妇女很少有机会公开表达自己的意愿。而在演出时，她们借助剧中人物展示自己在现实生活中的遭遇，公开表达改变的愿望。参与演出的过程，不仅教育了观众，也是她们自我意识觉醒的"赋权"过程。

（2）吸引男性自觉参与。如果是举办性别教育/培训，很难吸引男性参与进来，可如果是来"唱戏"，他们则很乐意。一来是因为有兴趣，二来是因为剧中人物有男有女，确实少不了他们。他们是顺理成章、不知不觉地渐渐参与到推进性别平等的活动中，观念和行为也潜移默化地发生着改变。

（3）民众自我教育的有效方法——演出队成员全部是地地道道的农民，他们不是在"表演"，而是把自己的生活、心声和需求真实地"表现"给观众；观众也不把他们当成"演员"，只觉得那就是"我自己"，甚至有时会忘了自己是在看演出，立刻被拉进剧情，产生共鸣。"教育"的效果就在演员与观众的互动中展现出来。

《山花》之后，我们又编排了关于反对家庭暴力的《她为什么不离婚》《家祸》，倡导家务劳动社会价值的《小两口算账》等，都取得了很好的效果。但在当时，我们并没有摆脱"编剧写剧本、导演来排戏、演员听指挥、观众受教育"的老路，演员和观众都是"被教育者"，我们（策划、编剧、导演）依然是教育的主体。

2. 学习民众戏剧

2003 年 2 月，我们组织不同地域的几支农民演出队，举办了一期"草根剧团能力建设培训班"。香港乐施会帮助我们邀请到"民众戏剧"的倡导者和传播者——托奥（泰国）和莫昭如（香港）担任培训者，使我们有幸接触并学习"民众戏剧"。

民众戏剧最早发源于巴西，20 世纪 70 年代初迅速在亚洲许多国家和地区（如菲律宾、韩国、泰国、印度尼西亚、中国香港地区等）发展起来。2005 年，民众戏剧开始在中国内地传播。

民众戏剧的特点是：以民众为主体，强调民众参与、民众创作，表达民众心声，为民众而存在。虽然民众戏剧大多剧情简单，舞台简朴（甚至没有舞台），演员"绝对业余"，但由于它纯朴真实、与民众生活息息相关而深受草根人群的欢迎。

民众戏剧的理念是：每个人都是艺术家，只要通过某种方式（如培训、座谈、排练、演出等）为民众创造真诚、畅通的交流机会，他们就能表现出无尽的智慧和创造力，并有能力以自己的方式向社会发声，促进社会变革。

这次培训班之后，我们有意识地以民众戏剧理念为指导，在教育活动中运用戏剧手段时特别注意强调参与性，让民众参与戏剧的全过程——题材选择、剧本创作、排练演出以及结束后的评估等。民众不是被动的承受者，更不是我们的宣传/教育工具。通过民众戏剧，他们发出自己的声音，显示自己的智慧与力量，表达改变的愿望和行动。

3. 实例："婆媳对对碰"

有人把民众戏剧理解得过于简单，以为只要根据当地素材组织当地民众编排演出，并取得了一定效果，就算达到了目的。而在我们看来，做好民众戏剧，特别是把民众戏剧作为推动改变的手段，并不那么容易。真的，一点都不容易！

（1）把握选题："婆媳关系"。民众戏剧的"选题"非常重要。一定要找到那些贴近现实、民众关切、处理起来又有一定难度的话题，才能达到追根寻源、引发思考，从而自觉求变的目的。

2016 年，我们选择了一个"千古难题"——婆媳关系。

理由一：婆媳矛盾普遍而且突出，几乎所有人对婆媳关系的满意度都很低，有人甚至夸张地说："如今的婆媳矛盾就像敌我矛盾。"在周山和村民闲谈时，只要提到婆媳关系，人们立刻变得吞吞吐吐，只用"都好、都好"来搪塞，生怕招惹什么是非，很难深谈下去。

理由二：化解婆媳矛盾难觅良策。人们曾经穷尽各种办法破解这个难题，无论是教给婆媳们"相处技巧"，还是大张旗鼓地评选"好婆婆、好媳妇"，却始终收效甚微。因而有人开玩笑地说："如果谁能想出一个处理婆媳关系的好办法，应该授予她/他'诺贝尔和平奖'。"

理由三：婆媳之间的冲突不仅极大地伤害了家人关系，降低家庭生活质量，也给社区风气带来很大的负面影响。所以，改善婆媳关系的紧迫性已提升到社区管理层面。

（2）做好功课：抓住婆媳矛盾的"内核"。千百年来，人们总是在婆婆和媳妇两个女人之间评论是非。旧时代，人们痛骂欺压媳妇的"恶婆婆"；今天，又齐声斥责不孝老人的"刁媳妇"。左右评说，总也论不清是是非非。

我们也遇到这样的困惑，早在 2008 年的社区调研中就发现了婆媳间的突出矛盾，但直到 2016 年才敢公开触碰这个话题，就是希望能够抓住婆媳矛盾的"内核"。

如果我们超越"人际冲突"，把婆媳关系放到父权家庭性别制度的框架中去分析，就会发现婆媳矛盾实在不是"两个女人之间的战争"，而是中国父权家庭一个打不开的死结。

- **男娶女嫁——媳妇的身份冲突**

在"男娶女嫁"的婚姻制度下，媳妇的身份是很微妙的。

在名分上，从她嫁过来的那一天就正式成为"婆家人"，生身父母反而成了"一门亲戚"。基于"夫家本位"的原则，她处理任何事情都要把夫家利益放在首位，但由于血缘关系和养育之恩，她肯定是"心系娘家"。这样，既导致婆婆的提防："从她嫁过来，心就没在这儿，整天想着娘家！"也引发了媳妇的逆反："到了婆家就成了她家的人，把自己的爹娘扔在一边，这公平吗？"

但实际上，婚姻只是把媳妇"纳入"夫家，她仍然是一个"内部的外人"，在和婆家人的相处中，隐伏着竞争和不信任。家里一旦发生矛盾，媳妇最容易被视作"离间者"，成为家庭失和的替罪羊。老人们在暗地里说："儿子想孝顺，就是怕老婆，不敢孝顺。"丈夫们也说："要想家里不生气，必须拿住（控制）媳妇，拿不住不行！"这些刻薄的评价更加重了媳妇的对抗情绪，认为自己无论怎样也得不到信任，干脆就摆出一副无所畏惧的架势，任人评说。

- **传宗接代——夫家的生育工具**

能否生男孩，也是影响婆媳关系的重要因素。由于"传宗接代"的压力，公婆一心想要男孩，而且把生男生女的责任全部推到媳妇身上，因此媳妇也最怕被人说"不中用""没本事"，不能给夫家传后。可是一旦生了男孩，媳妇立刻就觉得自己"出来进去，腰板挺直"，似乎成了婆家的功臣，理直气壮地把孩子交给婆婆："你的孙子，你不带谁带?!"没有男孩的"卑"，生了男孩的"傲"，实际上都折射了媳妇在婆家的"工具"地位。

- **性别分工——被掩盖的照顾者**

有人会说，上门女婿到女方家落户也存在身份问题，为什么翁婿关系不像婆媳关系那么紧张？是否女人"心眼小"，宽容度低？实际上，婆媳矛盾较其他家庭成员间的矛盾更为突出，这是父系家庭的另一个规则——"男外女内"的性别分工所导致。照顾老人的工作主要由媳妇承担，她是一个"非自愿照顾者"，很容易以唠叨、抱怨的方式表达内心的不满和压力，与被照顾者的矛盾和冲突在所难免。而女婿往往不必做"照顾"的具体工作，置身事外，自然不会与老人有太多的矛盾。

由此来看，婆媳矛盾的根源不是"相处技巧"问题，而是"制度性"的矛盾。婆婆和媳妇其实都是"父权家庭性别制度"的受害者，只不过由于时代的变迁，"婆权"和"媳权"此消彼长而已。因此，仅靠技术手段解决不了问题，只有认识到婆媳矛盾的根源所在，突破父权家庭性别制度的制约，才是化解婆媳矛盾、改善婆媳关系的有效切点。当然，制度的改变短时间内难以做到，但认识清楚了，就是变化的开始。

（3）剧本创作：举办"婆媳论坛"。这场以戏剧为手法的关于婆媳关系的社区教育，我们采用分步走的方法，前前后后花了两个多月的时间。

第一步——预热

2016 年 3 月，我们先在乡村学堂播放了河南曲剧《孤男寡女》，借着剧中一对"翁媳"的故事，引出婆媳关系的话题："家庭成员之间的关系主要有两种：一是以婚姻为基础的夫妻关系，具有亲密性；二是以血缘为基础的亲子关系，具有稳定性。而婆媳关系既不是婚姻关系，不具备亲密性；也没有血缘关系，不具备稳定性。可是，没有血缘关系，却要以"亲人"相待；没有感情，却要长时间同堂居家过日子。这样一种复杂而特殊的关系，应该怎样处理呢？"

留给村民的"作业"是：根据剧中人物，想想你心目中"好媳妇/好婆婆"的标准是什么。

第二步——婆媳论坛

2016年4月，我们在乡村学堂举办了"婆媳论坛"，论坛内容就是剧本的创作基础。

论坛上，我们根据村民的实际生活依次提出6个问题，将参与者分为三方，分别代表婆婆、媳妇和普通村民进行辩论，最后由协作者进行小结，取得共识。

问题一："娶个媳妇卖个儿"（意思是儿子娶了媳妇忘了娘），你同意这种说法吗？

小　结："夫妻之爱"和"母子之爱"是两码事。母子之爱基于血缘关系，夫妻之爱基于婚姻关系，两者不是"有你没我"的敌对关系，不会一方增加另一方就一定减少。相反，如果放下对立意识，婆婆促进儿子媳妇的"夫妻之爱"，媳妇支持丈夫保持"母子之爱"，两方做"加法"，家庭的爱就更多；两方做"减法"，人人受伤害。

问题二：媳妇是"婆家人"还是"娘家人"？

小　结：妇女婚后将居住地选择在男方家，并不意味她从此就成了"婆家人"。她是"独立的人"，享有法定的权利和义务。从养老责任来说，作为媳妇，她应和丈夫一起承担赡养公婆的责任；作为女儿，对娘家父母也有同样的责任。婆婆要承认媳妇的独立人格，减少防范心理，支持媳妇照顾娘家父母，也要让儿子承担照顾岳父母的责任。

问题三：儿子在婆媳之间的责任是什么？

小　结：儿子不要把自己装扮成"老鼠钻到风箱里——两头受气"的角色。照顾老人和孩子不是妇女的"专利"，儿子不能将全部家务推到妻子身上。父母们也不要再按"男外女内"模式去培养和要求儿子，让男孩参与家务劳动，不仅理所应当，也能培养他的生活自理能力。

论坛上还提出了"你的孙子，你不带谁带？""处理好婆媳关系，谁应该更主动？""把媳妇当成闺女，把婆婆当成妈，行不行"等问题，这些日常生活中常常遭遇的似乎是很浅显的"技巧"问题，却是对父权家庭性别规则的挑战。

热火朝天的争论为剧本提供了丰富的内容。后来，我们把论坛记录梳理编排，拿出剧本雏形和村民讨论，对大家说："每一位参加者都是编剧。"他们哈哈大笑说："我们拳头大的字也识不了几个，还能当编剧？"但是，在对剧本逐幕、逐段、逐句的讨论中，他们很快找到了自信、找准了位置，两天后《婆媳对对碰》的剧本就诞生了。

（4）巡回演出——《婆媳对对碰》。2016 年 5 月，《婆媳对对碰》在村里正式演出。因为剧本是根据村民现实生活编写的，演员的选择并不困难，大多是"本色演出"，舞台上的"她/他"常常就是生活中的"她/他"，一来村民容易接受，二来她/他本人很容易进入角色，同时在演出中进行"自我教育"。

《婆媳对对碰》分为 4 幕，没有固定的表演形式，有说有唱，有现实中的婆媳现身说法，有主持人串讲，也有和台下观众的互动。整个剧场不是在演戏看戏，而是变成了民众共同关注、共同讨论、共同寻求改变的"公共空间。"演出结束后，我们陆陆续续听到村民的反馈："婆媳公开冲突越来越少了""××婆媳关系缓和了""对对碰'碰'好了三四对婆媳呢"……

图 3-17　"婆媳对对碰"演出现场

目前，《婆媳对对碰》已经演出十多场，除了在村里不同地方巡演（周山村是山区，居住分散），还到大冶镇及周边村庄演出。印象最深的是

2016 年 6 月 21 日，原定当晚在村里的一个小平台上演出，结果傍晚时分下起暴雨，全村断电，可还是有 300 多人前来观看。最后，借助附近煤矿的一盏路灯，在没有音响的情况下，一个半小时的演出完成了。结束时，煤矿一位负责人连连说："这种形式好！这种形式好！我也当过十多年的村支部书记，大会小会开过多少次，都解决不了这个问题，这种形式真让人受教育！"

4. 对"民众戏剧"的几点思考

（1）民众戏剧是进行社区教育和社区倡导的好方法，使民众自由表达、自我教育并最终自觉行动。一些为民众所关心、对民众生活有影响或需要提醒民众关注的问题，如反对家庭暴力以及维护老年人、儿童、残疾人的权益等，都可以成为民众戏剧的倡导主题。

（2）民众戏剧的基本要求是剧本一定要来自真实生活。真实，是艺术创作之本。只有真实的东西，才是可信的；人们相信了，才能够动真情；动情了，才愿意去思考、去反省，才会转化为行动，这就是我们一直强调的"入脑入心"。

（3）民众戏剧以民众为主体，它不只是"给民众看的"戏剧，更是民众"自己的"戏剧，每一个人都可以成为演员，每一个人的经历都能编成剧本。民众的主体性体现在民众戏剧的各个环节（选题、策划、剧本创作、排练演出、评估等），从这个意义上说，民众戏剧是一种属于民众的"文化行动"。要尽力打破演员与观众的区隔，创造机会，让大家真诚、畅通地交流，一起参与到共同命运和共同关注的问题之中。

（4）民众戏剧还有多种形式，"一人一故事""论坛剧场""教育剧场"等，都可以在农村社区中进行尝试。

参与式培训、风俗变革、民众戏剧等社区教育方法，在"润物细无声"中催化了村民观念和行为的改变，进而推动了村庄制度的变革。"教育"手法貌似温柔，却具备"一种颠覆性的力量"[1]。

改变精神必须用精神手段，而不是暴力或行政手段。如果不是人的思想发生变化，暴力本身从来不曾真正解决过什么问题。与翻天覆地、立竿见影

---

① 保罗·弗雷勒：《受压迫者教育学》，方永泉译，台湾巨流图书有限公司，2013 年第六次印刷，第 25 页。

的"革命"相比，这种因势利导的逐步变革具有"以柔克刚"的渗透力，是阻力最小的演变方式，更为稳妥，也更为深刻，由此而产生的效果可能更为稳固。

七　周山村向何处去

（一）修订村规民约之后

三次修订村规民约之后，周山村发生了实实在在的变化。这些变化让村民自己来说可能更实在，也更接地气。

1. 人变了，规约随之改变

周西川（曾在党员会上说"不能退回到母系社会"，现任常青互助会会长）：人的改变是"慢功"，但只有人改变了，制度才会变。每次修订村规民约时都是因为性别平等的条款在吵，但吵的过程就是理解、接受的过程。修订村规民约，对人的思想很有提高。现在，老百姓大多数都理解了，基本上没有听到反对意见。

（1）"男娶女嫁"之外的婚居模式得到认可。

周改凤（第七村民组村民）：我家姐妹五个，没有男孩。按过去的老说法，家里没有男孩就是"绝户头"，在人前抬不起头。为了照顾老人，俺二姐招了女婿。后来俺妈得了偏瘫，二姐和姐夫照顾不过来，俺两口就把户口迁回来，和他们一起照顾俺妈。可是村里人说，多女户只能一人招婿，为了能在周山落户，俺挨家挨户让村民组每一家签字，少一户都不行。不知道跑了多少路，受了多少窝囊气。户口迁来之后，村里的电网改造、修路等，俺都尽了责任，却一直落实不了村民待遇。这件事受刺激最大的是俺妈，老人只要提起来就放声大哭，怪自己没有男孩，一辈子受人欺负。直到俺村修订了村规民约，才真正落实了村民待遇。

想想男人们，不论几个弟兄都能娶妻落户，一切顺理成章；而闺女招婿却费尽周折，真是不公平！村规民约中"婚居自由"这一条，真是"订"得好！

（2）离婚妇女权益有了保障。

朱玲范（第六村民组村民）：过去，大家都说"嫁出去的闺女泼出去的水"。妇女离婚后回到村里，大家都认为她"迟早还要嫁人"，不能享受村民待遇。俺闺女结婚后长期遭受丈夫的家庭暴力，可她担心离婚后无处可去，就一直忍着。周山村第一次修订村规民约之后，她看到周山村的新规定，下决心离婚回了娘家。村里同意她把户口迁回来，分配了口粮款，还让她把女儿带回来上学。

几年以后，俺闺女再婚了，她担心影响和再婚丈夫相处，就把女儿留在了周山。有些村民提出，俺闺女已经再婚了，她女儿就不能再继续享受周山的村民待遇。直到第三次修订村规民约，规定了离婚回村的人"若再次婚出，其户口仍在本村的子女可继续享受村民待遇"，这才使俺外孙女的权利得到保障。每提起这些事，我都要说："俺闺女真是得着村规民约的济（好处）了！"

（3）生育观念改变了。

景书霞（第一村民组村民）：俺丈夫弟兄两个，大哥家生了两个女孩，俺家也是两个女孩。公公婆婆心里一直不舒服，总想着自己家没有男孩，过日子提不起劲儿来。村里也有人说："看看他家，俩媳妇生了四个孙女，老奶奶（送子娘娘）也不给送个孙子！"俺公公一直劝我再抱养一个男孩，俺丈夫不同意，他说不管是男是女，两个孩子就行。我觉得俺的两个闺女可好，大女儿学习很棒，年年得奖；二女儿的小嘴可会说了，特别招人喜欢。两个女孩有啥不好？现在国家政策那么好，俺村又修订了村规民约，村里的纯女户越来越多，也不再受歧视了。将来俺两个闺女想招（女婿）就招，想嫁就嫁，多好！

（4）出嫁女的村民待遇基本解决。

陈国宾（第一村民组村民）：我在周山生活了半辈子，有些事情一直拐不过弯来。周山村土地流转以后，每半年分一次口粮款。闺女出嫁了，周山就不再给她口粮款了。可是她的土地承包权还在娘家，到婆家也没分地，为啥不给她口粮款？可反过来一想，村里资源就那么多，哪有能力养活这么多闺女？虽然我自己的闺女也是"两头空"，但宁愿自己吃亏也要坚持"原则"。

后来，我慢慢意识到自己的想法是有问题的。为啥一家不管有几个男孩都可以娶媳妇，闺女就不能招女婿呢？村里资源有限，对谁都是一样的，为啥偏偏牺牲闺女的利益呢？这在法律上、人情上都说不通啊！

我自己有儿子也有闺女，站在公平的立场上，就觉得亏待了闺女。周山第三次修订村规民约，要解决出嫁女"两头空"的问题，只要她们在婆家没有享受村民待遇，开出证明后就能在周山村继续享受，多数村民都认为这个条款比较可行。现在，我的思想也转变过来了，希望有些想不开的人也要像我一样调整观念。

周怀亮（村支部委员）：出嫁女的待遇是很难解决的，钱虽然不多，可那是身份的象征，钱多钱少，性质是一样的。这个问题是修订村规民约中的硬钉子，如果不解决，会影响其他条款的制订。咱村修订了三次，才算基本解决了这个问题。这条路虽然很艰难，但效果是很好的。

（5）男性的改变和参与。

周西川（常青互助会会长）：推动性别平等需要男女共同努力，没有男性的改变和参与，村规民约根本就修不成。我想说说在这个过程中我个人的变化，虽然我不能代表大多数，但说我是一个"典型"也不算过分。

我有点"大男子主义"，也自认为是个正直的人，见到不公平的事，就公开站出来反对。2012年第二次修订村规民约时，我在党员会上对梁老师说："你推进男女平等我不反对，但也不能叫俺退回母系社会！"因为这次发言，有人说我是"村里最大的反对派"。

第三次修订村规民约的时候，我作为"持有不同意见者"的代表参与了整个修订过程。也就是在这个过程中，我的观念渐渐发生了改变。我认为有这样几个原因：一是老师们把道理说得很透，让人口服心服；二是允许所有人发表不同意见，尊重每一个持有不同意见的人；三是不以激烈的手段解决矛盾。比如不给出嫁女村民待遇是因为村庄资源有限，但各村民组都有户口未迁出的国家公务员、国企和事业单位正式人员，他们仍然享受村民待遇（都是男性）。按理说，村规民约应该明确规定"取消"这部分人的村民资格。但为了让他们更能接受，采取了十分缓和的说法："本人或家属应主动向村民组说明情况，自觉放弃村民待遇。"这样做，不容易激化矛盾。

过程是很重要的。"要想结瓜，必先拖秧；秧拖成了，果也就成了！"我想说，只要在过程中下功夫，男性的改变并不困难。

2. 人变了，村庄随之变化

（1）分配口粮款时"风平浪静"。

董银川（村支书）：从第一次修订后，分配口粮款就基本稳定了，有异议的很少。到了第三次修订，可以用四个字来形容——"风平浪静"，没想到一个村规民约会起这么大的作用。当然，不能说百分之百的人都接受，能达到现在这样的局面真不错。我经常想，如果全国都按着咱村的经验走，一个村只需要三两个干部就够了。我有一个好朋友也是村支部书记，多次问我他们村要不要修订村规民约，我送给他四个字——"越早越好"。

（2）探索农村"多样化养老"模式。

周西恩（老年协会会长）：村规民约规定了婚居自由，一开始接受起来有点困难，觉得这是几千年的老传统了。没想到提倡"婚居模式多样化"，带来了农村养老模式的变化。过去，因为女儿要出嫁，只能是"儿子养老"。新的村规民约鼓励"男到女家"或"小两口两头居住"，为"女儿养老"和"儿女共同养老"创造了条件。

但这些还是不够的，我们老年协会要带头探索社区养老模式：一是给老人提供信息服务（把协会负责人电话留给老人，便于他们及时求助）；二是推进邻里互帮（按居住地将老人分成小组，家务互帮，精神互慰，有病及时通知家人）；三是尝试建立"老人互助院"，由志愿者带领开展活动。这些都是在没有资金的情况下，老年协会先提出想法，然后一点一点去做。

（3）促进妇女参与村庄管理。

王红霞（村委会会计）：2009年第一次修订村规民约时，村两委班子只有1名妇女委员；10个村民组中，1名妇女组长；35个村民代表，妇女仅有2人。

2015年第三次修订村规民约之后，村三委干部12个，妇女5人，占总数的41.6%；10个村民组长中，妇女2人，占20%，但每组又增补了一位妇女组长，比例增至60%；村民代表53人，妇女29人，占54.7%。

妇女积极参与村庄管理，不仅是为了提高妇女地位。妇女想的事有时和男的不一样，考虑问题站的角度不同，互相是个补充，能代表不同群体说话，维护多方利益，这才是村庄治理。

景秀芳（手工艺协会会长）：过去我们也很想对村庄事务发表意见，可是从来没有机会，村组干部和村民代表差不多都是男的，没有人听妇女的声音。2009年第一次修订村规民约，手工艺协会成员作为特邀妇女代表参加了修订村规民约大会；第二次修订时，姐妹们自己画图、设计、刺绣，制作了《周山村村规民约》的封面；第三次修订，手工艺协会成员绘制了《周山村村规民约》的全部插图。另外，姐妹们还花费两个多月的时间义务缝制了800多个环保购物袋，免费发放给村民，每户两个，以此倡导"人人爱护环境，个个参与环保"。我们认为，对村庄事务的参与，不能只表现在几个妇女当选为村干部，还应该体现出妇女对村庄事务的"参与度"！

（4）村民自组织日益活跃。

周蓓晓（大冶镇宣传办副主任，曾兼任周山村党支部副书记）：除原有的手工艺协会之外，村里又相继成立了老年协会、乡村艺术协会、常青互助会、青青草社工小组等组织，将村里的老人、妇女、少年儿童组织起来，积极参与村庄事务。

老年协会的主要任务是办好周山老年学堂，推动老人互帮互助，探索以"信息服务，邻里互帮，建立老人互助院"为主要内容的社区养老模式。

艺术协会以"活跃农村生活，开展自我教育，推进性别平等，创新乡村艺术"为宗旨，成立了大鼓队、花篮队、演出队等，开展了丰富多彩的文化活动，在推动村庄风俗变革方面发挥了很大作用。艺术协会成立才一年多，已经在村里举行的婚礼、"送米面"（庆生活动）中义务演出20多场，表演了《婆媳对对碰》、《红花献给谁》（性别平等的家庭关系）、《小两口算账》（家务劳动的价值）等节目，受到广大村民的欢迎。

青青草社工小组2017年5月刚成立，就和"北京近邻"、中华女子学院社工学院联合举办了夏令营和亲子班，平时在村里举办两周一次的"周末成长营"，对少年儿童进行自然环境、乡土文化和性别教育，引导少年儿童学习绘画、书法，培养少年儿童热爱自然、热爱家乡的感情，使之成为有责任感和公益心的小村民。

常青互助会着力在发展乡村旅游的基础上，探索"合作共享"的团结经济模式（后文详述）。

（5）村庄凝聚力增强。修订村规民约之后，大多数干部、村民都感到人心齐了，"心劲儿"高了，做什么事都有了支撑力，这在第三次修订村规民约之后表现得特别明显。

互助路的修建是最能体现村庄凝聚力的一件事。2016 年 9 月，几个村民组织联合发起义务修筑一条山路。这条路是从上门、下门、里河等自然村（人口约占周山总人口的 40%）通往文化大院和村两委最近的一条路，但坡陡路滑、灌木丛生，行走极其困难。可是，不知道是因为坡度太大修路困难，还是那些拥有汽车和摩托的人（而这些人常常又是村庄事务的决策者）用不着走这条路，总之，村里有了四通八达的水泥路之后，这样的山路却始终没有纳入村庄规划。于是，必须走这条路的村民们（主要是妇女和老人）只好是天天"薅着树茅、一步一滑"地上上下下。遇到村里庙会唱戏，住在坡上的高龄老人想去看戏又怕摔着，只好坐在山坡上远远地"听"戏，他们热切地盼望着："唉，谁能把这条路修修啊！"

2016 年 7 月，几个协会负责人聚在一起，商量着共同发起义务修路。老年协会会长周西恩："多年来我都有这个想法，就是觉得自己力量不够，如果大家都想修，我愿意牵头！"常青互助会会长周西川："自古以来，修路就是为民造福，是积功德的事。不论有啥困难，这条路都该修！我平时虽然不走这条路，也愿意牵头！"艺术协会会长郭桂玲："没有经费怕啥？没有钱还没有力气?！咱几个协会团结互助，组织骨干出义务工，路修好了，咱就给它起名叫'互助路'！"手工艺协会会长景秀芳："我到手工艺协会上班，这条路一天要走三四趟，爬着、窝着（弯着腰）、出溜（向下滑）着，真是艰难！可以说，修好这条路，我是最大受益者，坚决拥护！全力以赴！"

2016 年 9 月 2 日，几个协会共同组织了"互助路"开工典礼，现场悬挂着条幅"村民自发、义务修路；同心合力、建设家园"。开工前，几位发起人预计，每天只要能有十几个人参加修路，20 天左右就可以完工。结果没想到，头一天开工就来了将近一百人，距离这里很远的槐树口、白岗泉的村民，平时根本不走这条路，也都赶来参与了。大家说，这是周山村的大事！

除了村干部周改云、周蓓晓各捐款 2000 元之外，没有其他修路费用，几位发起人跑到煤矿塌陷区找了许多废弃的预制板（一种水泥制成的楼板），用来铺台阶。参加修路的大部分是妇女和老人，把预制板抬上山坡是最费力气的事，大家一起喊着号子，用尽全力，4 个人抬不动就 6 个人抬，最陡的地方要 8 个人抬，一个个累得汗流浃背、气喘吁吁。但看到预制板铺出来的台阶又结实又防滑，心里充满了自豪感和成就感！

由于村民积极参与，原来预计 20 天修好的路，短短 8 天就顺利完工了！几位发起人感慨地说："咱们几个无权无势，还能带动这么多人参加修路，真的是'人心齐泰山移'呀！"

艺术协会成员朱玲范还为互助路编写了顺口溜：

> 提起这路最伤心，一走走了几代人。杂草丛生坡道滑，石头尖尖硌脚心。
> 抓住树芥往下溜，一不留神崴脚跟。白天晴天慢点走，下雨下雪别出门。
> 代代村民都在想，啥时走着才顺心？几位协会负责人，时刻关心周山村。
> 带动群众来修路，感动周山众乡亲。全体村民都响应，男女老少齐上阵。
> 男同志们有力气，脏活重活打头阵。妇女力小干劲大，不怕流汗受苦辛。
> 老人搬砖大步走，白发苍苍脚步稳。小路今天大变样，山道弯弯喜煞人。
> 层层楼板像梯田，一步一台不累人。老人孩子都能走，走出村民一家亲。
> 看着这路多高兴，走着这路多顺心。几辈愿望得实现，感谢周山好村民！

图 3－18　老人和妇女是骨干

图 3 - 19　修好的互助路

这条并不起眼的曲折蜿蜒的小山路，却让人深刻体会到什么叫"社会的活力"，什么是"一个积极的、蕴含变革力量的社会"。

我们曾经以为，提倡性别平等属人类解放的较高层次，是社会发展到一定程度才提出的目标，特别在经济"落后"、观念"保守"的农村地区，推进性别平等是最困难的事情。可是，通过修订村规民约的实践，我们看到即使很困难，改变还是会发生的。

第三次修订村规民约之后，我们在村里采访时问道："花了七年时间打磨一部村规民约，值得吗？"他们回答："不仅'值'，而且'太值'了，周山村会受益无穷！"

（二）动起来的周山村

1. "我们"和"周山"的位置倒过来了

从 2002~2008 年，我们在周山村实施妇女手工艺开发项目，推动建立了手工艺协会，一批妇女骨干成长起来，并在村庄事务中发挥了重要作用。

从 2009~2015 年，我们在周山村三次推动修订村规民约，引起外界关注，《周山村村规民约》得到了充分的肯定，村庄也发生了很大变化。

在近十五年的时间里，似乎一直是我们"推动着"周山；但第三次修订村规民约之后，周山反过来推动我们了。

妇女们说：周山村制定了性别平等的村规民约，但并不是每个村民组都能落实，下一步还有很多工作要做！

社区组织说：成立了这么多村民组织，不能只戴个"空帽子"，一定要发挥实际作用。但除了手工艺协会，其他组织都是刚刚起步，接下去该怎么做呢？

村组干部说：村民的心劲儿起来了，凝聚力增强了，应该体现在周山村的整体发展中，同时要证明村规民约在乡村治理中究竟有着怎样的作用。

我们原以为该画"句号"了，村民们却认为是刚刚开始，而且仍把我们当作探索路上的合作伙伴，如果在这个时候撤离，显然是不负责任的。我们做事从来不是抱着"做项目"的心态——项目结束，人员撤退，至于对村庄的后续影响，似乎和我们关系不大。我们的原则一向是对社区负责、对资助方负责（如果有资金支持的话），也对我们自己负责。可是，做手工艺项目时，有基金会的支持；修订村规民约，有中央党校课题组和"北京近邻"的小额项目支持，再往下该怎么做呢？

2. 寻找"我们"与"周山"的结合点

作为"外来者"，我们只有在"我们想做"和"周山想做"之间找到一个结合点，才是双赢的战略。

周山想做什么呢？周山一直在探索村庄的发展方向：土地已经全部退耕还林，不可能再发展农业；2005年被批准为省级森林公园，显然也不宜开发矿产。于是他们想到利用周山的自然条件，发展乡村旅游，这应该是一条适合周山的路。

而我们的想法是，周山的自然资源并不丰富，但如果能挖掘周山的文化资源，再和这些年的文化建设（如修订村规民约、乡村学堂、村民组织建设、风俗变革、民众戏剧等）结合起来，发展"乡村文化旅游"还是很有潜力的。于是，我们决定和周山村民一起走下去，在探索乡村文化旅游的同时，促进村规民约的落实，探究村规民约在乡村治理中的作用，并在乡村整体发展规划中继续推进性别平等。

迈出这一步很不容易，一来我们对乡村旅游几乎一窍不通，搞乡村旅游完全是我们的"弱项"和"短板"；二来没有任何资金来源。一方面是由于国际基金的敏感性，我们不想给自己找麻烦；另一方面是我们所做的只是一个"探索方向"而不是一个具体的项目，很难向国内基金会或政府有关部门申请资金。但深究起来，最根本的原因可能还是我们自己对于寻找资金并不十分积极，因为我们不愿意被资金和项目辖制，从而制约了探索的空间。

在这种情况下，我们劝退了机构中唯一的全职人员（因为她要靠工资吃饭），只留下完全自愿的"四人小组"，拿出我们自己的工资和退休金，义无反顾地投入到周山村的探索中。

（三）并肩探寻前行路

当我们开始和周山村民一起探寻前行的道路时，面对的景况却是一波未平一波又起。

1. "一波未平"：席卷全国的"拆村运动"

21世纪初，在"以发展工业的理念引领农业，以建设城市的思路改造农村""城市的今天，就是农村的明天"等口号声中，到处都在以"大规划、大手笔、大投资"的气魄去建设新农村，脱离实际地大搞"农民上楼"运动。2000年，我国自然村还有363万个，到2010年锐减为271万个，10年内减少90万个，平均每天消失100个，对于中国这个传统的农耕国家是个"惊天"的数字①。

这股浪潮中，登封市也积极响应，提出了将325个行政村合并成40个"新型农村社区"的宏伟计划。面对一个个村庄变成一堆堆瓦砾的惨状，我们忧虑至极：这种以城市优越感为前提的"城市主导型"发展模式，将农村、农业和农民的价值置于何处？那些被大自然环抱的村庄、鸡鸣狗叫的农家小院、人与自然的和谐共生、乡村人质朴的感情和友善，以及循环利用、低碳生活、优秀的乡土知识和经验等，都随着强制性的拆除而消失了。农村失去了价值，农民失去了自信和尊严。这样的发展战略，实现的究竟是谁的发展？这样的发展会给千千万万个村庄以及生活在其中的几亿农民带来什么样的明天？

我们不是反对城市化，而是反对漠视乡村价值的城市化。人不只是需要

---

① 冯骥才：《传统村落的困境与出路——兼谈传统村落类文化遗产》，《人民日报》2012年12月7日。

物质生活，人更需要感情，需要和大自然的亲近，需要有情有义的生活。我们应该有经济杠杆以外的新视野，树立"城乡等值"的理念，这样才会有和谐的城乡关系和真正的农村发展。

好在是登封的 325 个行政村还没有来得及完全合并就被叫停了。

2. 一波又起：乡村旅游掀起热浪

早在 2007 年国家就启动了乡村旅游的"百千万工程"（在全国推出 100 个特色县，1000 个特色乡，10000 个特色村），以此推动乡村旅游的快速发展。2011 年，《农业部办公厅、国家旅游局办公室关于启动 2011 年全国休闲农业与乡村旅游示范县、示范点创建工作的通知》出台，但真正形成乡村旅游的热浪则是近几年的事情。

这几年，回应着城市人的呼喊："逃离高压力的城市，远离喧嚣和污染，到山川田园中去，找一片身体和灵魂的栖息之地"……中国的乡村旅游进入了前所未有的发展期，各地都在想方设法为城市人创造出"诗情画意、意境缥缈、仰望星空、清肺洗胃"的空间，认为这样既可提升城市人的生活品位，又能增加农民收入，带动乡村脱贫。

有人提出，要用旅游的眼光看待乡村资源，用旅游的理念经营乡村，用旅游的标准建设乡村；把田园村庄变成乡村观光的景区，把农事活动变成农耕生活的体验，把农产品变成旅游商品，把乡村文化演绎为旅游休闲活动。

这段话非常典型的代表了乡村旅游的发展思路，也赤裸裸地道出了城乡之间的权力关系："乡村资源"究竟归谁所有？"田园村庄"是谁在居住？"农事活动"的目的是什么？"农产品"为谁服务？"乡村文化"是用来"演绎"的吗？这样的乡村旅游开发，谁是主人？以谁为本？究竟是融合还是进一步割裂了城乡关系？这样的旅游对乡村来说是"福音"还是"祸患"？这些问题都需要我们认真思考。

在这种思路指导下，乡村旅游出现的共同问题是：

景观化——乡村变成了城市人的后花园；

商业化——农村和农民成为城市人消费品；

同质化——中华文化的多样性急速消失。

这种发展思路也影响到周山，一位领导对周山人说：最好是把周山全部腾空，村民都搬到大冶镇居住，周山只留下办"农家乐"的人，接待各地游客。

2016 年 11 月，国务院参事、中国传统村落保护委员会主任冯骥才在"中国传统村落国际高峰论坛"上，总结了中国乡村旅游的十大雷同：旅游为纲、迁走原住民、开店招商、装扮景点、公园化、民俗表演、农家乐、民宿、伪民间故事、红灯笼等。他说："如果这么发展下去，再过 10 年、15 年，5000 个村落就基本一样了。我们考虑的应该是'怎么留得住乡愁'，而不是'怎么留得住游客'。"真是句句切中时弊。

3. 迈开双腿：在实地考察中探究

面临一波未平一波又起的热潮，我们没有止步在"思考"或"批判"中，而是迈开双腿进行实地考察。从 2015 ~ 2016 年年初，我们团队与周山干部村民一起考察了大名鼎鼎的河南信阳郝堂村、湖北谷城堰河村、陕西礼泉袁家村，还有被称作"悬崖上的村庄"——河南新乡郭亮村，以及极具特色的河南陕县地坑院等。

考察中我们学到了很多，有"理念"的当属郝堂村和堰河村，他们的很多提法使我们产生共鸣——"农村是有价值的，农民是有尊严的"；"把农村建设得更像农村"；"让农民生活更方便，让农村社区更和谐"。有"特色"的是陕西礼泉袁家村和河南陕县地坑院。袁家村原来是个只有 500 多人的小村庄，如今这里集合了全国一千多种小吃，周末和节假日，所有的小巷都被全国各地涌来的"吃货"挤得水泄不通。陕县的地坑院也叫"天井院"，被称为中国北方的"地下四合院"，已有 4000 多年的历史。

然而我们印象最深的还是郭亮村闻名全国的"绝壁长廊"。这个村庄建在悬崖之上，交通非常困难。1972 年，为了能让乡亲们走出大山（那时候可不是为了旅游），老村长带领 13 壮士在无电力、无机械的状况下，花了 5 年时间，牺牲了 5 个人，硬是在绝壁上凿出一条高 5 米、宽 4 米，全长 1300 米的长廊。这个长廊当时是为村民服务的，现在靠着它吸引了每年数十万的游客。

就在这些地方，我们发现了和许多旅游景区一样的问题。

问题一：关于乡村文化的留存。到处都能看到刻意整形、刻意修建的"人工化"景点，村落的整体风貌被破坏，村民被迫搬离，村庄失去了血肉和灵魂。

问题二：关于经济效益。并不是大多数村民都增加了收入，只有少部分本来就有经济实力的村民因为开办了一定规模的农家乐而获益。例如袁家村最初是村民经营的农家乐，但后来更多的资本进来，村民办的农家乐效益就大大下滑，他们说自己每天都在为客源发愁，也有村民说自己是在为外来的老板打工。

问题三：关于村民参与。多数村庄的整体规划中，村民参与度极低，处于边缘化状态，对村庄的未来没有发言权。我们问："村里还会召开村民会议吗？"他们说："不开，村里的领导都是给外来的商家开会。"

问题四：关于村民关系。不仅存在村民与外地人的竞争关系，村民之间也相互争利益。大家都在门口拉客，原有的亲密关系被破坏、被撕裂，对村庄的归属感和认同感也极大削弱。虽然村民有了一定的经济收入，但失去的东西却是多少钱也换不来的。

问题五：关于农民的尊严。城市人是带着资金和优越感来消费农村，农村的价值和农民的尊严被压在金钱之下。最令人难过的是郭亮村的筑路英雄老村长，他曾经带领13个壮士修通了"绝壁长廊"，而如今80多岁的他每天坐在自家门口，身边挂着一幅"艰苦奋斗、造福郭亮"的字画，摆着一些当年修路的工具，干吗呢？谁与他合影，一次付10元钱。游客们评论说：这个高悬在石崖之上古老村落，已经失去了淳厚的乡土风情，像"一颗被蒙上灰尘的明珠"。

问题六：关于性别平等。由于我们对性别问题的敏感，走到哪里都要问："如何对待出嫁女？"得到的回答是："出嫁了，不会有她的份。"问："如果婆家那边没有她的土地怎么办？"答："婆家那边没有，不关我们事。"村庄富起来了，对妇女依然是区别对待。

考察过后，我们组织周山人讨论：看到了什么，学到了什么，想到了什么。得益于十五年来我们和周山村民共同走过的路，大家都注意到了要害问题：一是乡村旅游发展中的村民参与，二是发展中的性别平等。发展乡村旅游不是只为了使城市人有个休闲娱乐之地，最主要的是为了居住在乡村的"人"的发展。这些"人"一定包括那些容易被忽视的妇女、老人、孩子、残障人士等。如果出发点错了，未来的路一定也是错的。

4. 周山的选择：做村庄的主人

外出考察归来，在学习经验、吸取教训的基础上，我们和干部村民一起提出周山的发展原则。

（1）与自然和谐——周山是我们的家园，自然环境虽然经过十多年

"退耕还林"的喘息，但依然十分脆弱，不能再搞"建设性的破坏"。保护好周山环境，就保护了一切生命的起源。

（2）人与人和谐——以经济发展为首位、充满竞争的环境撕裂了人际关系，极大地伤害了人类自身。在今后的发展中，周山村要消除各种歧视，以平等、公正的态度对待每一个人，创造和谐、健康的社会。

（3）留住乡村文化——用各种手段挖掘、保存乡村文化，包括大量的历史记忆、风俗民情、生产方式、民间智慧等。因为这是村庄存在的"生命土壤"，这样的土壤才能长出村民的文化自爱与自信。

（4）致力于人的改变——通过举办周山"乡村学堂"（包括村组干部学堂、老年学堂、妇女学堂、家长学堂、少年成长营等）提高人的综合素质，以"人"的改变促进村庄"体质"的改变。

为了使这些发展原则落到实处，2016年1月，村两委在文化大院召开了"建设周山，从我做起"动员会，提出了具体的易操作的口号。

（1）让香山香起来——周山村位于香山脚下，世世代代领受着香山大地的滋养。让香山香起来，是珍惜大自然的恩惠。老年协会首先发起"人人采集一包花种，人人种植一片鲜花"活动，号召老年人在自家房前屋后种植花草。紧接着，村两委修筑了长达十几公里的路沿石，在小路两旁种植不同季节开放的鲜花，让周山村民不论在哪个季节，不论走到哪里，都能看到美丽的鲜花，都能闻到花香。

（2）让家乡美起来——保护环境是全体村民义不容辞的责任，人人要爱护环境，个个要参与环保，使周山空气清新、环境优美。周山村党支部组织了"党员志愿队"，提出"每人尽一份力，美化周山一小片"的口号，带头清除路边杂草。妇女骨干则在"三八妇女节"发起了"清洁家园行动"，带头捡村内垃圾。

（3）让人情暖起来——守望相助、邻里互帮，本来就是乡村的优良传统。但在以经济为杠杆的发展思路中，"钱"成为衡量一切的价值标准，不断侵蚀农村生活和人与人的关系，左邻右舍变得陌生，原有的亲和与温暖渐渐丢失。为了修复越来越淡的人情，周山村在村规民约中提倡"一个篱笆三个桩，一人有难众人帮"，以形成互助互亲如家人的良好风气。在行动上，首先着手改善最令人头疼的婆媳关系，接着召开残疾人座谈会，号召村民对身边的残疾人提供切实的帮助。

（4）让村庄活起来——人们都把青壮年外出打工，只剩下妇女、老人和孩子的村庄叫作"空心村"，这也是一种"男性中心"的思维模式。周山村民以自己的实践证实，老人、妇女和儿童也可以使村庄活起来！各个协会带头举办"乡村老年趣味运动会"，演出几十场民众戏剧，每两周一次青少年"周末成长营"，每月一次乡村学堂……正如村民自编的顺口溜："健身器材玩起来，乡村学堂办起来，动听歌曲唱起来，震天锣鼓敲起来，欢乐秧歌扭起来，文化生活多丰富，男女老少乐开怀！"

（四）刚刚上路：不一样的"乡村游"

1. 以村民为主体

"乡村旅游"发展以来，经历过"观光游"（依赖自然资源或历史遗产满足游客需求）、"探险游"（使游客追求感官或感受的刺激，如漂流、攀岩等）、"休闲游"（提供休闲氛围，让游客享受轻松愉快的假期）、"体验式旅游"（为游客提供参与性和亲历性活动，体验乡村生活，感受异于本身生活的愉悦）等，在这些形式中，主体都是游客（城市人），农民只是提供服务的人。

2015年下半年以来，经过我们和周山村干部村民的不断探寻，提出了建立在自身基础上的、以周山村民为主体的"乡村游"发展规划。

（1）"学"——以培训促进旅游。十五年来，我们和周山村民共同努力，在开展社区教育、建立社区组织、推动风俗变革、促进村民参与、修订村规民约、推进性别平等方面积累了一定的农村工作经验（包括教训），很希望能把这些经验/教训传递出去，给那些正在农村一线奋斗或愿意到农村工作的年轻人（农村社工、民间组织成员、基层农村干部等）一些帮助，使他们在工作中少走弯路；也希望通过前来参加培训人的传播，慢慢带动周山的乡村旅游。

2017年4月起，我们开始做这方面的尝试，短短几个月的时间，已经和"北京近邻"、广东绿耕社会工作发展中心、云南昭通农村社工组织等联合举办了五期"农村社会工作培训"，还和"北京近邻"联合举办了"暑期自然生态体验营"，和中华女子学院社工学院举办"农村家庭亲子班"以及社会工作专业在校生的"实践周——周山之行"等活动。

培训者中有外请的专家学者，有我们这样的实践者，也有普普通通的村民，他们登上讲台，操作着"现代化"的PPT，为来自全国各地的农村工作者授课。

这些活动使双方受益：外来者觉得在周山学到很多东西，并通过"社区徒步"对周山的乡村旅游提出许多建议；周山村民则说自己"没有出村就接受了高等教育"，对这种有内涵的乡村旅游充满信心，认定这是一条可行之路。

（2）"游"——以文化带动旅游。目前周山已经拥有几个小型展览："农村妇女手工艺展""村规民约展览室"和"周氏祠堂"展览。当初，开办这些展览并不是为了发展旅游，而是为了对当时工作进行忠实记录。参观这些展览的同时，可以看到手工艺协会的成长、村规民约的修订以及祠堂变革的历程。

后来村民自己动手修复了几座废弃窑洞，布置了"周山庄记忆""俺家奶奶"和"昔日荒山坡、今日互助路"展览。排在计划中的还有"周山村史""农村医疗变迁""农村学校变迁""百姓故事""民间智慧"等，也包括修复已经废弃的"缸窑""砖窑"等。

建立这些"乡村文化点"不只是为了吸引游客，更重要的是为了追索、挖掘和普通老百姓血肉相连的历史记忆，让众多的无名者开口说话，让沉默的农村妇女发出声音，使历史成为鲜活的、贴近生命的知识，让当地的老人、小孩都能看懂，人人都能为之动情。这个追索、挖掘的过程，就是建立村民文化自信、重新修复社区关系、增强社区凝聚力的过程。

例如制作"周山庄记忆"的沙盘时，如果请专家来做，可能做得既专业又漂亮，但村民会觉得那和自己的记忆无关。于是，我们和几个协会发动曾在这里居住过的村民一起动手：和泥巴、堆土山、捏房子、栽小树，一边在沙盘上做着曾经的"家"一边讲述这里发生的故事。这个沙盘，大家花了整整一周才算完成。村民们说，他们非常享受这个过程，好多人、事、物都在记忆中活了起来。

规划中的"生态游"同样被赋予文化内涵：在蜿蜒曲折、高低起伏的林荫小道上，青年人可以骑行，中老年人可以徒步，向沿途的村民学习"听声辨鸟"，认识各种花草树木，参与喂鸡养蜂。除此之外，人们还可领略周山的"人文生态"：和村民们一起擂大鼓、担花篮、骑"毛驴"、扭秧歌、参与民众戏剧演出……在深入体验乡村生活的同时，也感受着人与人之

图 3 - 20　制作"昔日周山庄"沙盘

间的温情。

（3）"食"——吃在农家。参加培训的人员或游客分散在村民家中用餐，每家可安排 4~6 人，既可使外来人与村民有深度交流，又不影响村民的日常生活：有人来就接待，像平时家中来了客人一样；没人来就照常过他们的日子，不用担心旺季或淡季，因为没有大的投入，也就不怕亏本。

（4）"宿"——住进窑洞。为培训者或游客提供的住宿地，几乎都是"变废为宝"的老旧窑洞。农村改革后，随着经济条件的改善，村民们陆陆续续搬进了平房或小楼，而把那些冬暖夏凉又装满生命故事的窑洞孤零零地扔在黄土层下。初步调查，村里有较高利用价值的老旧窑洞多达百十孔，这些窑洞承载着周山的历史，见证着周山的变迁。修复这些废弃的老旧窑洞，使之重新焕发生机，不只是为了节约资源，最重要的是留住即将消失的村庄记忆，唤起村民对家乡的认同和自信，尊重、爱护自己的文化遗产。

2016 年，我们投入了少量资金，主要依靠我们团队和村民骨干的义务劳动，修复了一处窑洞和一处老宅，分别命名为"恩荣院"和"喜悦院"（在窑洞主人夫妻俩的姓名中各取一字，表明夫妻共同拥有财产），这两处院落已经承担了上述培训班的接待任务。

在这样的基础上发展起来的乡村旅游，是以乡村建设为纲（包括经济建设、文化建设和人的建设），而不是以旅游为纲；是在保证村民享受舒适方便生活的基础上发展乡村旅游，而不是只让乡村成为城市人的休闲地和后花园；所有"景点"彰显的都是真正的乡村文化，而不是为了适应城市人的口味而刻意打造的不伦不类的东西；处处都在强调农村、农民的价值和尊严，让城市人不是带着十足的优越感来消费农村，而是在消费、休闲的同时了解乡村文化，也向当地民众学习。

2. 以互助会为依托

改革开放初期，农村经历过一个"去组织化"阶段之后，这些年政府又开始鼓励农民组织起来，但建立组织的目的更多的还是为了经济发展，希望组织起来的农民能够克服"小规模、分散化、实力弱"等"小农经济"弱点，获得进入"大市场"的竞争能力。

我们在周山的村民组织中却是另一种感受——村民们在集体的交往与互动中，通过合作与相互间的支持感到有了依靠和安全感，这种安全感正是幸福感的重要内容。

所以，在长达一年多的时间里，我们和村民一起学习、探访、酝酿、协商，2017年4月，由老年协会、手工艺协会、艺术协会联合发起成立了合作经济组织——常青互助会。

（1）组织规则：注重成员"理念"。

成立目的：承担"农村社工"等各类培训接待任务；推动"乡村文化旅游"；探索"团结经济/社会经济"模式。

入会条件：热爱家乡，热心公益，认真履行《周山村村规民约》；诚实守信，有互助合作精神，不斤斤计较个人私利；和睦乡邻，尊重孝敬老人，努力推动性别平等；爱护环境，自觉维护村庄、家庭、个人卫生；承认并遵守互助会章程；每户一次性缴纳会费100元（若退会，100元会费退还）。

会员权利：凡由互助会安排的吃、住、有偿劳动、农副产品销售等，会员优先；互助会开展的互助养老、婚丧嫁娶、免费服务等，会员优先；外界与互助会合办的培训/学习、外出参观活动，会员优先；入会自愿，退会自由。

会员义务：积极参与互助会组织的各项活动（含义务活动）；承接安排吃、住、有偿劳动和销售的农副产品均应达到互助会要求的质量标准，收入的10%作为互助会管理资金；会员的言语行动都要增进成员的团结，维护互助会声誉。

（2）经济理念：互助合作共享。会员之间的关系是：生产互助、生活互帮、经济互惠、精神互慰；共同探索"团结经济/社会经济"道路，这种经济的要旨如下。①

以人为本——每个人都可以自主地参与经济活动，也可得到有保障、有尊严的生活。

立足社区——构建乡村自主、互助的经济系统，减少对外部市场的依赖，免受大市场不公平竞争的制约。

互助合作共享——提倡群体间互助合作及团结精神，重建互惠文化。

民主参与——强调全体成员公平参与，既不被大资本控制，也不被少数农村精英垄断。

人与自然和谐共生——爱护、培育自然环境，在保护的基础上适度开发。

（3）运作模式：成员共同参与。参与是全过程的，步骤如下。

参与决策——任何重大事宜必须经过成员讨论协商后做出决定。

参与建设——采写村史、调查村庄文化元素，乃至制作展览，都要求尽量多的村民参与。

参与经营——除了餐饮收入，还可销售当地的土特产，如米醋、蜂蜜、土鸡蛋、各类野干菜、手工艺品，以及老年协会培育的树苗、花苗等。

这种强调"合作共享"的运营方式也许不会带来高额的经济收入，但多数村民都能参与进来，有利于建立成员之间的良好关系。这些物质生活以外的价值，已经被越来越多的互助会成员所接受。

（4）性别视角：贯穿始终。这对互助会来说并不困难，因为坚持性别平等理念是入会条件之一，而且由于男性大多外出打工，互助会骨干成员80%以上是妇女。所以，无论是决策管理还是实际操作，主要都是妇女承担。从目前的运作状况来看，妇女家庭地位的提高已经不容置疑，从她们在互助会决策时所表现出来的毅然和果断，也能感到她们那满满的自信。

3. "梦里老家"修复工程

若要发展"培训＋文化"的"乡村游"，周山村现有的接待能力还相差甚远，应将更多的闲置资源开发出来，对窑洞进行"活态保护"，使之既成为周山村文化景点，又可对外接待培训、会议、参观以及青少年教育活动等。

---

① 参见香港理工大学应用社会科学系博士生导师古学斌老师在周山村授课的 PPT。

经过数次勘测，我们选中了槐树口的一个窑洞群，这里基本上保留了原始风貌，修复基础较好。村民们说，看到这片窑洞，就想起了曾经的老家，于是大家一致同意将这里命名为"梦里老家"。2016 年年初，村两委从村民手中购买了这片旧窑洞并进行了初步清理，但因资金问题中途搁置。2017年 7 月，获得了香港理工大学古学斌老师的经费支持后，我们和常青互助会共同发起了窑洞修复工作，邀请深圳大学建筑与城市规划学院郭子怡老师及其团队承担设计任务。

郭子怡老师是一位很有理念的建筑设计师，他说自己是怀着敬畏和尊重之心参与到设计工作中。一期工程的方案是和村民们数次磨合出来的，最大限度地保留了自然地貌、窑洞和院落的本来面貌，留住传统乡村之美，同时保护原有的精神文化内涵。

图 3-21　经过初步清理的"梦里老家"

这项工程充分体现了村民的参与性：从选址、勘测、设计、确定方案到施工队选择，都是村民全程参与完成的。工程中使用的建筑材料全部是村民捐赠的闲置或丢弃的砖、瓦、石头、旧门窗、破碎的缸/罐等，这些旧物派上新用场的同时，也成了装载一个个生命故事的器物。

2018 年 4 月 7 日，周山村举办了隆重的"梦里老家"开工典礼，预计2018 年暑期完工。

图 3 - 22 一期工程模型

图 3 - 23 "梦里老家"开工典礼

中国农业大学孙庆忠[①]教授说："乡土重建的核心就是通过记忆使村民获得情感的归属。只有村民自己重视这份遗产，才会持续性保护下去；只有村民恢复历史感和文化自信，感到家乡是一个有希望的地方，村庄才有复兴的可能。"[②]

八　尾声

一个小小的周山案例，居然写了七万多字，似乎还言犹未尽。借着"尾声"的空间，再谈两点自己的想法。

（一）不厌其烦地谈谈"性别"

此文题目定为"性别平等：撬动村庄变革的支点"，是不是有点太过自信？我们也许是被心中的理想遮蔽了视线，看不到或有意不看眼前那些性别不平等的现实，以及许多理论家、实践者甚至平头百姓对于"性别"的忽视、漠视、歧视、蔑视，然后不自量力地去营造一个"性别平等的乌托邦"。

"乌托邦"被人解释为"不可能完成的好事情"或者"不可能实现的理想国"。我们怎么看待自己的"理想国"呢？我很喜欢哲学家赵汀阳的一段话："我愿意把理想看作一个标尺，就是说，理想不是用来实现的，而是用来衡量现实的，以便让我们知道现实距离理想有多远，让我们知道现实存在着哪些问题需要改善。"[③] 这就是我们做事的原则：并非不知道现实距离理想还非常遥远，但仍然愿意通过一点一滴的努力去改善。

当下，许多人（包括我们自己）都喜欢使用一个词——以人为本。然而这个"人"不是抽象的人，它必须包括人的各种属性。中华女子学院杨静老师在"2016年西部论坛"[④] 总结发言时的一张图表，非常清楚地表明，当我们谈到"人"时，一定要从多个角度去界定。

---

① 中国农业大学人文与发展学院社会学教授，在人类学、民俗学和社会心理学的教学与科研方面颇有造诣。

② 孙庆忠：《陕西佳县泥河沟村文化干预纪实》，《中国文化报》2015年12月7日，第1版。

③ 雷吉斯·德布雷、赵汀阳：《两面之词：关于革命问题的通信》，张万申译，中信出版社，2014，第6页。

④ 2016年9月19～21日在青海省西宁市举办"第七届西部社区服务创新公益论坛"。

图 3 - 24　人的多种属性

这些角度中，性别角度不可或缺，更不可替代。而且，相对于民族、阶级、年龄、地域等角度，性别更具有广泛性。性别不是一个孤立的"焦点问题"，也不是某个问题中的部分问题，更不是一个"顺带的"议题。在所有的、涉及"人"的研究或实践中，性别都是整体中的一个重要部分。就像自然界存在"生物链"一样，社会发展也存在"社会链"，链条中任何一个环节的断裂或脱落，不仅会危及与它相连的环节，还会使整个链条无法正常运转。

对于一个农村工作者来说，"性别"更不是一个可以暂时搁置的边缘性问题。由于妇女在"三农"中的重要地位，无论是农村工作的哪个部分，如果缺失了性别视角，都可能造成难以弥补的缺失甚至失误。

当然，现状不容乐观，性别平等不可能指望两三代人就能实现，我们要以"慢而不息"的精神，把推进性别平等的理想变成日常生活的实践，日积月累、持之以恒地努力去做。就像我们十几年来的策略：

寻找缝隙——改变旧的东西，必须找好突破口，以免被扼杀在萌芽状态。

适时嵌入——避开正面撞击，找到可以做事的空间。

努力撬动——在尽可能的范围内，能做什么就做什么，努力将缝隙扩大为空间。

中国著名的思想家、教育家、社会活动家梁漱溟先生说："我们所做的事是一个创新，不是方方面面已有轨道可循，正须探讨、摸索、创造，周围的环境很不顺，靠什么能顺呢？靠我们里面的劲——真诚——往前追求的劲。"[①]

———————————

① 梁漱溟：《朝话：人生的醒悟》，百花文艺出版社，2005，第 102 页。

（二）不自量力地谈谈"实践者的知识"

从小受的教育让我相信：知识是从书本上来的，没有"读过书"的人就是没有"文化"的人。我迷信书本，也因此迷信那些"会写书"的专家学者。及至做了教师，我不仅更加迷信书本（因为课堂上讲的东西几乎全部是从书本上来的），更进一步把书本等同于"理论"。那些"会写书"的人是理论的创造者，我们做教师的充其量不过是理论的宣讲者。

做农村项目以后，"理论高位"的思维定势并没有改变。我们相信，只有专家学者们通过"高深"研究生产出来"洞察一切"的理论，才能够指导我们的实践活动。因此，当在会议或培训班上遇到一些专家学者在强调"我们是逻辑思维""专业性、学理性很强"的时候，便深深地自惭形秽，悄悄站在一边不敢说话。

大约在2012年，我从杨静老师那里初次听到"行动研究"一词时，想当然地认为，"行动研究"就是实践者"行动"之后，再由专家学者去对该"行动"进行"研究"。至今，虽然对行动研究的认识仍然和所有的门外汉一样幼稚，但还是在行动研究的一些价值理念中获得了信心和力量，如"实践者也是行动的研究者""实践者也能够生产知识""在推进改变的行动中才能最好地认识世界"等。在这种理念引领下，我才渐渐发觉实践者有能力"研究"自己的行动，同时在行动中生产知识，并印证、丰富和创造理论。

1. 实践者的知识从何而来？

向书本/专家学。列宁有句著名的陈述："没有一个革命的理论，就不会有革命行动的发生。"[①] 作为实践者，我们迫切需要理论的引领，对于那些能够指导实践的理论，我们求之若渴。在周山村的实践过程中，我们从来没有间断过向社会性别、社会学、社会工作、人类学、民俗学、经济学，乃至农业、旅游、建筑、艺术等各门类的专家恳切求教，并因此而大获裨益。

向村民学。"在邂逅之处，并没有完全无知的人，也没有绝对的圣人；

---

① 转引自保罗·弗雷勒《受压迫者教育学》，方永泉译，台湾巨流图书有限公司，2013年第六次印刷，第171页。

那儿有的只是一些正在进行尝试的人们，他们聚在一起，想要学到比他们现在所知更多的东西。"① 在周山，我们时刻感受到村民的智慧和创造力。他们拥有取之不尽用之不竭的在地知识，他们提出的解决问题办法更符合当地情况，更具操作性，也更能解决实际问题。因而，我们发自内心地信任并尊重他们，放下身段，诚恳地向他们学习，丰富着、改变着我们自己。

但更重要的是在行动中学。在行动的"场域"中，每天都有鲜活的事情发生，每天都有挑战，常常是老的问题刚解决（甚至还没有解决），新的问题就已经出现。你用来指导实践的理论或知识稍有偏差，实践中便会立刻反映出来。我们只有在行动的过程中不断反思、调整、改善、评估，才会对问题有真正的了解和认识，才能产生实践者的知识。正如杨静老师在本书《我们的知识观》一章中所说："实务工作者面临的实务场域是复杂的、独特的、不确定的，很难以通用的理论来解决。复杂的实务问题需要特定的解决之道，而解决之道只能在特定的实践脉络中发展出来。"

就是这样，通过书本/专家知识、在地知识、行动中知识的互动，在不断反思、反复验证、互相丰富、互相校正的过程中，实践者的知识产生了。

2. 实践者的知识向何而去

实践者为什么要生产知识？不是为了评职称、争头衔、得荣耀，而是为了要"做事"、要"行动"。实践者每天面对的是基层民众，是活生生的现实，那些高深莫测、艰涩难懂的理论派不上用场，言之无物、空洞教条的话语更是无人要听。

实践者知识生产的目的非常明确——推动改变。因而，实践者的知识一定是能够帮助解决实践中的问题，能够指导实践、改善实践的知识。也就是前文谈到的：不仅要知道"是什么""为什么"，还要知道"怎么办"。

在周山村推动性别平等的实践中，我们不断把各类知识糅合、提炼，然后提出了属于"实践者的知识"，如农村养老问题中的性别规则、婆媳矛盾和父权家庭性别制度的关联、"传宗接代"在现实生活中怎样使农民进入"生活怪圈"等。这些知识帮助我们找到了修订村规民约的突破口，激发了农民变革的动力，进而带动了整个村庄的改变。

---

① 保罗·弗雷勒：《受压迫者教育学》，方永泉译，台湾巨流图书有限公司，2013 年第六次印刷，第 131 页。

这样的知识才是有效的、是大众共享的。这样的知识只有在行动的过程中才能产生。

3. 实践者知识的呈现

实践者的知识生产并不是轻而易举的，而是一个深入浅出的过程：深入——深入学习理论知识和在地知识，"入之不深，则有浅易之病"，[①] 行动也会流于表面，难以触及问题的"内核"；浅出——"出之不显，则有艰涩之患"，[②] 要把学到的知识/理论用通俗直白、简明易懂的话语表达出来，人人都能听得懂，并能运用于实践。

深入浅出的过程，是一个再生产、再创造的过程。在这个过程中，研究者、实践者和当地民众是"协同者"，没有你高我低、你重我轻，三者缺一不可。

目前理论和实践二元对立的状况虽然有所改变，但知识呈现的方式依然是"精英式"的。在被称为"学术"（生产理论和知识的殿堂）的大门之内，一贯要求"理论性"和"专业性"，那些由实践者生产的鲜活的、有血有肉的、在实践中行之有效的知识则被认为"不专业、不系统、不理性"，难以获得学界的准入证。即使某些实践者很荣幸地被邀请参加"高规格"的学术会议，也是安排一个简短的发言介绍"实践经验"，再由专家学者上升到"理论高度"。实践者在知识生产中的位置永远是"被指导""被总结""被代言"，而那些当地民众更是作为"田野调查"的对象处在"被讲述""被引用""被阐释"的位置，甚至不知道自己"被"写进了书本。

改变这种现状，固然需要学界的反省，实践者的努力则更为重要。我作为一个可以在年龄上称为"长辈"的农村实践者，有几点想法在这里分享。

第一，实践者要善于学习、勤于学习，特别要注重理论学习。理论是若干人在某一领域长时间内探索而形成的智力成果，在相当的范围内具有普遍适用性，对人们的行为（生产、生活、思想等）具有指导作用。有了正确理论的引领，我们才能抓住事物的本质，使实践活动取得事半功倍的效果。

---

① 俞樾《湖楼笔谈》六。俞樾（1821—1907），清末著名学者、书法家，现代诗人俞平伯的曾祖父。
② 俞樾《湖楼笔谈》六。

第二，实践者要拥有自信。无论是多么美妙而高深的理论，都要经由从理论到实践，再从实践到理论的数次循环才会产生。在这个循环的过程中，实践者的作用无可替代。只有实践者在某种理论和当地的真实情景之间（也就是我们说的"实践场域"）找到合适的路径，才能开展有效的干预行动，改变才可能发生。这个"实践场域"就是我们的用武之地，是实践者才能拥有的知识生产平台。

第三，创建实践者知识表达的载体。"学术表达"不是唯一呈现知识的方式，如杨静老师所说，实践者知识是另一种品质的知识，完全可以用另外的知识呈现方式，如普及读物、民众戏剧、网站、影像、广播、黑板报、村报等，都是实践者知识的呈现载体。

当然，这并不意味着排斥或拒绝实践者知识的"学术表达"。让实践者知识进入学术殿堂，既是对现有知识观的挑战，也是对理论的丰富与矫正。对于实践者来说，经过"学术表达"的训练，不仅仅能够提升"说"和"写"的能力（这应该是实践者的核心能力），更重要的是能够帮助实践者站在另一块"高地"上去审视和发现自己行动的意义。

这些，需要我们实践者的共同努力！

基于生态修复的反贫困实践

——以丽江拉市海流域彝族山区减贫实践为例

孙　敏　李大君[*]

一　遇见波多罗

（一）一场流域危机与一个民间机构的诞生

1998 年夏，长江泛滥的洪峰穿越中国地貌的两大阶梯，席卷西南山地，横扫江汉平原。这场特大洪灾直接威胁了 11 个省，而灾难的根源正是整个长江流域生态的退化与流域管理的失效。这条亚洲最大河流的暴怒成为中国生态变迁史上一个重要节点。1998 年 8 月，中共中央、国务院紧急做出了全面停止长江中上游天然林采伐的战略决策（简称"禁伐令"），终结了中国西部生态脆弱地区延续了几十年的疯狂砍伐。这场大洪水促成了中国人环保观念的觉醒，也促成了中国政府采取强硬手段进行森林保护，而学界和民间组织则开始思索生态脆弱地区环境恶化与贫困的关联。

1998 年冬，拉市海极少有游客光顾，像一块蓝宝石静静地镶嵌在群山怀抱之中。然而，这种静谧却掩盖不住生态变迁给整个流域带来的冲击。亚洲理工学院流域管理规划博士于晓刚基于对这场流域生态灾难的关注，前往

---

* 孙敏，云南人文地理学者，云南省文联编辑，自由撰稿人，"绿色流域"的长期协同陪伴者。李大君，社会工作师，"绿色流域"拉市海项目早期项目人员。

长江上游的滇西北金沙江流域展开调查，途径丽江时走访了拉市海流域。

位于中国云南省丽江市玉龙雪山东南坡的拉市海湿地，地处横断山系高山峡谷区的三江并流地区及生物多样性三大中心之一的横断山系生物地理区域。低纬度高原地貌和气候以及完整的内陆湿地和水域生态系统，使该湿地成为典型的以森林为依托的内陆高原湖泊湿地。拉市海湿地距世界文化遗产——丽江大研古城（俗称"丽江古城"）约10公里，是我国重要的迁徙水禽鸟类越冬地。拉市海流域的主要人口为生活在拉市海坝区的纳西族，占总人口的95%，其余4%是生活在拉市海同一流域的上南尧山区彝族，1%为其他民族。

图4-1　拉市海湿地[①]

1. 拉市海流域的利益纷争与生态变迁

1998年夏，整个拉市海流域自进入雨季就雨水不断。泥石流、滑坡等地质灾害随着持续不断的雨水从拉市坝四周的高山倾泻而下，冲毁了农田和房屋；而拉市海不断上涨的湖水也淹没了湿地周边的村庄和农田。生活在坝

---

① 玉龙雪山下的拉市海湿地位于丽江古城西面约10公里处的拉市坝中部，是云南省第一个以"湿地"命名的自然保护区，也是典型的以森林为依托的内陆高原湖泊湿地。

区的纳西族村民将问题归因于上游彝族山区村民的天然林砍伐，但随着调查的深入，于晓刚发现拉市海流域问题的原因并非那般简单，上游彝族山区村民只不过是在这场流域生态灾难中"躺枪"而已。因为一个为丽江古城供应景观用水的跨流域调水工程（当地称之为"通海工程"）正在改变着整个拉市海流域的生态。

水是丽江古城的灵魂，丽江古城的水主要来自距古城北部 1 公里的黑龙潭，黑龙潭的水来自玉龙雪山下的茫茫林海。由于二十多年的森林"大砍伐"以及丽江房地产业兴起对地下水系的破坏，黑龙潭的水源急剧减少。然而，丽江古城的旅游业却在急剧升温。为确保丽江古城的小桥有流水，丽江政府做出从拉市海湿地跨流域调水的决定。1993 年调水工程始筑围堰，1999 年 1 月工程竣工。自此，拉市海开始源源不断地向丽江古城提供景观用水。

跨流域调水工程改变了拉市海自然涨落的季节性天然湖泊型高原湿地形态，湿地周边大片土地被征用，拉市海成为水域面积约 1000 公顷的人工湖泊。水资源是无偿供应的，拉市海周边的纳西族村民拿到的只是每亩 809[①]元的征地补偿，按人头分配后，每人只得四五十元钱。以前，拉市海的湖水涨到一定高度后就会从南边的落水洞流走，但是围堰挡住了湖水，湖水淹没了周边的农田。随着冬天的到来，西伯利亚南下的鸟儿吃光了地里所剩无几的庄稼。1998 年冬，拉市海周边的几个村庄几乎颗粒无收。

原本保持动态平衡的生态系统只要一环出现问题，"多米诺骨牌效应"就开始显现出来，跨流域调水工程一道高度不足 3 米的水坝引发了一连串的生态灾难。筑坝蓄水征用了拉市坝纳西族村民的大片耕地，未被征用的土地也经常遭受水灾。耕地减少后，为了维持家庭的经济收入，坝区纳西族村民开始采取两种措施维持生计：一是对渔业进行过度捕捞；二是上山开荒。面对这场人为的生态灾难，政府无计可施，只得默许村民的生态破坏行为。然而，上山开荒又引发了水土流失、泥石流、滑坡等地质灾害，而且导致了水源枯萎，引发了整个拉市海流域的灌溉困难。由于渔业的过度捕捞以及因水土流失、土地贫瘠而导致村民农药化肥使用量的增加，拉市海水质的污染不断加重，拉市海原本茂盛的环境监测性植物海菜花濒临绝迹。

---

① 于晓刚：《水之灵——来自丽江拉市海流域的报告》，《华夏人文地理》2001 年第 4 期。

图 4 - 2 大片庄稼被淹没

有些看似应该是好事的事总是在意想不到的时候发生，并加剧矛盾的复杂化。1998 年，拉市海高原湿地省级自然保护区成立，并设有专门的行政管理机构——湿地管理所。按说，有了专门的行政管理机构是好事，但是人们低估了公共资源管理的复杂性。拉市海高原湿地自然保护区成立之后，在美国大自然保护协会的资助下，中国科学院昆明动物研究所的专家完成了一份关于拉市海鸟类的调查报告。该报告指出拉市海冬季的渔业生产活动干扰了鸟类的栖息，也常有越冬水禽（潜水类）潜入水中觅食被渔网缠绕于水下而溺毙（当时渔民使用的是网眼大于 5 厘米的大网）。该报告还指出，水禽越冬期的捕鱼活动及渔民使用的不适宜的捕鱼方式（大网眼渔网捕鱼）是对拉市海越冬水禽的最重要的威胁因素。而拉市海鱼类并不属于国家级保护鱼类和濒危鱼种，没有科研和保护价值。但专家还是提醒相关部门，为了保持拉市海生态系统的平衡，应该对拉市海渔业进行科学管理，并提出了这样的保护建议：由于渔网是造成越冬水禽非自然死亡的主要原因，因此为了保护越冬水禽，每年 10 月至翌年 4 月应禁止在拉市海利用渔网捕鱼。该建议得到拉市海高原湿地自然保护区管理所和丽江政府的采纳，一项拉市海流域的"冬季封海"措施很快出台。

"冬季封海"成为拉市海流域生态灾难"多米诺骨牌效应"中的一个关

键事件。待到春末夏初，越冬水鸟离去，封海措施解禁，一年无粮可收、无鱼可打的村民纷纷下海捕鱼。虽彼时正值拉市海鱼类的产卵期，但生活已经逼得村民明知"杀鸡取卵"也要干下去，大量产籽鱼遭到灭绝式捕捞，无序的攫取耗尽了拉市海最后的资源。

2. 为何生态灾难的最大"受害者"反而成为"背锅者"？

然而，拉市海坝区的纳西族村民并不觉得自己的行为有何不当，都是生计使然。但他们对于上游彝族村民的指责却丝毫不加掩饰，尤其是 1998 年这一年，他们认为 1998 年这一次前所未见的洪灾主要应归咎于上游彝族村民对森林的乱砍滥伐。当年，国务院也认定该年的长江特大洪灾与上游的森林破坏存在重大关系。

拉市海上游彝族山区村民不仅承受着下游坝区纳西族村民对他们的指责，而且他们的生存处境更加糟糕。此前持续二十年的森林砍伐主要受益的是木材公司，上游彝族村民除了向木材公司出卖廉价的劳动力，并没因砍树而富起来。而国务院于 1998 年长江洪灾后发布的长江中上游天然林禁伐令，让拉市海流域的天然林采伐终止。不砍树，就没钱买粮食，也缴不起孩子的学费，连出卖劳动力的机会都没有。上游彝族山区村民陷入贫困状态。

3. 一个民间机构的诞生

于晓刚与拉市乡乡长到上游彝族山区的波多罗做调查。这次调查促成了一份由多位粮农专家联合撰写的研究报告，该报告被递交给联合国粮农组织，后来再由联合国粮农组织交给中国农业部。报告建议政府在过渡时期需要采取特别措施，防止老百姓生活水平急剧下滑。与此同时，这位有着生态学和人类学背景的博士开始意识到，拉市海流域的生态恢复和减贫工作必须同时进行。为此，需要展开一场基于流域生态系统修复的反贫困实践。

这场基于流域生态系统修复的反贫困实践，必须要直面流域资源管理权的问题。拉市海流域出现的问题归根结底是资源管理的问题，社区丧失参与资源管理的权利，也就失去了主导自己生活的权力。这样的减贫仅仅依靠救济或一般意义上的社区发展是远远不够的，必须要重新找回社区的资源管理权，以社区为基础进行自然资源管理。拉市海成为中国参与式流域管理的试验场所，而拉市海参与式流域管理项目也成为致力于民众参与流域管理的民间机构——云南省大众流域管理研究及推广中心（以下简称"绿色流域"）诞生的基础。

"绿色流域"希望以社区为基础，通过参与式的流域管理，更有效地保护和利用流域资源，最终建立一种可持续的、成本共担、利益共享的生态经济机制。通过这一机制，流域上游的社区得到了生计保障，下游的社区也从流域提供的生态服务中受益。通过赋权，大众成为流域的管理主体，穷人、妇女等少数族群在流域管理中能够充分参与、获得能力的增强及平等发展的机会。

（二）拉市海参与式流域管理与减贫行动框架

要达至有效的行动，就要有正确的问题归因和有效的行动策略。

为了保护与发展并举，为了深入调查流域存在的问题，也为了增强当地村民的自然资源管理能力，2000 年夏秋之交，拉市海流域参与式农村评估（participatory rural appraisal，PRA）与热点区域系统保护规划（systematic conservation planning，SCP）在拉市海流域实施。之所以将 PRA 和 SCP 结合进行，目的有三个：一是在 PRA 和 SCP 小组成员的协助下，村民们学会分析发展与资源保护的问题，优选对策，制订计划并通过实施计划达到可持续的资源利用和生态保护；二是确定具体项目和可行性分析；三是通过 PRA 和 SCP 活动，培养当地人的能力并逐步建立以当地人为主的项目实施队伍。

1. 拉市海流域问题分析框架的诞生——精准实现问题聚焦

2000 年 7 月 10 日至 9 月 30 日，"绿色流域"创始人于晓刚牵头成立了 PRA 和 SCP 小组，先后在拉市海上游彝族山区、拉市海中游地区的坝区与山地结合部村落和拉市海湿地渔村展开调查。两个多月的 PRA 和 SCP 评估调研，为此后 20 年间"绿色流域"推动拉市海参与式流域管理确立了社区行动框架。

PRA 和 SCP 小组每到达一个村社，先召开一个由村社代表参加的 PRA 动员会议。联合小组负责人于晓刚向村社代表介绍 PRA 和 SCP 的目的和方法，并要求参加的人员有男女两性及贫富层次相应的代表。接着，活动分两个阶段进行：PRA 阶段及 SCP 阶段，形式：一是在村里组织群众广泛参与的 PRA；二是以家庭访问为主的社会性别分析；三是生物多样性调查小组的野外工作。

活动的第一天和第二天，PRA 小组分妇女组和男子组，他们主要通过应用资源图、社区图、社区组织图、农事历、资源状况评估等工具，与村民们一起研讨村社的自然资源和社会发展情况、农业生产活动及社会性别分工。这些环境和社会背景调查为后来的研讨活动打下了良好的基础，更重要的是使 PRA 小组成员和村民们更加了解当地的困难、问题，并引起思辨的讨论。之所以分为妇女组和男子组，一是为了保障处于边缘位置的妇女有充分的发言权，二是为了能够从不同的性别视角来看待问题。第三天，男子组和妇女组在大组交流了发展背景的研讨情况后，又分成男、女两个组。两组按照我的需求、我家的需求、我村子的需求和我们山上的需求及实际需求和战略需求的层次，提出不同的需求。第四天，PRA 研讨以大组形式集中进行，在妇女提出的需求和男人提出的需求中优选了几种共同的需求。接着针对这几种需求，村民们讨论对策，最后表决通过。第五天，村民们进行了SCP 活动。野生动植物专家首先介绍了野外考察情况，然后村民分组讨论生态和文化保护对象并提出相应的保护对策。第六天，村民们分为若干个小组，具体讨论上述保护对象存在的问题和人为的原因，最后针对生态退化提出保护的对策措施，并对所提出的措施及其保护效率和成功率进行评估。第七天，由参与 PRA 和 SCP 的村民代表向其他村民汇报过去几天的活动情况，最后由联合小组负责人于晓刚做活动总结。

在拉市海流域各村社分别进行 PRA 和 SCP 的基础上，各村社代表和相关专家及政府部门代表一同进行了整个拉市海流域的 PRA 和 SCP 评估活动，最终形成了一个基于全流域视角的问题分析框架。

这次全流域的 PRA 和 SCP 评估让中、下游的纳西族村民第一次站在上游彝族村民的角度来分析问题，从而对他们多了一份理解，少了一份谴责。而且上、中、下游村民通过参与式地完成流域问题分析，意识到应该立足全流域，不仅解决好自己的问题，而且要帮助上游村民保护流域。更为重要的是，一个基于拉市海流域生态变迁的问题分析框架正在催生一个参与式流域管理的集体行动框架的产生。

2. 拉市海流域集体行动框架的形成

在 PRA 和 SCP 活动中，村民们分析拉市海的问题，找出问题的根源所在。拉市海上游彝族山区的贫困一方面是由于恶劣的自然环境（海拔高、气温低、交通不便），另一方面是由于它地处偏远，加之彝族在拉市海是一个人口较少的民族，这一区域是政府扶贫阳光照不到的地方，但却担负着拉市海上游生态保护的重任。拉市海的坝区则是另一种困境，跨流域调水工程以及政府对拉市海的一系列政策措施逐步让他们丧失了原本在拉市海湿地所能享受到的利益。

但在活动最初阶段，拉市海流域下游村民把很多问题"外化"，即将所有的问题都推给政府和上游村民的乱砍滥伐，认为自身全无过错，他们只是"受难者"。但随着多方利益相关者就问题的展开，拉市海流域下游村民意识到他们既是拉市海流域生态恶化的"受难者"，又是加剧生态恶化的参与者。仅从渔业来讲，他们的过度捕捞直接造成了拉市海渔业的困境，而最终受害的又是他们。

因此，拉市海流域集体行动的目标已经不再是一个具象的实体，而是一种失调的流域管理制度：拉市海上游社区承担着生态保护的成本，而生态保护的利益则由下游社区享受。这就出现了严重的问题：谁承担生态保护的成本？谁享受生态保护带来的利益？甚至可以进一步延伸为谁承担发展的成本？谁享受发展带来的利益？由于流域在空间上的流动性，我们可以看到流域生态保护和发展成本的承担者与生态服务和发展利益的享受者不是同一个主体，权利与责任的分离势必导致流域管理的不可持续。我们需要对抗的也只是这种不公平的流域管理制度，而不是具体的机构和个人。

通过 PRA 和 SCP，拉市海流域的集体行动图景确立了：推进拉市海流域各相关利益群体参与到流域的管理决策中来，尤其是保障弱势群体对流域资源的管理权和决策权；推动拉市海流域生态补偿机制的建立，使生态的保护者得到回报，让生态利益的享受者乐于偿付。在实际的操作中，成立了由拉市海流域各利益相关方组成的拉市海流域管理委员会，流域管理委员会力求"在一个流域内探索地方政府与群众之间的建设性对话及合作框架，建立长期的以村社为基础的资源管理模式；同时将关注上游山区的资源利用和管理对下游坝区生态、农业及城市社区的影响，以及上、下游间的生态经济合作关系。"在这一具体目标之下，"绿色流域"开始调动各方资源着手实施拉市海流域管理项目，激发和调动社区参与流域管理的原动力。

针对拉市海流域下游湿地"人鸟争食"和渔业退化的问题，拉市海社区渔民注册成立了湿地渔业协会，恢复拉市海的渔业资源，在推动取消"冬季封海"政策的同时，保护越冬水鸟。针对拉市海中游地区因耕地被征收后，纳西族村民耕地减少而上山开荒导致的泥石流和河流断流等情况，启动了拉市海小流域治理项目，通过混农林坡地种植技术来保证经济收益与生态修复。基于上、中、下游灌溉用水的冲突，推动成立用水户协会，对水资源和水生态进行调节和修复。而基于上游彝族山区拉市海流域源头生态修复的"彝族山区森林保护与可持续生计项目"，早在 PRA 和 SCP 的前一年就因紧急的粮食援助和失学儿童救助活动启动了。

本文重点讲述的就是"绿色流域"拉市海参与式流域管理项目中，在拉市海流域生态保护中占据关键生态位的"彝族山区森林保护与可持续生计项目"——基于生态修复所展开的长达二十年的反贫困实践。

（三）波多罗的理想图景设计

波多罗坐落在丽江拉市海和金沙江支流的分水岭上，海拔 3200～3700 米，是拉市海流域的上游水源地。波多罗东面和东北面是长约 2 公里、海拔约 3800 米的巨大石灰岩峭壁型山体，西面为海拔 3830 米的阿则雄吉古山，南面为一狭谷台地——拉古美（海拔 3300 米），连接东、西两座山体，形成一个天然的半圆形屏障。石灰岩峭壁上的植被以栎树林为主，石灰岩山体又向南伸延七八公里，山梁上舒缓平坦，形成连续不断的高山牧场。牧场两侧和中间又生长着成片的杜鹃灌丛。石灰岩山体上端有一些山尖，从北向南分别为小阿格姆山、大阿格姆山、马鞍山、白头山，其中白头山海拔最高（3800 米），其他山梁部分也在 3600 米以上。山梁是波多罗所在的拉市乡南尧行政村与文海行政村的分界线，但山梁上的高原牧场历来是彝族的放牧场所，文海人只是在文海湖边的湿地放牧。阿则雄吉古山是南尧行政村与龙蟠乡新尚行政村（以下简称新尚）的分界。波多罗西北面可俯瞰金沙江，与新尚的界线在村西北面约 1.5 公里的小水井处，这样小阿格姆山、阿则雄吉古山及小水井三点成一线，成为波多罗与新尚的分界线。

1. 波多罗的发展背景

2000 年 7 月 30 日，PRA 与 SCP 小组成员冒雨走了一天，于下午 5 点到达波多罗。当天晚上 PRA 与 SCP 小组与全体村民召开了动员大会，用参与式方法介绍了来此地的目的及成员的背景，最后详细介绍了为期 6 天的 PRA 与 SCP 评估活动的安排。由于波多罗只有 23 户人家，所以村民决定每户派一名代表参加六天的活动，并且男女比例各占一半。

2000 年 7 月 31 日，PRA 与 SCP 评估活动正式开始，波多罗村民在 PRA

小组的协助下，家庭代表分为妇女组和男子组，两组开始了波多罗社区资源图的绘制和讨论，基本勾勒出了波多罗的自然资源和社会资源状况。

（1）波多罗的历史。到波多罗定居的第一代祖先叫阿支曼达（汉文音译"刘马大"），他从四川凉山的昭觉县逃婚来到了丽江，是凉山第一代渡过金沙江的彝族人。那时候的波多罗林海茫茫，长了上千年的大树密不透风，抬头都看不到亮光。云杉、冷杉、秃杉都是在高海拔山上才有的树种，还有成片的杜鹃林，从春天到夏秋时节都有不同颜色的花开放。山上有平坦的草甸，林中清泉长流，栖息着很多的野生动物。

阿支曼达先后娶两姐妹为妻，姐姐生下布切、可伙、乌乌；姐姐死后，妹妹又嫁给阿支曼达，生苏切。上述四兄弟是波多罗第二代，布切有一子刘文基，可伙有二子：刘文龙、刘文高，乌乌有一子刘文坤，苏切有二子：刘文俊（以上5人为波多罗第三代）和刘文华（居住在文海）。第二代人均已去世，第三代成为五个大家庭的家长。

大家庭的规则是：过老年（彝族新年，阴历十一月二十日）前，每个小家庭一起杀猪，然后按兄弟次序互请做客。火把节为彝族传统节日，每个小家庭杀山羊（杀猪）按兄弟次序请客吃饭。如某个小家庭急需钱（如疾病需要钱），家族内部的兄弟要给予支持和帮助，其他家庭随意支持。曾经被病家支持过的就会多支持他人，甚至翻倍。发生纠纷，首先在大家庭内部调解；大家庭与大家庭之间发生纠纷则由几个大家庭的老人和会讲道理的人参加调解；若与外乡人发生纠纷，每个家族都要派代表去调解。救济粮、救济款要平均照顾到5个大家庭。外地有亲戚举行丧礼，每个家族都要派出代表，每个小家庭都要凑钱作为代表的费用和办丧礼的费用。如果外来项目的受益者有限，就按抽签决定分配（如1996年丽江地震救济物资就按抽签决定分配）。从中可以看出，拉市海彝族的传统社会支持系统仍在发挥作用。

（2）波多罗的自然资源。

①森林资源。1983年，波多罗曾向丽江拉市乡南尧行政村承包了波多罗三面环山的森林和土地资源，共12000亩。

那时的森林都是茂密的原始森林，乔木以云杉、冷杉和栎树为主。然而在20世纪80年代末和90年代初的"砍伐风"中，波多罗原始森林中的云杉、冷杉遭到浩劫，外地人来砍或雇人来砍，最后本村人也成了伐木工，出卖廉价劳动力和当地资源。连续二十年的砍伐使得森林结构发生了一些变化，过去针阔叶混交林（松、杉和栎）变成了栎树林，林间夹杂着零星分布的冷杉、云杉幼树。其他零星分布的树种有红杉、红豆杉、铁杉、高山柳、高山松、华山松、柏杨、槭树、桦皮、青皮、杜仲等。

②杜鹃花。在石灰岩山绵延五六公里的山梁上分布着十多种杜鹃，形成"十里杜鹃"景观，是将来生态旅游开发最有吸引力的景观之一。目前山梁上的杜鹃灌丛基本没有遭到破坏，只有极少数被偷花者挖走。但生长在山腰处的高大的杜鹃树却成了薪柴资源，村民们认为这种杜鹃好砍又好烧。

③高原牧场。波多罗附近山上可放牧的牧场多，面积也大。牧场有刘家地、拉美古、蚂蟥谷、赛马场、古库都、小平原、办大化、干国等。尽管夏秋季水草丰美，但牲畜尚嫌不够。冬春季大部分牧场降雪，气候寒冷，山羊和绵羊每年都有 1/5 因冻、饿而死亡。2000 年，波多罗村民共饲养三百多头山羊、绵羊，三十多头牛，二十多匹骡马，平均每户十五只羊、一头牛、一匹马。

④野生动物。波多罗环山，地势险峻，崖悬、壁峭、山洞较多，因而成了野生动物的栖息地。村民们列举了能经常看到的野生动物：黑熊（5 只）、野猪、猴子（100 多只）、獐子、麂子、狐狸、九节狸、豪猪、刺猬、飞鼠、松鼠、黄鼠狼、野兔、藏雪鸡、娃娃鸡、箐鸡等。现在村民最担心的是黑熊吃羊，每年村里都有三四十只羊被熊吃。猴子也常在村边的庄稼地里觅食，破坏庄稼，因此村民们每天都要派人守护庄稼。

⑤水源林。波多罗的水源林是从蚂蟥谷延伸下来的一条箐沟，主要植物是栎树和红豆杉。过去这里有不少红豆杉，后来外地人来砍红豆杉和剥红豆杉树皮，使红豆杉资源遭到破坏。目前，水源林中有三四百棵红豆杉幼树。因离村较近，有些村民在水源林中砍薪柴。水源林箐沟的一侧也被开荒种了地，因此水源林涵养水源的能力已降低。

⑥景观资源。波多罗的景观资源丰富。阿则雄吉古山是拉市海流域最高峰，在山顶可俯瞰上百公里长的金沙江河谷、玉龙雪山、哈巴雪山、拉市海、丽江城等，而与其相望的白头山山顶只低了 30 米。石灰岩峭壁上怪石林立，当地人称有三十三峰七十二洞，确是登山探险的好去处。爬上山顶可观十里杜鹃，玉龙雪山近在咫尺。游客可在牧场上骑马散步，搭帐篷露营。山上还有一群猕猴时隐时现，其他野生动物也经常出没。从石灰

岩山沿小路约一个小时可到玉龙山脚下的文海湖，雪山脚下的湿地草场上遍地是牦牛、黄牛、骡、马和绵羊，数量达四五千，颇有青藏高原的景观。

⑦耕地资源。波多罗耕地已达 300 亩，这里有 23 户人家、75 口人，户均 14 亩地，人均 4 亩耕地。其中较陡的坡地占 2/3，缓坡地和台地占 1/3，另外还有 100 多亩的撂荒地。由于陡坡耕种以及森林被伐，森林防洪蓄水能力减弱，水土流失严重，水、土、肥不保，农作物产量不高。基本庄稼和蔬菜有土豆（1000 斤/亩）、苦荞（150 斤/亩）、兰花子、秋油菜、白芸豆、蔓菁。少数家庭还种了红萝卜、白萝卜、包心菜、菠菜等。由于村边周围都被开了地，护寨植被很少。1998 年村中间出现宽约 0.3 米、长约 500 米的地裂，给波多罗发出危险信号——此处容易发生地质灾害。在未来的项目设计中，应考虑到社区灾害管理能力的提升。

综合来看，波多罗虽只有 23 户人家，但人均坡耕地面积较大，饲养牲畜也较多。过去二十年间，森林因冷杉、云杉等高级木材遭到高强度的采伐。天然林禁伐后，波多罗村民的生计面临较大的困难，他们没有找到一种可持续的生计保障和替代产业。但如果能开展有效的生态修复工作，不仅有利于拉市海流域的水源涵养与生态保护，而且可以依托森林和野生动植物资源开展生态旅游、生态畜牧、生态种植以及科学研究等活动，从而让该地村民找到一条可持续的多元生计道路。

（3）波多罗的经济社会发展状况。

①公共建设。村里只有一所简陋的木瓦结构村小学，面积 100 平方米，只有一间 30 平方米的教室。

②集体企业。波多罗村曾集体搞过瓦窑，烧出来的瓦质量很好，销路也不错。但随着承包责任制的改革，村民们出工不出力，瓦窑后来办垮了。结果村民们要花大量时间和钱到山下去买瓦建房。

③商业服务。村里也曾经先后开过三个小卖部，但村民们更愿意在"赶街日"走上二三十公里到龙蟠街买瓶酒和买包烟，也不愿在小卖部买贵一两毛钱的东西。此外，村里人都是亲戚，赊账情况严重，小卖部资金无法周转，结果办一个垮一个。

④交通设施。波多罗地处丽江拉市乡和龙蟠乡两乡交界处，交通闭塞，到拉市乡南尧和龙蟠赶街都要走二三十公里山路。村民用土豆换大米和小

麦，一匹骡马也一次可驮 75 公斤土豆，换回 15 公斤大米。村民为了换粮，也要每七八天下山一次；换回了粮食，又要再一次到七八公里外的龙蟠乡新尚村去磨，因为那儿有电磨坊。

⑤供电照明。村里只有一户人家安装了小水电，有电灯、电视，其余家庭用松明来照明。

⑥医疗卫生。村里没有医院，最近的龙蟠乡新尚村有一个赤脚医生，生病要走七八公里山路去请。村里没有接生员，村民历来在家里生孩子。就在"绿色流域"创始人于晓刚首次赴波多罗调查的 1998 年当年，就有一婴儿生下就夭折了。而且，这里也鲜有能活过六十岁的人。

⑦兽医。没有兽医，每年牲畜病死、摔死的不少。

⑧饮水。村里主要饮用水源是一条穿村而过的小河。河水源于拉美古山脉，沿途没有任何遮盖设施，水的污染自然无法避免，水中有泥土、牲畜的粪便和蚂蟥。能饮用清洁的自来水是村民的实际需求。

根据对波多罗经济社会发展状况的调查，至少有两点发现：一是波多罗原有的社会支持系统和集体传统虽然还有保留，但也在遭受着市场化的冲击，人心开始散了；二是波多罗的经济社会发展水平低下，这些村庄仍然处于没路、没电、没水（安全用水）、缺吃少穿、缺医少药的原始状态。要让这样的村庄实现"脱贫"，不仅要做系统而科学的设计，而且挑战实在太大。

（4）波多罗的农事历与性别分工。在绘制社区资源图的基础上，妇女组讨论了农事历和性别分工。他们的讨论从询问彝族年历的算法开始，先横列出彝家一年十二个月的名称，再纵列出一年中气候的变化（雨水、下雪）、农作物的种植情况、牲畜的饲养、林副产品的收集情况以及男女村民的劳动内容和劳动量。通过此表，可以比较直观地了解波多罗男女村民一年里的劳动内容和时间安排，认识男女村民的劳动分工。参加讨论的妇女基本上不识字，于是讨论采用边提问边记录在大白纸上的特殊方式进行，讨论结束后，结果提交村民会讨论，取得了男村民的同意。妇女讨论的农事历、性别分工如下。

每年阴历六至十月是波多罗的雨季，其中以七至八月的雨水量居多；11 月波多罗开始下雪，并一直持续到次年的二月，十二月份的降雪量较大；三至五月是旱季。

波多罗地处高海拔地区（高处 3700 米、最低处 3200 米），农作物只能一年一熟。阴历二月村民开始种土豆、苦荞和兰花籽，四月栽种结束。整个栽种活动中男村民主要犁地，女村民施肥、播种，部分女村民也犁地，栽种活动中男女所承担的劳动量基本相等。阴历五至七月是农作物的管理期，大部分工作由妇女承担，特别是锄苦荞地里的杂草（男村民基本不会做）。八月波多罗进入收获季节，这一时期男女承担的劳动量基本相等。

阴历三至十月因为地里种有庄稼，牛、羊、马需专人放管，放牧主要由男村民承担；十一月至次年二月地里的庄稼已收完，又因此时高山上下雪，牛、羊、马就放在村寨四周，这段时间无须专人放管牲畜。

养猪、种蔓菁、砍柴和拉松毛等劳动主要由妇女承担，男村民做得很少。到了冬天的农闲季节，男人不用放牧了，妇女还需要去砍柴、拉松毛，备足一个家庭一年的火塘薪柴和做饭、取暖材料。然而，随着森林资源的匮乏，妇女需要去到更远更险的山上去砍柴和拉松毛。因此，减轻妇女劳动量、提升妇女权力和经济社会地位、增进性别平等是今后项目必须考虑的问题。

2. 波多罗的需求评估与对策

（1）需求评估。2000 年 8 月 1 日，PRA 与 SCP 评估活动第二天，男女村民聚集在一起交流 7 月 31 日的讨论内容，之后于晓刚具体阐述并布置男女村民讨论需求，需求分"我的需求、我家的需求、我们村的需求和我们山上的需求"四个层次。同时，需求又分实际需求和战略需求，实际需求即满足眼前需要的需求，如水管、住宿、衣服等；战略需求即能力的培养，如科技种田、养猪、做生意、做计划、自己讨论问题并解决问题。另外，战略需求的实现也会带动其他问题的解决。接着又对每个层次的需求进行投票和打分，以优选最关键和最迫切的需求。

14 位女村民参加了妇女组的讨论，其中有老年妇女，也有中青年妇女。讨论先从妇女有何需求开始，老年妇女提出身体好、无疾病、有瓦房住等需求。波多罗的彝族老人与年轻人分开住，年轻人几乎都住瓦房，老人大部分住木板房，因此住瓦房一直是老年人的心愿。同时老年人还希望自己能穿暖，这样冬季可以防寒。中青年妇女的个人需求是通电、会写自己的名字、会说普通话、村里有女医生、可以自由谈恋爱结婚、自己办小卖部等。会写自己的名字，是由于参加小额信贷需要自己签名；说普通话是出于从事旅游业、与外来旅游者交流等方面考虑；需要女医生，是由于波多罗曾经因为没有女医生而导致妇女生育时小孩死亡；这些已婚妇女大部分是包办婚姻，她们希望能自由恋爱结婚；波多罗没通电，没有小卖部，这给村民的生产生活带来了诸多不便，买东西即使到距波多罗最近的龙蟠新尚也要走 3 小时，加工粮食还得用马把粮驮到有电的村子去加工。

在家庭需求方面，老年妇女希望多养羊，经济收入多一点；粮食增产，够吃。中青年妇女希望学校有好老师，孩子能好好读书，将来有前途；家里有磨面机，那样就不用跑到别的村子去加工粮食；多养鸡增加收入；发展生态旅游，家里建厕所，方便又卫生。此外，家庭和睦也是妇女的愿望。

"我们村子的需求"主要涉及基础设施建设，希望政府在公路、电、自来水和替代能源（沼气）等方面给予较多的投入。

"我们山上的需求"主要涉及保护山林、动物和药材，植树造林等。

在谈需求时，协助者将妇女们所述内容逐项记录在大白纸上。由于她们不识字，因而每项需求都画了图。谈完需求后，协助者请妇女们投票选择优先需求，投票分四个层次四次进行，每一层次选出该层得票最高的前三项作为妇女的优先需求，如果票数相等，就选四项，结果见表 4-1。

表 4-1　妇女组讨论的需求

	我的需求	我家的需求	我村的需求	山上的需求
实际需求	身体好 6	多养殖增加收入 8	自来水 2	
	有瓦房 6	粮食增产够吃 6	通电 9	
	穿暖 5	有磨面机 6		
	办小卖铺 4	多养鸡 1		
	有女医生 10	有厕所 2		
	通电 8			
战略需求	会写名字 10	子女好好读书 10	通路 9	保护山林动物 10
	学普通话 13	有好老师 9	信息 4	保护野生药材 5
	自由婚姻 10	家庭和睦 10	有好老师 5	种松树 5
			替代能源 1	

注：需求后面的数字代表投票人数。

在妇女组讨论需求的同时，男子组也进行了讨论。当男、女两个组完成四个层次的需求并按投票得分优选后，两个组又进行了交流，并根据两个组共同提出的得分高的需求排列出共同的需求。

共同需求依投票降序排列，分别为通路、通电、保护生态和发展生态旅游、保护和种植药材、解决孩子上学问题、种植经济林木、学科技、学普通话、培养本村的赤脚医生、派一名公办教师、替代能源（沼气）、小额贷款、改善住房条件、种植冬季大棚蔬菜。

在村民提出需求的基础上，PRA 和 SCP 小组并没有急于根据村民不同层次的需求进行策略分析，而是由小组成员协助波多罗村民对自己村庄的自然资源进行实地考察。考察沿途，大家看到了被砍的大树、残存的树桩，就连水源林也有被砍的痕迹，也看到了被大量开垦的土地。实地考察山林给村民和协助者带来了很大的震动。

考察结束后，"绿色流域"创始人于晓刚引导大家展开讨论与对话，而焦点就集中在"不砍树吃什么"和"砍完树吃什么"的争论中。而被村民列入第一需求的通路，如何解决资金问题？谁又能保证路修通之后，森林不会遭到更严重的盗伐？需求、争论、对策……一项项问题、矛盾、策略和图景以图文方式呈现在大白纸上，印在波多罗村民的脑海里。

老村长①刘文坤是波多罗早期的领导人，是自然村村长，也是家族族长。只要有客人来访，他都会提到 2000 年改变村庄命运的那次调查与评估。那一年，他与"绿色流域"创始人于晓刚一同走遍了拉市海上游的山山水水，对包括波多罗在内的八个彝族村庄做了深入的社会调查。他记得，他们召集全村老小一起坐下来，共同回忆爷爷阿支曼达时代的波多罗，那时的山，那时的森林，那时的牛羊和土地。他们一起整理村庄生态变迁史，一起分析波多罗贫困的原因以及商量前面的道路应该怎么走。那一年的参与式农村需求评估和热点区域系统保护规划一直为村民们所铭记。多年后，当这个村庄已经完全改变的时候，他们还是忘不了 2000 年的 PRA 与 SCP，忘不了那一年全村男女老幼坐在一起，讨论如何改变自己生活的场景。

那几天是一个贫困了百年的村庄，她的村民们第一次凑在一起去谋划一

---

① 沿用当地称呼。

个"无穷"的未来。对大多数村民而言，这种对未来想象所带来的幸福感超越了对项目实施可行性的考量，没有人会奢望他们画在大白纸上的东西真的有一天会实现，能够实现其中的一两点也足以令人兴奋了。

经历过多次"被扶贫"经历的老村长刘文坤在这次参与式评估中有了不同的体验和思考。时隔多年，老村长刘文坤说："评估中我睡不着了。于晓刚问我们，你们最想要的东西是什么？大家提出来需要改善交通和照明条件，需要培训多样化种植的知识，需要学习普通话、供孩子读书。我们第一次感受到我们的需要是什么，而不是别人需要什么。"问题和需要被列成表格、画在大白纸上，大家在一起分析了山区资源保护与自身生存之间的关系，找出了村庄发展面临的问题，分析问题背后的原因，共同讨论解决问题的方法。

PRA 在 20 世纪 90 年代进入中国，为许多社区发展项目所采用，但一次普通的 PRA 为何能够如此深刻地留在一个村庄的记忆中？老村长刘文坤为这次 PRA 做了最好的注脚："规划，我们为生活重新做一个规划，我们看到了一条路，可以选择一种不同的活法。"路有各种各样的走法，哪一条路才是自己的路？在改变命运的重要关头，村民们真正地参与到了关于自己村庄发展的讨论中，共同决策如何在满目疮痍的家园重建自己和后代的生活。

（2）对策。参与 PRA 与 SCP 令村民最刻骨铭心的是他们认识到自己实际上是砍伐森林最终的受害者，并基于此走出一条基于生态修复的减贫之路。具体的干预策略如下。

首先对受天然林禁伐和退耕还林影响、生活陷入困境的山区彝族村民进行紧急救助，解决山区彝族孩子失学与温饱问题。在此基础上，改善山区的基础设施，为多元生计发展打下硬件基础；同时，寻找山区"木材经济"的替代产业。基于山区残存的森林和草甸资源，在控制规模总量的基础上改良养殖品种。通过妇女小额信贷的实施，鼓励村社开展多样性经营，并增强妇女在社会经济事务中的参与能力。通过村庄公共基础设施的建设，重建村庄的社会支持网络与以社区为基础的资源制度，提升社区资源管理能力，恢复森林资源，发展多元生计，实现生态保护、资源有效管理和社区脱贫的可持续发展。

这像一个鱼和熊掌都想兼得的构想，更像一个理想中的乌托邦——

它试图在环境严重受损的贫瘠土地上重建新的生计和新的希望。正如人类学家朱晓阳教授所做的评价："同情是容易的，实施真正有效的救助却复杂而艰辛，需要理性的思考、科学的设计、规范的管理和持久的努力"。

2000 年，在乐施会的支持下，拉市海参与式流域管理项目正式启动，"绿色流域"与拉市海民众一道展开了一场基于生态修复的反贫困实践。

二　培养社区发展的主人翁

（一）救急解困——用恰当的"输血"修复"造血"体系

1998 年冬，拉市海参与式流域管理项目尚未启动。面对食不果腹的村民和辍学的孩童，再谈环保已成为一种缺乏人性的奢侈。"绿色流域"创始人于晓刚在第一时间拜访了"希望工程"的创建者、时任中国青少年发展基金会秘书长的徐永光先生。徐先生在了解了拉市海流域彝族村庄的状况后，当年就为拉市海上游 80 个失学彝族孩子申请了资助。他强调，保护天然林不能以失去少数民族孩子的教育权为代价，否则会造成更长远的贫困。老村长刘文坤记得，当"希望工程"帮助村里失学孩子重新回到学校的时候，村民们第一次看到了希望。

1. 从种子开始的紧急粮食救助

孩子有救了，如何解决吃饭问题？对于一年只能保证 4 个月粮食的老百姓来说，饿着肚子同样解决不了环境和人的问题。然而，采取什么样的救助方式影响着项目未来的方向。如果仅靠食品救济，今年解决了，明年怎么办？对于拉市海参与式流域管理项目而言，尽管有了大白纸上的美好图景，但饭都吃不饱，一切美景只是画饼。

在过去的日子里，村民们都忙着砍树，农业濒于衰落，只剩下贫瘠土地里种着退化得比鸡蛋还小的土豆品种。"绿色流域"项目人员调查了丽江当地资源，发现距离拉市海仅 20 公里的太安乡是颇有名声的国际马铃薯种植基地。过去由于信息不通和单一的扶贫方式，没人想过可以利用这个基地的优势去帮助拉市海上游的彝族山区。那时，拉市海参与式流域管理项目尚未正式批准，乐施会就紧急资助了 4 万元，拉市乡政府与太安乡政府沟通后，很快就调来了优质土豆种子，足够山区上南尧 8 个村庄的彝族村民种植。土豆种下去了，"绿色流域"请来技术人员做指导。到了收获季节，老百姓看到了奇迹，亩产从原来不到一千斤迅速跨越到了五六千斤。他们惊讶了，原来土豆可以长这么大！我们依然记得他们怀着惊讶与喜悦给"绿色流域"报喜："于老师，坏了，洋芋堆满了屋子，门都打不开了！"

那一年，家家户户屋里堆满了土豆，村民们用土豆换粮食，当年就解决了吃饭问题，还为来年留下了种子。第二年，国家天然林保护工程和退耕还林补助粮食发下来时候，土豆已然解决了山区彝族的温饱问题。

粮食紧急救助首战告捷，与传统济贫方式的不同之处在于——它不是简单的分发粮食，而是分发种子。这一方式基于 NGO 扶贫的天然选择：NGO 都不是财大气粗的主，筹来的善款经不住撒；更重要的是基于 NGO 的扶贫理念。2000 年土豆种子播下的时候，村民们也开始播下了自强自立的希望。此时，吃饱饭的人已经在酝酿着一个更浩大的工程——修路。因为丰收的土豆逼得人们必须为土豆，也为自己找一条出路。

2. "我们修了一条让乡长亮瞎眼的路"

波多罗村距离拉市海坝区 20 多公里，其中山路 19 公里。村民背着土豆下山换大米，天不亮出门，天黑了才回到家。撤点并校后，孩子们上学要步行三四个小时。村民进行住房改造也是问题，老村长刘文坤说，过去建不了房就是因为瓦片运不上来。他家里盖房子到山下买瓦片，等骡马驮来已经碎了一多半。山区的"贫"往往是因为"困"，"困"成了发展瓶颈，打开这个瓶颈，就可以沟通市场，获得发展的信息，便利地参与到更广大世界中来，村庄发展就有了更开阔的道路。

在没有公路的时代，山上山下的社区都各自靠山吃山、靠水吃水，没多大分别。但当经济快速发展之后，没有路的社区就成了被效率路线边缘化的村庄，连福利式扶贫都少有他们的份。

2000 年在波多罗村寨进行参与式需求评估时，村民们优先提出的愿望就是修一条公路。而且，这一年丰产的土豆已经没有办法像以往产量很低时，靠人背马驮就能销售出去了。因为不通公路，每户人家十几吨的土豆只能烂在地里。修路，被迅速提上了议程。但这种想法很快遭到了质疑，一些人认为修路会为拉市海上游山区的森林盗伐提供便利，进一步破坏拉市海流域的森林资源。"绿色流域"与村民讨论后认为，彝族村庄长期处于边缘化位置，自然条件加剧了他们的边缘化。因此，不能以生态保护为道德压力来限制原住民的社区发展。而修路能让他们在经济和信息上都不再被边缘，让他们参与到流域治理的决策中心来。彝族村寨为防备可能出现的森林盗伐，修订村规民约并拿到乡政府和村委会进行盖章公证；同时每个村寨选出两位护林员，由全体村民每户一年出 10 斤大米作为护林员报酬，全村各家各户轮流担任护林员，接受全体村民的共同监督。

彝族山区路很艰险，修公路非常不容易。村里开了几次会，大家都认为大锅饭没有效率，承包到户对老弱家庭困难较大，有违彝族传统的互助精神。最后大家决定，根据路段难易程度定桩，每家 100 米任务，自己可以选择与其他家合作，劳力弱人家由劳力强的人家帮忙，并可以从项目中得到少量补助。外出打工的人家则需要出一定劳务费作为补贴。这样既解决了效率和公平问题，又延续了村庄传统的互助精神。

上山的路很险，要通往五个社，怎么修？村民提了两个路线方案，一个方案要花几十万，另一个只需要十几万。"绿色流域"召集大家坐下来一起商讨修路计划。路是我们自己的路，要当作自己的事情来做。村民们选择了比较省钱的方案，"绿色流域"向乐施会申请一部分资金，余下的资金由村民向政府争取。

但筹款并不顺利，最初"绿色流域"向乐施会提出修路的资金申请时，乐施会并未应允。他们认为修路本应是政府该承担的公共责任，基金会拿着捐款人的钱投入基础设施建设并不合适。但"绿色流域"努力向资助方说明这条路对于拉市海上游彝族村民的意义。最终从乐施会申请到五万元经费。不足部分怎么办？彝族村民自己去筹。他们通过政府里的彝族头人向县扶贫办争取了几万块钱，一共凑了 15 万，再请县公路局以扶贫方式帮助做了路线测绘。项目款主要用来买水泥管、炸药管以及补贴村民不多的伙食，并且给每两户发一套炮杆、炮钎和两把十字镐。

虽然每户彝族人家只承包了 100 米的修路任务，但这 100 米是悬崖峭壁上的 100 米。当时修这条路没有任何机械，当这些简陋的工具呈现在村民面前时，倒让人们想起了伟大的成昆铁路建设史，陡然间一股战天斗地的精神迅速感染了每一个参与者。修路期间，"绿色流域"的项目人员去到现场参与劳动，结果发现没有一个人手上是完好的，都是血泡。很难想象那些几吨、几十吨的石头如何被挖起来运走，成为坚实的路基。虽然这条路按路段分给了每户，但实际操作中必须几个家庭一起合作，炸山取石、夯实路基、修复斜坡，几户人家每天也只是几米的速度。

可是，路修到彝族三社的时候就没有经费了，有人劝老村长，"车路没法修到波多罗，那里太陡了，很危险，修条马道到垭口算了"。老村长不甘心，坚持路一定要修到家门口。连续两个冬天后，当连通深山里五个彝族村寨的23公里山路挖通时，村里召开了热热闹闹的庆功会，还请来了市、县、乡的领导们。乡长简直不敢相信，彝族村民居然靠自己的力量成功修好了这条险路。

到了土豆成熟的季节，拖拉机把一车车土豆拉下山，再把瓦片一车车运上来。2000年参与式评估时，村民们一直期盼的建瓦房的愿望终于实现了，安全的人畜饮水设施也修好了，汩汩山泉随着自来水管道流到自家家门口。彝族村民们很自豪地说："我们自己修了23公里的路，摘掉了别人给我们的帽子——'有钱只会喝酒'"。这条神奇的盘山公路改变了山区彝族的生活，村民们也在修路过程中逐步学习和践行参与决策和自我管理的方式，并在反贫困的道路上修复着破损的生态环境。如今，从拉市海边遥望高高的彝族山区，波多罗方向的山峰更加郁郁葱葱。

如果说，2000年的种子改良计划让彝族村民摆脱了饥饿，看到了日子还可以过下去。那么，这条让乡长亮瞎眼的路即将照亮夜晚的彝寨。

过去彝族村民驱除黑暗就是靠火塘和松明，公路修通的第二年，山上建起了德国政府援助的小型光伏电站。那一年德国政府提供的太阳能援助项目在中国选点时，考察了解到彝族山区参与式发展的理念不仅保护了山林，也对整个流域提供了生态服务，还对拉市海国际湿地做出了贡献，决定把云南两个援助项目点中的一个指定给了拉市海上游的彝族村寨。

光伏电站就在波多罗小路边上，支撑着山区彝族的全部生活用电。2007年5月23日，德国总统霍斯特·科勒及夫人到访丽江，专程到波多罗参观了中德发展合作的太阳能项目，并到农户家中详细了解光伏电站供电情况，还详细询问了老百姓通电后的生活。科勒总统及夫人很高兴地发现，一座小型的太阳能电站就能保障山区数个村庄的照明和小型家电使用，能够有效地改善中国贫困山区的能源状况。

参与式评估仅仅两年之后，人们便惊讶地发现，原来大白纸上的东西真的可以变为现实！

（二）妇女发展——变革社区治理制度

当年参加参与式评估的人依然记得这样一个场景，工作员与村民代表挨家挨户召集村民来参加 PRA 与 SCP 评估时，来到一户人家的院落，村民代表用彝族话问了一句"家里有人吗？去老村长家开会"，屋里一个女人用彝族话回应了一句"家里没人"。而后，这位村民代表也习惯性用汉语翻译给工作员，说："这家没人。"工作员很好奇，明明有人在说话，怎么会没人呢？这位村民代表解释说："家里的大事小情都是男人说了算。"

1. 妇女：从"家里没人"到"家里我能做主"

中国最早的现代公益组织是妇女公益组织，1995 年在北京召开的第四次世界妇女大会将性别视角带入所有发展领域，性别平等也成为发展工作必须考量的重要指标因素，甚至一些大的公益组织和基金会有专门的性别项目官员。

性别也是"绿色流域"开展减贫工作的一个重要考量因素。早在"绿色流域"成立之前，创始人于晓刚就与志同道合者成立了一家名为"丽江民族文化与性别研究会"的公益组织，致力于地方性知识经验的梳理和性别平等建设。而在拉市海参与式流域管理项目中，上游彝族山区妇女的参与和改变，即将触发原有彝族社区制度的变革。

为了响应 2000 年参与式评估时村民的发展需求，也为了增强妇女在社区发展中的地位，2002 年乐施会为拉市海项目投入 12 万元作为社区发展基金，为拉市乡部分村庄脱贫和发展提供信贷和储蓄服务（妇女小额信贷项目）。借款用于保护生态环境的生产性活动，以及增强妇女在家庭中的经济地位，贷款限制性的要求是家庭人均年收入低于 500 元以及粮食产量低于 300 公斤的妇女。放款时间从 2002 年 1 月 11 日开始，利率 9.6%，半年期，每家 400 元，每个月还 50 元，到 6 月份全部还完，共 450 元。50 元利息算是自己家的存款，第二期可贷 800 元，如果还款顺利的话，第三期可以再贷 1200 元。

为加强与地方政府的合作，妇女小额信贷项目由拉市海市乡妇联统一管理，出于资金安全的考虑，乡妇联担心太穷的人家到期还不了款，于是除了山区的 8 个彝族村庄，还选择了拉市海市坝区一个中等生活水平的村庄。波多罗是所有村庄里最边远、最贫困的一个，最初乡妇联并不打算把钱放给波多罗，而"绿色流域"坚持将波多罗列入名单，认为小额信贷的意义就在于帮助那些最贫困的人，让他们从力所能及的事情开始逐步改变生活。小额信贷的出发点是雪中送炭，而不是锦上添花。

贷款发放之前，"绿色流域"请来了菲律宾小额信贷专家为村民做培训，讲解什么是贷款、资金如何管理以及建立良好信誉的重要性等。妇女们每五户组成一个小组，互相帮助和监督。那时买羊很便宜，若山上的草长得好，每半年就有小羊出生，两三只母羊一年就能生五六只小羊。如今村里的山羊很多都是那一年买的母羊的后代。杨春花就是用第一期贷款的 400 元钱买了一只母羊，这只母羊当年就生下了一只小羊。她用第二期贷款的 800 元钱又买了一头母猪，这只母猪当年下了七只小猪，那时一只小猪可以卖八九十元钱。一年里她家的生活变化非常显著。

半年过去，第一批贷款到期了。作为小额信贷的会计，波多罗的小学教师刘正伟核对着账本一家一户清点，23 户人家全部还清了贷款。实际上，不论是种植业还是养殖业，贷款的周转时间都过于紧张了。养母羊、母猪肯定是赚钱的，但都需要时间，小猪要四五个月才能卖，小羊也要养两年以上才卖得出好价钱。那时候大家基本都不是用贷款赢利来还款，而是靠别的钱来周转，如找菌子、打小工、挖土豆、帮人挖大蒜等。但不管怎样，波多罗妇女们全部还清了自己的贷款。

第一期贷款结算时，山上 8 个彝族村庄都没出问题，但是山下的村庄反而有很多人家没有还贷，据说是由于山下村民们把这个钱当扶贫救济款了。虽然第二期贷款在山上彝族村庄依然顺利贷出，但是这个贷款项目整体上开始蒙上了阴影。半年以后，第二期贷款又到期了，波多罗 23 户人家依然是百分之百全额还清，但由于山下村庄的贷款依然收不回来，其他村民们有了"榜样"，越来越多的人家开始赖账了。这种局面是所有扶贫工作者的"噩梦"：一部分人欠贷不还，就剥夺了另一部分人重建生活的希望。虽然拉市乡政府将这些人家告上经济法庭，但是前面的钱追不回来，后面贷款就难以为继了。

"赖账"并非中国乡村固有的传统，这是中国反贫困进程中一直面临的现实挑战，直到今天依然有不少人批判说，扶贫的副产品造成了贫困人群的依赖、等待、越扶越懒、越扶集体道德水平越低等负面后果。在某种程度上不得不承认，传统的施钱施物的扶贫方式确实加剧了这种状态。因此，扶贫机构也应加强自我反思——带入社区的每一个行动将会对社区未来产生何种影响？是给村庄带去钱和因钱产生的困惑，还是从精神上焕发村庄自强自立的脊梁？

波多罗是一个传统村庄，虽然有人能力强一些，有人弱一些，但自古以来借贷都关乎主人家的脸面和信誉，老百姓对此非常在乎。欠债还钱天经地义，而且大家都明白，这钱是善款，是借给大家改变生活的。项目前期培训也起到了至关重要的作用。老村长说："人家这样帮助我们，我们是要讲信用的。"家族之间密切的关系也让这种信誉维护处于互相监督之下。同类社会资本其他村庄一样拥有，只是在于扶贫机构如何去重新激发村庄内部正能量，让这种能量去影响生活重建的各个方面。

妇女小额贷款项目虽然只开展了一年，但影响却是深远的和持续的。彝族传统观念重男轻女，男人一直支配着家里的经济收入，女人很少管钱，且活动半径都局限在村庄周围。小额信贷让妇女们学会了简单的财务记账方法，计划着使用信贷资金，还培养了良好的存款和还款习惯。村里的男人们总是说："波多罗的妇女翻身就是从 2002 年开始的！"养羊让她们手中有了钱，在家里说话的底气也足了。刚开始的时候，男人们觉得有些奇怪，慢慢地变得有些"生气"了，有时一起聊天时会说："以前家里都是我说了算，现在媳妇会提反对意见了。你再跟她辩，她说这家我也能做主。以后这日子还怎么过？"其实，好日子还在后边，因为一个让妇女超越家庭、参与社区事务决策的计划即将破壳而出。

2. 妇女夜校，让妇女参与社区事务决策

2003 年冬天，全村 20 多名妇女挤在火塘边，共同讨论成立妇女夜校的事情。她们商量了上课地点、讨论如何给老师报酬、如何打分，甚至一起商量了教学内容。妇女们希望在夜校能学科技、普通话、种药材、种花椒树和海棠树，还想学烹调……总之，什么都想学。她们为自己和家庭设计着各种充满想象的美好未来。

项目启动之初，山上彝族老百姓基本上不会讲普通话，尤其是妇女。大多数成年人没上过学。老村长刘文坤说，她们到城里找厕所都分不清男女，带孩子看病也不会写名字，分不清科室。波多罗妇女夜校于 2003 年 12 月正式开学了。夜校借用村小学校舍，白天孩子上课，晚上妇女上课，一周五个晚上，每晚三个小时，周六唱歌，周日休息。原本还担心妇女们因太累会提出减少课时，但出人意料的是，她们都很乐意来学习。山上什么设备都没有，黑板是从山下纳西村背上来的。波多罗小学教师刘正伟、李大君、阿六叔担当夜校老师，大家一起商量教学内容，编写课程计划。妇女们还根据自己期望，提出想学的内容，课程每两个月会规划一次。夜校的作用不仅仅是教妇女们读书识字，还向她们传递发展的理念、社区参与的方法、保护森林的学问等，甚至把 2000 年参与式农村评估的内容都编进了教材。每一个参加过夜校的人不仅学到了生态保护理念，而且掌握了有效参与社区事务的理念和方法。

夜校开办一年后，妇女们不仅能够进行基本的普通话交流，会写自己的名字和家庭地址，认识简单的汉字和进行简单计算，而且在对事物的看法和见解方面开始超越男人。村子最明显的改变是以前村里事都是男人们开会商量，女人们是不能参加的；而现在妇女们不仅和男人们一起开会，并且谁说的有道理大家就会听谁的。慢慢地，妇女夜校中也就多了一些男人。

2008 年以后，波多罗妇女夜校逐渐完成了扫盲的使命，夜校驻地逐步转向为村庄的议事中心。它是村里的生态旅游接待中心，也是村里进行各类培训的课堂，更是波多罗的公共事务中心，村里几乎所有公共活动和决策都在这里进行。

（三）防灾减灾——巩固生态修复与减贫成果

经过多年的努力修复，波多罗慢慢走出了以资源换生存的恶性循环。随着生态的修复和社区自我发展能力的提升，自 2008 年开始，波多罗村已经开始逐渐探索出一条种植、养殖和生态旅游多元生计并存的发展新道路。但是，如何在极其脆弱的环境里守护来之不易的成果？这是乐施会与"绿色流域"在项目进程中不断提出的问题。任何一场灾害都可能摧毁一年的生计或者多年辛劳积累的财产，一把火也有可能让多年的生态修复成果化为灰烬。因此，减贫发展的过程中要有灾害管理的理念，其中包括认识人类与生存环境之间的关系以及明白人在大自然中的位置。

2008 年 2 月，彝族山区遭遇了多年不遇的大雪灾，牲畜被冻死，水管被冻裂，土豆种子被冻伤。祸不单行，雪灾之后紧接着风灾，全村三分之一的房屋瓦片被掀落，大树被吹倒。乐施会、"绿色流域"、丽江慈善总会等发起了对拉市海流域上游彝族山区的总体救助，包括向灾民提供新一代脱毒土豆种，帮助他们恢复农业生产；提供饲草籽种，帮助他们恢复畜牧业生产；提供钢管，恢复人畜饮水系统；提供瓦片、石灰，帮助他们修复受损房屋；提供棉被，帮助他们过冬。

这场灾害让"绿色流域"和波多罗村民认识到，贫困不只是因缺乏机会，还有可能因缺乏风险抵御能力而返贫。而在基础设施日益完备、生态逐渐修复、多元生计并举的拉市海上游彝族山区，自然灾害无疑是最大的风险。因此，当年紧急救灾结束之后，"绿色流域"深刻意识到生态脆弱地区发展工作中必须纳入防灾减灾内容，以更稳固地保证社区发展的基础。随后，"绿色流域"向乐施会和南都基金会申请资金，在拉市海流域的彝族社区进行全面灾害管理培训，制定社区参与式灾害管理规划。

在以往的观念中，救灾总是在灾害发生之后，投入大量资金是为了灾后重建。然而，灾害本是可以预防和管理的，大灾并不必定意味着大难，如果预防管理有序，就可以适度减少损失。参与式社区灾害管理是国际上先进的防灾减灾方法，强调以社区为主导，通过一系列预防措施，减少灾害隐患，增强社区灾害抵抗能力，将灾害损失降至最低。无疑，这种理念比灾难发生后再去重建能更有效地减少生命和财产损失。

2008年年底，一场参与式社区防灾培训在拉市海上游彝族山区展开。同样延续2000年PRA和SCP的基本方法，彝族村民们分成小组，画出自己村庄的社区图，包括山脉、河流、道路、田地和森林；画出村庄建筑物及基础设施分布，详细标出每户人家的住处，然后把历史上发生过的灾害标示在社区图上，如哪里发生过泥石流，哪里发生过洪灾、雪灾、风灾、滑坡和泥石流，哪些地区是高风险区域，未来有哪些灾害隐患，等等。老人们记得，哪年哪里发生过水灾，羊被冲走了多少只等。通过老人的讲述，全村人渐渐走进了自己家乡的灾害历史，把这些讲述记录下来，就共同编写出了村庄灾害大事记。许多自然灾害的发生都有周期性规律，了解过往灾害发生的时间，就可以推测它们可能再次发生的时间和严重程度，村民们更实在地感受到了防灾减灾的紧迫性。就这样，全体参与培训的村民一步步将时间和空间整合到社区图上，在这共同回忆的过程中，当地传统知识也被激活与唤醒了。

发生过的灾害被逐一罗列出来之后，村民们再来分析可能产生的损失和影响，并按照严重程度对这些灾害进行排序，提出需要优先管理的灾害隐患。例如大家认为排在第一位的风险应是地震，减少损失的方法是增强房屋抗震性能；防止风灾吹走瓦片的方法是将瓦片盖成实瓦；为防止羊被冻死，就要改变一年四季的放养习惯，要改造羊圈，还要种植和储备饲料帮助牲畜安全过冬。许多灾害发生或加重是源于自然环境遭到破坏，保护森林、种植防风林可以有效减少洪灾和泥石流。村民们还群策群力，提出很多传统应对方法，如预防低温可以在土豆种子下面垫松毛、在上面盖地膜保温等。

培训结束后，一份社区灾害管理规划在村民充分参与中被制定出来。波多罗设立了防灾小组，组员各负其责。刘正伟担任组长和信息收集员，刘正权担任灾害巡查员，刘正林担任物资保障员，沙伏花担任医疗救助员，刘正武和陆秀英担任转移安置员和协调员。村里建立了灾害预警系统，发生了灾害老百姓也知道该向哪个部门报告，并寻求救助。村里还配备了高音喇叭和六部对讲机，以备手机没有信号时使用，还配备了一台发电机防止光伏电站出问题。村里还请来丽江消防队演练地震逃生，如果再有地震发生，人们不至于像1996年那样慌乱地从外面往屋子里跑。各家在房前屋后种了防风树，选择了四季不落叶树种。项目资助了每家饲草草籽，饲草长得很快，可以自己留种，收获之后晒干收藏，下大雪时就不用到纳西村庄买玉米秆或米糠了。这是最成功的项目之一，效果一直保持到现在。四个新修蓄水池也在近几年连续干旱的困境下，保证了全村人畜饮水没有受到太大影响。"绿色流域"还申请了专门资金，帮助每户加固了房屋抗震结构，替换了防风防雪的实瓦，改善了家庭供水管保暖措施，还制作了《彝族社区灾害管理手册》发到每户人家。

2013年春天，拉市海流域上游山区遭遇了一次大范围森林火灾，考验着培训后的防灾小组。一个冬天都没下雪，风干物燥，山下村民到水源林抓鸟，烧火做饭时引发了山火。看着远处浓烟冒起，刘正伟第一时间电话通知村委会和乡政府，再用高音喇叭通知村民上山救火，并赶到光伏电站拉了闸。防灾小组迅速动员起来，大家各负其责，男人们提水灭火，女人们打下手或准备送饭。天黑了，山火还没有被完全扑灭，刘正伟安排了村民轮流放哨。第二天，波多罗山火刚被扑灭，对面阿则雄吉古山又烧起来了。那天风特别大，火从金沙江边烧上来，情况紧急，防灾小组赶紧组织村民们和大火比赛，抢在大火烧到村子之前砍出来一条1000多米的防火隔离带，把大火隔离在村子两边山林之外。最后，大火终于止步于波多罗村的防火带。

这场山火影响到两个乡镇，山火被扑灭后，当地政府在总结此次救灾经验时，认为波多罗是救灾做得最好的一个村庄。波多罗防灾小组的骨干们总结说："原因就是我们培训过，灾害来了知道该怎么做。而且我们当时组织得很好，大家都在最前线。"后来当地政府授予波多罗防灾小组组长刘正伟"优秀共产党员"称号，以示对他们有序救灾的奖励。

过去无论是政府还是村民都认为，灾害管理规划应该是政府的事情，但彝族社区的实践证明，老百姓也有能力做好自己家乡的灾害管理规划。他们是受灾的主体，也应该是防灾减灾和灾后重建的行动主体。只有他们的主体性建立起来了，他们才能真正有效管理灾害。拉市海彝族山区灾害管理培训结束不久就发生了汶川特大地震，"绿色流域"迅速响应，一个多月里驱车数千公里，为四川、甘肃和陕西受地震影响社区和 NGO 做了多场培训，将彝族山区村民灾害管理经验贡献于其他社区和机构。2012 年，波多罗被民政部命名为"中国防灾减灾示范社区"。

三 波多罗的启示

（一） 生态减贫，一套涵盖社会发展各领域的"组合拳"

从 1998 年第一次来到波多罗，"绿色流域"陪伴着这个小山村已经走过整整二十年。这二十年的变化翻天覆地，当年大白纸上的理想图景逐一得到呈现。生态修复了，肚子吃饱了，房子盖起来了，存折里有钱了，可人们内心的变化是难以用数字和线条来表达的，因为它已经超越了物质的层面。

如何理解环保与减贫的意义，老村长刘文坤曾这样说："森林保护下来了，我们山上一年四季有不同的风景，空气是新鲜的，水是甜的，食物是生态的。再好好地种药材，养好牛羊，供孩子读好书，家人平安和睦，不病不痛。这就是我们的幸福。"伴随着生态的修复和社区资源管理能力的增强，山里人开始享受大自然对他们的馈赠——地里有药材，圈里有鸡猪，夏天摘菌子，秋天采薪柴，在宽阔的集体草场上放牧，光伏电站一年不到 100 块钱就解决了全家生活用电。经济改善固然是扶贫的目的，但不是衡量村庄进步的唯一指标。这些自然资源的可持续使用与村民们生生不息的生活和绵延不绝的文化交织在一起，形成了波多罗社区独特的自然资源管理和使用制度，形成了经受过考验的防灾减灾措施，形成了没有特权的社区共决议事制度。现在有 31 户人家的波多罗村庄保护了两万多亩山林以及黑熊、猕猴等野生动物，减少了滑坡和泥石流发生的概率，森林得到休养生息，拉市海上游的生态系统被牢牢护住。

环保与扶贫从来都不是技术问题，甚至也不是钱的问题，而是人改变的问题。在总结这么多年历程的时候，现任波多罗村村长的刘正伟说："项目教会了我们如何做一个纯粹的人。我们的项目资金每一笔都是公开的，项目进程全村家家户户都了解。有的村庄扶贫项目越多越不团结，人心越散，就是因为村民不能把项目当作自己的事情来做，有些村庄甚至还有领导人暗箱操作。而我们从在大白纸上画画的那天起，就已经知道改变开始了。"

继老村长刘文坤之后，以刘正伟为代表的一批中年人（还有刘雁这样优秀的年轻人）成长为带头的核心力量。由他们组成的流域管理小组、生态旅游合作社、灾害管理小组和妇女小组，领导着村民们按自己的意愿决定村子如何发展，用自己的制度来管理和开发自然资源。二十年来，每一个项目都在全村参与的基础上设计、实施、监督和评估，所有项目信息都是公开透明的，包括项目规划与进程、资金使用与分配，这使得每个村民都了解项目，了解自己的权利和义务，享有项目带来的利益，成为参与的受益者。当以正确的方法建立起合适的制度时，也就有效避免了村庄分化，村民们参与到公共资源管理中，共同探索村庄的发展。

波多罗的反贫实践让人思索中国生态减贫的着力点和意义应该在哪里？反贫困的目标是什么？保护与发展——在台面上是两个华丽光鲜但又貌似相互矛盾的词汇，但在这个小山村，它是努力、是进步、是参与、是不甘、是不惧、是不盲从，是把鱼和熊掌全部拿下的果敢，是在环境修复中享有生态资源的权利，是一套涵盖社会发展各领域的"组合拳"，也是公平与效率相平衡的致富路。

这个曾经被遗忘的村庄给予了民间环保组织一个空间、一次进行社会理想图景实践的机会。二十年前，地方政府对彝族山区生态修复与减贫项目持怀疑和不信任的态度。一路走来到今天，当地政府的态度也渐渐转变为接受、关注并开始为村庄提供积极帮助。转变的过程虽然有些漫长，意义却极为重要，它标示着长期习惯大包大揽的地方政府逐渐认识到基层社区自我发展的价值，认识到 NGO 在扶贫和推动贫困乡村自我发展中的作用。

有人曾问波多罗村寨的村民：项目给波多罗带来了什么？他们并没有说收入增加了多少，而是说了颇有诗意的一句话——"就像打开了一道门，让我们看见了一条路"。

"绿色流域"创始人于晓刚说："我们强调给村民能力建设，这种能力能够激发他们内心的力量。当内心的价值观释放出来以后，就有一种自我发展的精神。这种发展是内源式的，动力来自他们的内心。在项目支持逐渐撤出的过程中，波多罗村民已经能够独立管理项目，讨论自己村庄的发展计划，有社区决策能力；他们也有了经济持续发展的基础和能力，种植、养殖、外出打工、生态旅游，种种方式都可以选择，都可以去实现自己的幸福。"

2013 年 11 月底，波多罗村人声鼎沸，国务院扶贫办中国国际扶贫中心黄承伟博士与云南省扶贫办、丽江市扶贫办、玉龙县扶贫办和乡镇干部一行专程考察波多罗的减贫实践。看着波多罗郁郁葱葱的森林、湛蓝的天空，呼吸着带有松萝味的清新空气，望着依山而建的房屋和家家户户房前屋后的防风林、整齐的小院、干净的卫生间和太阳能热水器，波多罗村令这些常年奔波于大大小小贫困村的"老扶贫人"感慨良多。

就在以前的妇女夜校小院子里，扶贫干部们热烈地讨论着波多罗的启示，他们从波多罗小村庄看到了对其他类似村子发展的借鉴意义。县里的干部总结说，波多罗减贫的基础建立在外部援助和内生动力的良好结合，发挥了村民主体性。来访干部根据波多罗减贫推进路径总结说，这是物质资本、人力资本和社会资本有序投入的过程。从贫困山区发展模式角度，还可以将波多罗实践看作反迁移发展的有益探索。在当前城镇化快速发展背景下，对于广大边远贫困社区，波多罗实践表明，迁移并不是解决贫困问题的唯一途径。保护并合理利用现有生态资源，发展种植业为主、生态旅游和养殖业为辅的多元生计，也可以实现脱贫，进而致富和实现可持续发展。作为偏远、生态脆弱、贫困、山区等多重因素叠加的发展实践，波多罗的经验应该跟更多类似社区分享，甚至应该考虑跟其他发展中国家进行反贫困经验交流，这也是中国对世界减贫经验的贡献。

（二）以社区为基础的环境保护与发展

2015 年，云南省大众流域管理研究与推广中心凭借拉市海参与式流域管理项目在环保、扶贫及应对气候变化方面的贡献，获得 2015 年联合国开发计划署（UNDP）颁发的"赤道奖"。在 2016 年的北京颁奖仪式上，联合国开发计划署驻华代表何佩德说道："今天我们特别关注社区组织，因为社区层面的社会、经济和环境可持续发展是切实可见的，社区也为我们提供了许多可持续发展的成功范例，既推进了可持续发展，又有利于抗击气候变化。"

此时，拉市海参与式流域管理项目的坝区项目已经结项。经过多年的努力，拉市海湿地环境得到了保护，渔业资源得到了恢复，越冬水鸟越来越多，存在了三十多年的上下游间的农田灌溉矛盾得到了解决，当年的泥石流沟也恢复了郁郁葱葱的景色，成了人们骑马旅游的目的地。2017 年，丽江市政府对拉市海的生态补偿试点工作也终于落地实施。而"绿色流域"针对上游彝族山区森林保护与可持续生计项目，也随着模式的成熟化和彝族社区自我发展能力的提升，开始弱化自己在其中的角色。

在这个山区生态减贫计划实施过程中，村民们走到了前台。他们不再是被动的环境受害者和救济接受者，而是实践生态减贫的行动者和决策者。尤其重要的是，村民们再一次意识到资源权属的重要性。虽然在砍树的年代他们就与乡政府订过一个地界协议，但那是为了保障自己砍树的权利，今天的权属是为了保证自然资源成为村庄长远发展的基础。波多罗村从 2000 年 PRA 开始，就在村民中建立了保护公共资源的意识，村民都明白资源与生存利益之间的密切关系。二十年来，他们经历了开发商的利诱，经历了搬迁扶贫的动荡，却始终没有放弃山林和土地。如今，他们改善了交通、住房、教育和健康条件，家家户户前有庭院后有牧场，土地有产出，厩中有牛羊，还以美丽的牧场和森林作为旅游资源开展村庄生态旅游业，他们依然拥有传承自先祖的宁静环境和清新空气。这是始自 20 世纪末，民间组织与村民一同进行的环境与发展的行动研究，是一种全新意义的参与式发展。它超越了一般意义上的扶贫行动的原因，主要在于其积极鼓励老百姓参与到公共资源的管理中来，让他们获得公共资源管理和受益的权力，并在自我管理中获得不断发展。

乐施会中国项目部总监廖洪涛博士经历了波多罗项目全过程。他感慨道："乐施会这么多年在这个村子投入的资金并不多。我们更注重陪伴村民及合作伙伴，耐心地找到问题，耐心地发现解决方法，还要耐心地一步步实施。在这个过程中，我们主要是提供平台、扩展机会，撑出一个空间让合作伙伴施展，让村民自身活力得到成长和释放。因为我们相信，只有社区自己的动力和活力被激发出来，能力才能得到成长。无论是面对政府支援还是外部机构支持，村民都具备了辨识能力和对接能力，这才是村子实现可持续发展的关键。"2013年年底，乐施会评估后认为，这个村庄已经基本具备了自力发展的能力，开始有计划地撤出该项目。

（三）前路与挑战

外来者总是要离开的。早在通路通电的那几年，每到年底要做来年规划的时候，老村长刘文坤总是说："现在路有了，电也有了，你们为我们做了很多了，今后要靠我们自己了"。而今，现任村长刘正伟也说："我们有信心团结起来改变自己的生活。"自力更生，这无疑是一种理想的状态。波多罗毕竟与二十年前不一样的，一切都在变化。

2016年，随着老村长、刘雁这些中坚力量的离去，新一代的社区带头人面临着新的挑战，诸多的已经出现或正在显现的问题需要他们直接面对，包括此前就一直存在的难题。例如，如何实现民间自治组织和政府管理体制的顺畅对接，共同回应村庄发展需求，继续多年来的参与式的发展模式，是波多罗发展过程中时不时面临的挑战。又如护林员制度自2000年制定以来，森林保护和资源意识在村民脑海中已根深蒂固。从2012年开始，乡政府却突然把护林工作直接布置给村社长，乡政府给予其现金补贴。村民们不满了："现在已经没有人去砍树了，他每年倒还可以有几千块钱补贴，这不是吃了我们的功劳嘛。"政府支持护林工作，体现了政府生态保护工作意识的进一步细致化，但由于缺乏对民间自治模式和方法的尊重与吸纳，这种直接任命的工作方式却也挑战了村庄已经建立起的、行之有效的自然资源保护制度。未来，波多罗村民公共资源保护意识、公平的共同发展等理念和行动，是否会因护林员补贴而被慢慢侵蚀？此外，公平和效率的平衡如何解决、生态旅游如何应对商业化旅游的挑战等，也是波多罗村民需要思考的问题。

总之，对于这个小山村，前面还有很长的路要走。也许他们面对的问题不会比二十年前一穷二白的时候更简单。但是，通过这二十年的实践与学习，他们多了些不同选择，并学会了甄别得失。他们也还将守护这片美丽的山峦，在中国西南山地祖先绵延的崇山峻岭中，以自己的辛勤努力换来幸福和富裕，继续书写自己在这个时代的发展故事。

一条乡村振兴的路：培育农民合作社

——山西省永济市蒲韩乡村发展经验

梁少雄[*]

一　黄河边的蒲韩乡村

山西永济蒲韩乡村以农民合作社为组织载体，兼顾经济、社会、文化等多目标的综合发展，开创了"乡村综合发展"的治理经验。这里的农民自发组织起来，探索出了一条重构农村生产生活秩序的可持续发展之路，将农村的自主发展和文化价值自信真真切切地摆在了我们面前。在实施乡村振兴战略的新时代背景下，蒲韩乡村二十年的发展经验值得我们深入学习和持续观察。

（一）蒲韩乡村名称的由来

山西永济市蒲韩乡村是一个由农民自发组织的规模较大的"乡村合作组织"。2004 年注册时名称为"永济市蒲州镇农民协会"，当地农民则称之为"寨子协会"。2007 年国家出台《中华人民共和国农民专业合作社法》，"寨子协会"顺应形势发展变更名称为"永济市蒲州镇果品协会"，并注册 28 个农民专业合作社。2012 年政策鼓励成立联合社，"寨子农协"便在永济市工

＊　梁少雄，男，中国人民大学乡村建设中心人才计划第六期学员，梁漱溟乡村建设中心青年培养部主管，2015 年起参与山西永济蒲韩乡村的工作，与蒲韩乡村合作发起蒲韩新青年绿色公社。

商局和农经局注册为"永济市蒲韩种植专业合作联合社""永济市蒲韩养殖专业合作联合社"，对外统称为"联合社"，称其服务的农民为"社员"，社员总数占两个乡镇人口的68%左右。由于合作社的社员分别来自蒲州、韩阳两个乡镇的43个自然村（其中24个行政村，韩阳镇与蒲州镇各12个行政村），加上联合社也无法涵盖协会开展的公共服务事业，因此创始人郑冰就起名为"蒲韩乡村"，工作人员对外也习惯用"蒲韩"来介绍组织。

　　蒲韩乡村坐落于山西省永济市，东靠中条山，西邻母亲河，地处晋、陕、豫"黄河金三角"地带——中华民族发祥的核心区域。黄河大铁牛、普救寺、鹳雀楼、万固寺等历史遗迹都位于此地，杨贵妃、王维、柳宗元、马远、杨博等历史名人也生于此。

　　蒲韩乡村地理条件优越。这里

图5-1　合作社创始人郑冰

图5-2　蒲韩乡村的地理条件

土壤肥沃，气温适宜，农作物比邻近地区早熟 7~15 天。由于是黄河滩地，本地村民的户均土地面积达 15 亩。这里种植杏、桃、柿子、苹果、梨、核桃、枣、香椿、小麦、油菜、芦笋、药材等四十余种农作物。

（二）蒲韩乡村的结构

蒲韩乡村的团队起源于低成本的"夫妻店"，经过 20 年探索，如今已成长为一个服务内容涉及合作金融、统购统销、城乡互动、儿童教育、社区养老、传统手工艺等的综合性农民合作组织。

蒲韩乡村目前有 113 名全职工作人员，服务 3865 户农村社员、8127 户城市消费社员，有 5 个注册单位，即永济市蒲韩种植（养殖）专业合作联合社（以下简称"联合社"）、永济市农民技术培训学校（以下简称"学校"）、永济市蒲州镇果品协会（以下简称"协会"）、"永青蒲韩永济消费店"和"永青蒲韩运城消费店"（以下简称"消费店"）。这 5 个单位共同组成蒲韩乡村决策机构——理事会，理事会有 35 名理事，为了及时准确地做出决策，设有常务理事会，由 11 名理事组成。在农村社员中，每 5 户结成一个小组，选出一位代表，共计 773 位代表。此外，按照合作社法关于合作社组织模式的规范形成了监事会及理事会。

这 5 个注册单位及其主要业务如下。

联合社： 成立于 2012 年 9 月，在永济市工商局注册。主要进行经济业务，为社员提供农资统购、农产品统销、日用品统购、资金互助四项服务。现有专职工作人员 38 人，办公地点在蒲州镇寨子村如意巷。

学校： 成立于 2006 年，次年正式在永济市教育局注册。坚持"不学不教、不静不教、不通不止"的理念，对联合社、协会、学校、消费店工作人员和社员进行能力建设与技术培训，同时接待参访学习的外部团体。设有 9 个班级，分别是干事班、辅导员班、技术大课、田间技术课、生命礼仪班、心灵手巧班、不倒翁班、小小家长学堂、互动学习班。课程是根据日常生活和工作中遇到的问题而设置的，大家共同讨论，总结经验。

协会： 原名为"永济市蒲州镇农民协会"，于 2004 年注册成立，2007 年更名为"永济市蒲州镇果品协会"。主要进行公共服务，为社员提供土壤转化、儿童家长教育、手工艺传承、不倒翁学堂四项服务。

消费店： 永济消费店、运城消费店都成立于 2014 年 3 月，现有员工 29

名，其中辅导员 27 名，干事 2 名。通过在城市社区组织针对老人、儿童、青年人等的活动与城市社员建立稳定的信任关系，将蒲韩乡村 3865 户社员所生产的健康农产品与城市社员对接，让城市社员吃上健康安全的农产品。同时举办生产社员与消费社员交流互动的活动，让双方在互动中了解彼此的生活，建立更加信任互助的关系，重构人与人之间的信任。

蒲韩乡村的结构如图 5 - 3 所示。

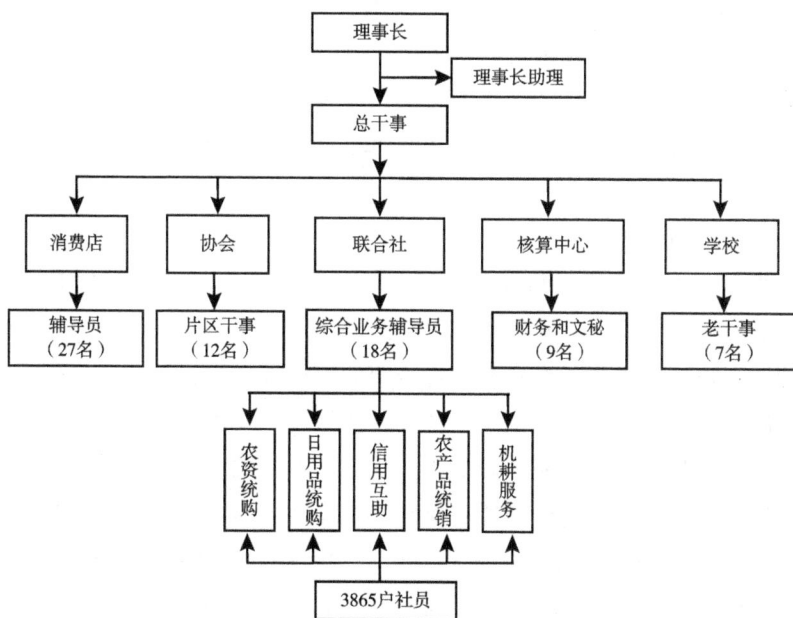

图 5 - 3　蒲韩乡村的结构

二　蒲韩乡村的成长历程和工作内容

蒲韩乡村二十年的发展路径，为我们展示了合作社产生、合作社之间联合的发展路径。在城市化与工业化的大背景下，让农民组织起来是困难的，而通过"服务经济"低成本地解决农民生产生活中的真实需求更是难上加难。但蒲韩乡村已经探索了众多经验，这就是其对社会的贡献。

郑冰说自己走了很多弯路，但恰是这些弯路让如今的蒲韩乡村坚持以"服务、教育、再服务"为宗旨，以"真实生活品质提升第一，经济互助第二"为理念，作为家乡的主人，扎扎实实地摸索着乡村综合发展之道。

（一）蒲韩乡村的初建阶段

1. 农资销售中的技术培训

1997年，郑冰的丈夫谢福政在黄河滩开了一家农资销售店（以下简称农资店），当时身为小学老师的郑冰在闲暇时间经常到农资店帮忙。有一天，一位村民来店里买化肥，两亩半的芦笋，他要买800元的化肥。郑冰告诉他，买300元的化肥就够了，买多了会浪费。这位村民急了："你卖化肥的还嫌我买得多?"他从兜里掏出800元，说"我有现钱，不赊你的账!"他受不了郑冰的"教育"，气呼呼地走了。这件事情让郑冰意识到农民缺乏科学使用化肥的知识。

1998年，有一个供货商联系郑冰，说从省里某高校请到两位专家到村里为村民做关于农药、化肥使用知识方面的讲座，郑冰欣然答应了。但在筹备过程中，郑冰发现供货商只想打着培训的旗号推销化肥，达到多盈利的目的。郑冰和供货商商量是否可以多讲些农业知识，少做广告，供货商认为花钱请老师就是为了推销产品，对郑冰的建议不予采纳。性子倔强的郑冰决定自己花钱请老师专门讲授科学使用化肥等农业技术知识。由于事先群众发动工作做得比较充分，培训当天来了400多位村民。不料这次培训效果特别好，到中午吃饭时村民们仍听得津津有味，他们在黄河滩上凛冽的寒风中，从上午9点一直听到下午5点。培训结束以后，村民们纷纷表达了想继续参加培训的愿望，从而推动了农资店加入技术培训的服务。

起初，举办培训的费用由农资店支付，每次请专家要花一千多元，这些花费加起来也是一笔不小的开支，对此郑冰两口子有不同的意见。但举办了几次培训后，农资店的名声也在附近的村子传开了，村民们知道这家农资店有个自己掏腰包给大家办农业知识讲座的人，于是也都到这里来买东西。结果，1999年的生意非常好，以前每年能卖掉100吨化肥，而这一年卖了1300吨，农资店挣了6万多元。于是，农业技术培训慢慢地固定下来，并且随着农资店分店在附近村庄的开设，培训点也扩展到那些村庄，逐渐形成以6个分店、80户技术培训联系户为纽带的"科教兴农互联网"。每个分店配一间小教室，与当地农业局长期合作，给农民做技术培训。从1999年到

2000 年共组织有关果树、芦笋、玉米、棉花、养鱼等免费技术培训 12 场，培训人数达到 5000 人次。

当时政府对农药经营的控制很严格，这类店的登记注册比较困难。2000年郑冰夫妇将农资店的登记由个人转为"集体"，性质转为"全民"，原有农资店资产作价 9 万元作为这个"集体所有企业"中的不分配固定公益股，挂靠在农业局下属的果桑服务公司下，取得了农药经营执照。在后续的发展中，农资的统购和销售既是与社员的生产紧密连接的桥梁，又是农资店占比较大的经济业务之一，承担了蒲韩乡村形成组织所需的初始成本。同时，郑冰夫妇通过农资销售中的技术培训与蒲韩乡村众多农户产生的连接，使得农资销售区别于一般的个体店经营模式，为后续形成组织打下了基础。

2. 遭遇追债、车祸——意识到农民观念改变的重要性

2001 年，当地芦笋的市场收购价格滑入低谷，种植户收益严重下降，客观上导致农资店上一年度赊给参加技术培训的农民的 13 万元农资款无法收回，这使得农资店的资金运转遇到了困难。为了找到更好的致富路径，一些村民提出养鸡，并与市里一家公司合作，采取"龙头企业＋农户""产销一体"的运作模式。村民没有足够的资金，然而农资销售网络的成功让郑冰积累了比较好的信用，于是郑冰便为 30 个养鸡户担保，从信用社获得每户 5000 元的贷款。然而不幸的是，这个项目最终以失败告终，郑冰甚至面临被起诉到法院的境地。为此，郑冰与家人发生了争吵，一气之下便离家出走。没想到在市里却遭遇了车祸，她被车撞倒在路旁的小摊上，溅出的开水将她的身体烫伤，她住进了市里的烧伤医院。这个时候，她一个人躺在病床上，不停地想为什么局面会变成这样。痛定思痛之后，她回家了，决定要面对这场灾难。她对上门要钱的人说："只要我人在，肯定不会欠你们一分钱，如果老百姓真的不还，给我三到五年时间，我都会还给你们。"起诉方请的律师一看这人态度还挺好的，所以就不追着要钱了，这给了郑冰一个喘息的机会。

这场遭遇让郑冰了解到这样的事实：欠款农民中只有少部分人确实是因为贫困而还不起贷款，相当大的一部分人是因为产生了"别人不还为啥自己还"的不平衡心理。郑冰意识到单打独斗在农村根本没出路，必须将农民联合起来；也意识到诚信的重要性，如果农民之间没有相互信任，一遇到困难马上就变成一盘散沙。

3. 通过组织妇女跳舞发现妇女骨干

伤好之后，郑冰到武汉的妹妹家住了几天。在武汉，她看到很多人整整齐齐地在广场上跳舞，郑冰便问妹妹这是谁组织的，妹妹说是大家自发组织的。郑冰想没人组织都跳得这么整齐，而且天天早上准时到准时离开，农村人也应该像城里人一样跳舞。2001 年 7 月的一天，郑冰在自己家里和几个要好的妇女一边看电视一边聊天，一位妇女突发感慨："你看人家城里女人活得多潇洒，坐在办公室里打电话，一下班就跳舞，咱们村里女人除了围着灶台转，就是拉扯些东家长西家短的破事，活得真没意思。"郑冰问："如果真让你们跳舞，你们跳不跳？"没想到几个姐妹异口同声："咋不跳哩？你要能请来老师教咱们，咱们一起跳。"说干就干，郑冰请市妇联帮忙，邀请一位幼儿园的舞蹈老师教大家跳舞。基于养鸡事件的反思，郑冰一开始就进行有意识的组织意识训练。她组织的 24 个人分成 4 个小组，选出了 6 个带头人，后来成为骨干的李金绒和牛淑琴就是其中的两个。一开始，在众目睽睽之下，大家扭扭捏捏，跳不起来。村里有人说风凉话，有人甚至称她们为"女流氓"。一下午，大家一个动作都没学会，因为看热闹的人很多。晚上开会时，几个小组长说不干了，觉得村里人笑话她们。郑冰鼓励大家说："我们扭个健身秧歌，怎么成流氓了！一定要坚持跳下去，要靠行动打掉那些愚昧的思想。"

在郑冰的鼓励下，几位骨干想尽办法动员村民学跳舞。起初好多妇女觉得不好意思，就在院子里跳，熟练了才到巷道里跳，最后到村庄公共空间去跳。没过多久，参加的人就越来越多，寨子村的妇女除了年纪比较大的，连说风凉话的人都加入进来了。村庄舆论也发生了很大的变化，一位围观的外村人说："这些女的没有白活。"

受之前建立农业技术培训网络的启发，郑冰觉得要带动其他村子的人跳舞，因此让妇女骨干们两三人一组，包片区在蒲州、韩阳两个镇教妇女跳舞。即便冬天下着大雪，大家仍然徒步到各自负责的片区教跳舞，有时回到家天都黑了，但大家毫无怨言，还编出了各种顺口溜形容那时的场景。

鞋磨烂，嘴磨破。看的多，跳的少。一人在前教，一人往里推……

总之，她们采取各种办法、技巧，用平和的心态和真诚的坚持换来了村民们的参与。这种简单易学、便于大众参与的文化活动，使得原本沉寂的村庄热闹起来。村民们空闲时也开始走出自家的院子，聚到一起。在这个过程中，村民之间的联系渐渐加强。妇女们在休息的时候经常会聊各家的家务，一些婆媳关系不好、经常吵架的人就会被大家拿出来议论。而有些婆媳关系好的人，往往会参加跳舞活动，她们自然会得到大家的积极评价。时间久了，议论的话题延伸到家庭生活和社区事务的方方面面，结果跳舞收到了意想不到的效果：缓和了家庭矛盾，改善了家庭关系。

2003年正月十五，为了让跳舞的妇女们到市里展现风采，经过争取，郑冰组织了1000多个妇女在永济大街上跳舞。尽管她们的舞蹈被安排在了节目的最后，但表演的时候整整齐齐，令全场惊叹。

渐渐地，一批骨干从跳舞队中浮现了出来，她们不仅得到了初步锻炼，而且彼此间的协作日益加强，集体行动力也初步体现出来。此外，由于跳舞创造了一种公共聚会谈事的空间，一种良性的社区关系和舆论氛围也开始慢慢形成。

4. 形式多样的学习活动——促进了骨干思想觉悟的提升

跳舞时间久了，人们的热情也逐渐下降了，大家聚在一起商议着应该做点别的事情。于是，郑冰就把参加跳舞的人按照居住的巷道分成9个小组（寨子村的村民居住区共分为3个小组、9条巷道），每个小组选一个组长组织本巷道的人来跳舞。每天晚上各个小组比赛，对大家评出的优秀组成员给予小小的奖励。

一次比赛却引发了"跳舞事件"，有两个组觉得评判不公，相互不服，渐渐开始互相议论，产生了矛盾。针对这件事情，郑冰和几位骨干讨论了很久，觉得应该做一点让大家懂道理、长见识的事情。一天她们从电视里看到大学生辩论赛，于是便产生了一个想法：把一些道理变成话题，让大家展开辩论。经过商量，大家选取了与每个人息息相关的一些事情作为题目，比如婆媳关系不好，是婆婆责任大还是媳妇责任大？是生男好还是生女好？妇女是要融入市场经济大潮还是做贤妻良母？刚开始辩论的时候，大家吵得不可开交，越吵越觉得自己知识水平不够了。看到电视里大学生们辩论时滔滔不绝，而轮到自己时有道理却说不出口。于是，妇女们又开始商议如何组织起来学习，提高知识水平。几位积极分子还把自家的屋子腾出来免费给大家当学习教室。

参加学习的妇女分成几个小组，每天晚上干完家里活便集中到一起读书、讨论。最初讨论的话题从天下大事到身边琐事，十分宽泛。经过不断总结经验，课程变得越来越规范，形成了几项常规的内容：家庭教育讨论、政策法规学习、生产技术交流等。为了使学习氛围活泼，她们还设计了一些趣味活动，比如讲笑话和猜谜语等。

永济市委书记听说有农民自发组织学习，有天傍晚带着四套班子来到寨子村。学习场所在马路边的房间，晚上房间亮着灯，人多声音大，他们很容易就找到了，结果一看，大家真是在学习，大为吃惊。市委书记说"我们都没有好好学习，你们农民真学习啊"，表示今后会给大家一些资金支持。这件事情让大家很兴奋，大家也受到很大的鼓舞。郑冰开始思考他们能做哪些和经济有关的事情。

5. 参与村庄基础建设——证明了组织的行动力

郑冰说："回过头看，妇女跳舞绝对是一个凝聚人的好方法，又是发现人才的好方法。"随着跳舞、学习活动的推进，郑冰发起的以妇女为主体的组织实际已初具雏形。在永济市妇联的指导下，组织名称从最初的"妇女俱乐部"改换为"妇女文化活动中心"，最后又改为"妇女协会"。大家的心气也越来越足，觉得应该做点什么事情来展现学习的效果。就在此时，一个新的机遇出现了。因为寨子村的妇女文化活动已经获得了当地妇联的关注和认可，2003年年底郑冰被市妇联推荐到北京参加《农家女》杂志社举办的研修班。她在班上结识了一批从事乡村发展工作的实践者，首次有了社区建设的概念，并了解到全国许多其他乡村的实践经验。2004年《农家女》杂志社的谢丽华老师来寨子村参观交流，临走时说："郑冰，你们的妇女活动搞得很不错，但村里的环境卫生太差了。"这句话让郑冰下了改变村里环境卫生的决心，于是组织妇女骨干讨论，大家觉得不能什么都靠政府，自己要行动起来。由于跳舞和学习活动已经培育起来的行动能力，她们很快便以居住的7个巷道为单位，每个巷道推举出4位有公益心的代表，由这28位代表组成寨子村村建理事会。

村建理事会成立后，头等大事就是整治社区的道路。为了充分发动村民们参与，村建理事会印了传单并挨家挨户宣传，向大家说明修路的好处，动员大家共同参与。她们动员了绝大多数村民参与修路，每家分片包干，负责自家门前的路，而入村出村的路口由村建理事和一些热心文化活动的骨干来共同完成。修路的基本费用支出则由村建理事会筹集，郑冰个人也凑了一部分。路修好后，大家士气高涨，便一鼓作气又在村子前面的荒地上平整出了一个篮球场。

历届村两委都没有解决的令所有村民都感到头疼的问题，就这样被这个由妇女组织起来的村建理事会解决了，而且花费加起来才3万多元钱，前后花了70多天的时间。当她们听到别的村修路花了14万多元后，更加为自己感到自豪。

路修好后，村建理事会继续着手整治村里的卫生。为了解决垃圾随处倒放的问题，她们发动老年人组建了一支义务卫生监督队，对乱倒垃圾的行为进行监督，取得了很好的效果。

此前，寨子村的妇女文化活动早已经扩散到附近的数十个村庄，而这次的村庄整治取得的成果更让其他村的村民羡慕，许多村民提出想更多地参与寨子村村建理事会的活动。这对村建理事会来说是件好事，但也面临着一个问题：如果活动涉及这么多村庄，以寨子村村建理事会的名义开展活动就不合适了；而且跳舞以外的其他活动也有很多男性加入，再称"妇女协会"也不合适了。于是，妇女文化活动中的积极分子以及先前农资服务网络中的老骨干们凑在一起商议，最后决定以原来的农资购销网络和妇女活动网络中有稳定联系的农户为基础，组建一个综合性的协会。2004年6月7日，在市领导的支持下，"永济市蒲州镇农民协会"顺利注册成立。

至此，在农资购销和妇女文化活动基础上成立的这个合法的组织实体，使日后工作的开展更加顺利。

（二）蒲韩乡村的发展阶段

蒲韩乡村从起步到组织妇女跳舞再到发动村民清理垃圾等，这些活动调动了骨干们的积极性，也让他们看到了村民的热情和动能。在"发展经济是硬道理"的思路影响下，蒲韩团队也琢磨怎么能发展经济，于是在2005年先后成立了四个经济合作组织：红娘手工艺小组、千亩生态园、涂料厂和手工蒸馍坊，尝试乡村经济发展的路子。结果，除了红娘手工艺小组之外，其余三个都失败了，这成为蒲韩乡村发展历程中的一次重大经验教训。

成立红娘手工艺小组也是妇女们跳舞"跳出来"的想法。村里很多老人有剪纸的手艺，妇女骨干就组织了一场剪纸比赛，来参观的年轻人目不转睛，特别喜欢。妇女骨干想着怎样才能把喜欢剪纸的年轻人组织起来，于是就在村里挑选了7个人去学手工艺。过去，村里很多人都织土布，这些织布的手艺只有老人家才有。如果年轻人不学，将来这些传统的技术都会失传。

因此，成立的 7 人小组上门拜访老人们，请他们讲述染线、浆线、煮线的过程。有的老人什么小物件都会做，有的老人天空飞过一只鸟也能将它画下来。她们真切地感受到村里能人很多，要倍加珍惜。小组成立不到几个月，成员就增加到 27 个人。就这样，手工艺兴趣小组慢慢发育起来了。

当年冬季，郑冰前往北京参加公益组织学习交流时带回了第一个订单，这个兴趣小组真正开始了手工艺品加工的合作尝试，开始接订单，并逐渐吸引了附近一些村庄的妇女加入进来。2005 年年底时，逐渐形成了纺织组、织布组、缝纫组、绣花组等 4 个小组，共有 200 户社员入股，在对内部制度加以规范和完善后，手工艺加工项目逐渐发展为红娘手工艺合作社。但后来也因为种种因素而很难持续。

千亩生态园建设的想法，起源于一次外出考察。2005 年，协会组织原来寨子村村建理事会的 5 名骨干先后考察了南街村和成都郊区的生态农业示范点。回村后经过讨论，大家决定借鉴南街村土地集中的方式和成都生态农业的经验，开展一个经济发展项目，即千亩生态园建设项目。千亩生态园采取以土地入股的方式，全村绝大部分农户都参与了入股，一共集中了 870 亩土地来建生态园。生态园建好后分为三个小组，分别采取两种模式管理：两个小组采取集中管理，组织入股的农户参与劳动生产；另一个小组由原来的农户管理。生态园及园中的道路桥梁都按照生态旅游的形式设计，并先后组织人员前往几个高校选树苗，2006 年便开始基础设施建设及栽种树木。

但问题很快就暴露出来：一是土地集中起来后管理难度太大，一开始大家积极、有热情，后来就越来越懒散，只等着分红，而不真正地花精力去打理土地；二是当初签订的合同上约定三年见效益后分红，但村民当年就想分红；三是基础设施建设投入太大，后续资金不足。加之，新建的生态园要吸引消费群体，而开拓产品市场也需要周期，短期内很难收效。这一系列的矛盾和困难又引起了主要负责人之间的矛盾，渐渐地许多人开始对这种合作的模式产生怀疑。

2007 年下半年，生态园项目实在难以维持了，经过反复的讨论，最后决定将土地分给个人，协会只负责技术和市场。从那以后，协会便确立了一个原则，即农民的土地绝对不能动，不能合并。协会骨干们不断从教训中吸取经验，不断摸索让农民组织起来一起发展的路径。

涂料厂和手工蒸馍坊也是两个期望挣钱的经济项目。2005 年，涂料厂采取会员入股的方式，每股 300 元，但对单户入股总量进行限制，防止大户控股。同时，为了体现社区公益性，对村里的智障者、残疾人、特困户每户赠送一股，资金由协会出。虽然这个项目起初引起了很多争议，但最终还是开展了。涂料厂上马后，经营过程中的种种问题暴露出来，一直没有盈利，最后不得不关门。手工蒸馍坊的尝试过程与涂料厂类似，也是采取入股的方式，虽然技术简单，但销路并不好。再加上工厂化生产后，劳动力成本开始显露，与不计劳动成本的家庭小作坊相比毫无优势可言。于是，该项目上马后很快便以失败告终。

2008 年，上述的经济项目几乎全都失败了，连续的挫败促使郑冰带领的团队开始做深刻的自我反思和批评。① 他们认识到，在管理上光有热情不够，管理合作社和管理企业有很大相似性，必须要有一定的硬性管理规定。而不同的是，在熟人社会中人情也至关重要。因此硬性规定和人情之间的把握度非常考验一个人的水平。那时候，合作社的骨干力量都是从跳舞和各种活动中脱颖而出的中老年人，大家都没有企业管理的相关知识和经验，觉得引进一些年轻、有学问的人很重要。另外，合作社一成立就引导大家本着"经济"目标去了，集中精力去搞经济，在 2004 年到 2007 年几乎停了所有社区活动，结果经济没搞好，人也散了。郑冰说，将发展经济定为第一目标是有问题的，反倒是之前开展的技术培训、妇女活动等能把人凝聚起来。郑冰认识到，在农村做事情，应该把关注农民的生活放在第一位，而不是把经济放在第一位；而且农村的事得慢慢地做，绝对不能急，快速发展一定会带来问题。

（三）蒲韩乡村的十年规划

每次挫败的经验都成了蒲韩乡村发展的动力和自我学习的素材。深刻的教训让郑冰认识到蒲韩乡村的发展必须将经济发展和公共服务、文化活动结合起来，"两条腿走路"。为了可持续性地发展，必须要建立一支年轻、有思想、有能力、适合现代农村发展形势的团队。

2008 年郑冰带领大家大胆地做了十年规划，期望将蒲韩乡村打造成一个村庄整体风貌和村民整体素质综合发展的第一村。规划提出了组织发展的

---

① 这段参考了"人民食品主权"的报道。

宗旨——"服务、教育、再服务",并将十年规划分为三个阶段,每个阶段都有具体的发展目标。

依据十年规划,蒲韩乡村的社区综合治理将在 2009—2018 年完成。郑冰认为未来十年至少要经历以下几个发展阶段。

1. 第一阶段（2009—2012 年）

该阶段侧重于社会公共服务和经济合作组织的相互促进和共同发展。这两部分应该相辅相成、有效促进。没有公共服务,根本不可能有直接的经济合作组织;没有公共服务的支撑,经济合作组织也会很快消失。在此期间要完成以下六件事。

（1）社区农民文化活动持续开展的制度化建设。十年规划中 12 个板块的文化活动是蒲韩乡村未来发展的一个重要特色。它们有别于文化大院、城市、文工团里的那些冷冰冰的、远离生活的文化活动,必将带着山西农村特有的文化底蕴、浓郁的本土人文气息走到人们的生活中来。

（2）总结社区农民学校培养人才的教学方法。社区农民学校在不同的阶段有不同的培训方法和内容,总结农民培训课程和方法,在此基础上不断完善和提高,为更多农村社区培养人才提供经验。

（3）推动红娘手工艺产业的规范运行。社区成员自己种棉花、自己纺线织布,探讨手工艺产业的规范化运作机制。

（4）建立 3 万亩有机农业的组织体系。目前的 43 个村有 8 万亩土地,3000 多名会员有 3 万多亩土地,把这 3 万多亩土地有效地组织起来,朝着有机农业的方向发展。

（5）乡村资金互助启动。社员入股合作社,通过内部互助机制无抵押地解决资金需求。

（6）在整个社区普及健康家园环保理念。从村民每天都要用的厕所入手,把它规划得像城里的卫生间一样干净,3800 个会员家的厕所三年内全部改造,从厕所卫生环境开始推广生态环保理念。

2. 第二阶段（2013—2015 年）

该阶段侧重点是通过有效管理促进社区各个项目步入快速发展期。

（1）生态农副产品的生产加工与消费市场的有效合作。在第一阶段的社区发展基础之上,农副产品与消费市场有效结合的有机农业一定能发展起来。

（2）将社区老人、妇女、儿童三位一体的服务理念应用于实践，主要任务是做到老年公寓与社区服务相结合，妇女、儿童教育与社区生产发展相结合。

（3）环保与节能一并推行。主要任务是垃圾分类处理、生态厕所改造、污水有效防治、社区能源充分利用。

3. 第三阶段（2016—2018 年）

该阶段社区内部的良性循环体系与政府、市场有效结合，完成社区的三大目标。

（1）社区居民人人有稳定增长的经济收入。

（2）社区居民人人有积极向上的学习能力。

（3）社区环境回归自然，环保、节能。

从以上发展规划可以看出，蒲韩乡村希望用十年时间打造中国综合素质第一村。这个目标不应该是一句简单的口号，郑冰要带领大家实实在在做出来。

（四）蒲韩乡村的创新发展

1. 吸引大批青年人返乡参加乡村建设

十年的规划，关键要由人来做，而且农村的事情越做越多。但团队的核心成员几乎都是跳舞和搞环境卫生历练出来的中老年人，没有年轻人。很多年轻人选择离开农村，让他们回归乡村重要但却困难重重。

怎样才能吸引年轻人回到村子？郑冰又开始动用熟悉的、屡试不爽的方法，从自己身边的亲人和熟人做起，即先从骨干开始，让他们想办法把自己的子女往回引。社区的第一批年轻工作人员都是核心骨干的子女，第二批是骨干成员子女的同学、朋友。另外，辅导员每个月都要入户，对社员家里的情况很了解，就动员社员的家人来这里工作。结果团队的年轻人增长很快，113 个全职人员中的 80% 都是 35 岁以下的年轻人，而且团队内部的关系非常丰富，有母女关系、夫妻关系、妯娌关系。这个团队的一个特色就是亲戚关系网。

起初回乡的年轻人和中年人经常发生摩擦，于是郑冰就开始组织周末学习班，试图拉近彼此的距离，让他们相互理解。在不断学习的过程中，郑冰发现最重要的学问还是在家里，母子、母女的关系越好，工作上合作得就越好。因此，建设良好的家庭关系也能促进团队关系，建设家庭关系就成为建设团队关系的重要内容之一。

此外，大多数年轻人都不会干农活，对土地的感情也比较淡。郑冰觉得如果他们不种地，就很难理解农民，更谈不上尊重农民。对农民好，首先要体验做农民的辛苦。郑冰的提议遭到了年轻人的抵触，他们觉得回来也是为了挣一份工资，为什么要种地。但郑冰做事的风格就是，一旦认为这是对的就去做。从 2009 年开始，团队就在黄河滩上弄了 40 亩地，分了三块，七八个人相约去地里锄草，目的是建立和土地的情感。这个过程不仅让年轻人体会到了农民种地的辛苦，收获了对土地的感情，而且加强了年轻人之间的情感。

2007 年《中华人民共和国农民专业合作社法》出台后，蒲韩乡村注册了 28 个专业合作社，郑冰让每个年轻人跟进一个合作社，同时一人种一亩地、一人跟一个村。通过"三个一"来锻炼年轻人，年轻人迅速成长起来。郑冰深知合作社发展的基础是农民的信任，信任来源于与农户的沟通，因此团队只有与农户进行深度沟通，双方才能建立深度的信任关系。因此郑冰规定，年轻人要对 20～150 户农户进行全方位沟通、反复沟通，直到建立信任关系。如不能和这几十户的农户沟通顺畅，就根本谈不上做合作社。这是郑冰团队对年轻人的硬性要求，也是最历练年轻人的地方。有时候，郑冰亲自带着年轻人走村入户示范如何和农户建立关系。如 2013 年郑冰亲自带了 15 个年轻人搞家庭环境卫生，她告诫年轻人：村民要是厉害，你比他还要厉害；如果村民今天不搞家庭卫生，你们就不走，绝对不能客气，否则下次就进不了这个家了。郑冰也利用村庄换届选举的机会来历练年轻人。村庄的选举非常复杂，为了让年轻人看清村庄选举背后复杂的关系，郑冰便让年轻人观察选举过程。通过不断的磨炼和积累，蒲韩乡村的返乡青年越来越多，他们逐渐成为团队的中坚力量。

2. 发展农民互助合作金融

十年规划的实施需要足够的资金保障。郑冰也认识到农民互助合作金融是保障合作社发展的重要基础和保障。其实早在 2002 年，郑冰就已经尝试做农民互助金融的事情。2002 年，为了周转农资店的现金流、从厂家获得优惠，郑冰向村民借款 2 万多元，到年底还了每个村民借款的同时还支付了 3 厘的分红。村民们都不好意思收，但她执意要给，认为那是他们应得的。

2003年，郑冰让农民以每亩土地50元的方式入股，筹集股金11万元，村民不仅得到购买农资的优惠，年底还会有分红。

但这种做法被当地信用社以非法集资为由告到政府。原因是信用社看到农资店每次组织技术培训都有数百人参加，便猜测有很多人在农资店入股，这对信用社的业务构成了竞争。后来此事在地方政府的调解下也不了了之。事后当地主要领导私下对郑冰说"新生事物就要大踏步走"，并建议农资店将入股股金的说法改为预交农资款，也不明说分红等。这件事让蒲韩乡村对金融业务一直保持着十分谨慎的探索态度。有了之前的"风波"，2004年村民以每亩土地50元的方式预交农资款33万元，2005年预交农资款上升到40万元，2006年上升到45万元。

2006年，郑冰结识了从事农村发展项目的"富平学校"。该组织的一个核心业务便是在农村推广小额贷款，双方经过商讨，决定在蒲韩乡村尝试开展小额贷款业务。以项目合作的形式，富平学校向蒲韩乡村提供40万元贷款资金，蒲韩乡村以预付农资款的方式向社员募集40万元作为配比资金。由此，蒲韩乡村正式开始探索农村信用服务，向社员借款的月息为1.5%，年利息收入7.2万元，本息全额还给富平学校。

鉴于第一年的盈利，富平学校于2007年将贷款增加到200万元。郑冰得到这笔贷款后，又以为社员提供赊账的形式将这笔资金的大部分利用农资购销网络"贷"了出去，而结账时按照1.5分/月的利息折算对农资进行加价，成为实际的"还贷"方式。例如，一袋化肥正常价格100元，赊账半年收取109元，赊账一年收取118元。由于已有的农资购销网络以及这种赊销的经营方式已经运作多年，且操作者对大部分农户的了解也比较充分，因此这次小额贷款的尝试成功了。

富平学校看到这种情况后，2008年将资金投放量增加到400万元。对于这么大一笔资金，郑冰十分重视，操作小额贷款也成为蒲韩乡村工作的重中之重。为了确保操作成功，协会几乎动员了所有的力量，除了抽调协会已有的骨干组建专门的小额贷款团队，还动员了其他各个工作板块的骨干义务参与。

小额贷款在当地社区顺利推出的一个客观条件是当地农户旺盛的金融需求和正规金融服务的不足。当地种养殖业发达，经济作物覆盖率高，生产资料的用量大，季节性、短期性的贷款需求很大。协会对所联系的3865户社员进行初步摸底，约有 48% 的农户存在贷款需求，大多数贷款额度在 2 万元左右，总信贷需求规模在 5000 万元左右。正规金融机构由于难以解决与分散农户交易成本过高的问题，不可能满足农户的小额信贷需求。当地农户的生产生活中的紧急开支大都以民间借贷的方式来解决。

2008 年，中国银监会、中国人民银行联合出台的《关于小额贷款公司试点的指导意见》为小额贷款这种操作形式提供了政策依据。在此背景下，富平学校和协会在已成功操作的项目基础上，于 2009 年 5 月在永济市成立了小额贷款公司（下文简称"公司"），注册资金 3000 万元，其中富平学校投资 2100 万元，持股 70%。富平学校派总经理和财务负责人进驻当地，而具体的业务则由协会抽调出的十几名骨干组成的团队来负责，公司与这些骨干签订劳务合同。公司地址设在协会的发源地寨子村，后来由于业务的拓展，分别在临近的两个乡镇设立了分营业所，也招聘了新的信贷员，三个分营业所的工作人员有 30 多名。

公司成立后，各种信贷制度也在具体的操作中不断完善。但随着小额贷款公司业务的增长，商业化公司的逐利倾向与协会服务本地社区的诉求之间的张力逐渐彰显出来。

对于小额贷款公司的商业化操作理念和具体制度设计中的唯利倾向，协会很难认同。因为矛盾无法调和，合同到期后，协会中的骨干整体退出，结束了合作。这次合作让协会学习了做农户小额贷款的完整流程，培养和锻炼了一批骨干，而百分之百的还款率让郑冰看到农民是讲信誉的，也增加了他们挖掘农村本身的资源做金融的信心。为了弥补与富平学校合作终止后农户仍然存在的信贷需求缺口，协会寻求与外界其他方面的合作，最后与施永青基金会达成了合作的意向。

在富平小额贷款公司运作期间，协会的核心骨干都参与其中，协会原有的公共服务没有太多精力顾及。从 2012 年 5 月开始，郑冰将所有业务进行整合，回归社区，为村民的生产生活提供综合性服务。信用服务只是九项服务中的一项，目标不是赚取村民的利息，而是真正解决村民在生产生活中的资金需求问题。

当前蒲韩乡村将信用服务、老人互助养老、生态种养殖和生态建筑四者融为一体，真正将信用服务变为支持社区生态经济发展的杠杆。这即使蒲韩乡村免受外部宏观经济波动产生的风险影响，又促进了社区生态经济和公共服务的良性发展。

3. 开拓城市市场，建立城乡互动的机制

郑冰带领的蒲韩乡村的发展特点之一，就是善于学习并将从学习中吸取的营养变成工作动力和内容。2013年11月，在上海同济大学举办的第五届全国CSA大会上，温铁军教授的讲座给郑冰很大的启发，她回来就开始筹备蒲韩乡村的"城乡互助"工作。当然，郑冰并没有盲目冒进，而是组织骨干成员在运城、永济两个城市做了几个月的调查，发现城市消费者对生态产品的确有很大需求，于是就开始布局蒲韩乡村在这方面的工作。

郑冰要求团队尽可能将外部老师讲的宏观形势与理念转化为自身团队的工作策略与方法，在相关策略与方法的指导下一步一步制定推进工作的原则：

（1）坚持食在当地，食在当季；

（2）坚持以农户为主要生产主体；

（3）生态产品的溢价为30%；

（4）以生态产品的推销为由，将农村形成的各种服务经验传到城市；

（5）消费者不是上帝，需要被教育。

在这五条原则的指导下，团队便有了具体的工作推进计划。

永济和运城各成立了一个消费店，名字叫"米面油菜书茶咖啡"，店内不销售产品，主要用于工作人员办公和城市消费社员喝茶读书及开展各类活动。这一点让外来参观者十分惊讶，因为蒲韩乡村的理念不仅仅是为了在城市销售农产品，郑冰更希望将团队在乡村所形成的为社员提供综合服务的经验能够逐步传到城市，为城市的文化价值创造合作的力量，未来可以在旅游、餐饮、家政、教育等多个领域探索具有本土文化内涵和可持续发展理念的经营方式。

他们将永济市划分为9个片区，由9个辅导员负责，每人负责一个片区，筛选300户城市消费者。在运城市寻找了18个居民小区，由18个辅导员负责，每人负责一个小区，筛选300户城市消费社员。前期通过各种活动，如广场舞、太极拳、儿童手工课、座谈会等形式与消费者建立联系，完善社员家庭档案。郑冰曾严格要求辅导员前期不许使用微信，要把工作做细致，建立城市社员档案。根据与城市社员的熟悉程度，可以分为熟人、熟人介绍、蒲韩社区延伸和完全的陌生人等各类档案，通过对各类档案进行优势与劣势分析，力争对每类城市社员了如指掌，进行分类宣传，对症下药。接下来，就是建设一支为城乡服务的工作队伍。吸取之前带团队的经验和教训，郑冰对蒲韩乡村城市辅导员的工作要求如下。

（1）熟悉并完善各分管片区的综合信息。

（2）熟悉服务种类、服务方法及流程，熟悉作业指导，熟悉基本知识。

（3）构建各片区社员网络。

（4）按团队目标及分解目标制定自己的业务计划和方案。

（5）认真开展各项业务（参与调研，对接服务）。

（6）整理社员的档案信息（包括基本状况、沟通感悟、需求分析、服务方案、回访资料）。

（7）记录工作经历、故事，写日志及总结。

（8）全面、准确、及时地记录并整理社员的反馈信息，提出自己的整改方案。

（9）参与团队的各项建设。

（10）遵守蒲韩乡村的各项制度规范。

（11）积极参加蒲韩乡村组织的各项培训、学习等活动。

对社区工作者来说，社区动员是最难做的事情。但是蒲韩乡村已经积累了丰富的发动村民的经验，这些经验是否对城市社区也有用呢？面对城市社区，他们又开始了探索。

首先，他们进行了简单的前期调研。动员团队成员找熟人，通过熟人了解社区。对没有熟人、完全陌生的小区，通过观察社区购买果蔬米面等食物的地点（超市、菜市场）了解居民的消费水平、消费习惯。或者经常去社区的公共空间走动，找居民聊天混个"脸熟"。同时，他们在社区内组织很多活动，如广场舞、健身操、儿童趣味游戏或手工课程、座谈会等，在活动中始终贯穿蒲韩关于食品等的理念，同时收集可用的信息，逐步建立社员档案。这些方法让城乡连接起来，增加了市民和村民的相互了解与信任，逐渐减弱了城乡隔阂，在市民和村民之间建立了良好的互动关系，同时达到销售农产品的目的。

蒲韩乡村经过三个阶段、二十年的发展，不断从挫折中吸取教训，寻找合适的发展路径，找到了一条经济发展和社会服务综合发展的独特路径——在"自家门口做着改变家乡的事情"。蒲韩乡村走出了一条有效解决农民问题的路径。

（五）蒲韩乡村目前开展的服务工作

蒲韩乡村以"服务、教育、再服务"为宗旨，坚持"真实生活品质提升第一，经济互助第二"的理念，深入社员的生产生活，为社员提供全方位的综合服务，坚持经济服务和公共服务齐头并进、相辅相成、相互促进，由此成为一个独具特色的综合性农民合作组织。

1. 经济服务

（1）农资统购。社员统一购买农资既可以保障质量，又可以优惠价获得。蒲韩乡村为社员提供一年四次的统购服务，社员日常也可到农资店零散购买。鼓励社员科学、有计划地生产，提前预交农资款的社员不仅可以获得3厘的分红，而且购买农资时可在社员价基础上享受更优惠的价格。

蒲韩乡村提供的种子有小麦、玉米、豆类、蔬菜等；农药有石硫合剂、苦参碱等；化肥有氮肥、磷肥、钾肥等多种复合肥（硝酸磷、硝酸磷钾）及冲施肥。所有农资都会根据市场上的变化进行更新。

（2）农产品统销。蒲韩乡村将本社区的大宗农产品直接对接市场进行销售，现金支付，不赊账。如果销售产品所得的收入不急用，也可不领取，按期限入股合作社，并获得相应分红。

土壤改良3年后合格的土地生产的农产品将被统一收购，与城市消费社员进行对接，为城市社员提供健康安全的农产品。

（3）日用品统购。随着农村水路、电网等基础设施的不断完善，农民的家庭消费也不断增长，为了让农民获得物美价廉的各类产品，正确引领社员消费，为社员提供每月一次的日用品统购服务。统购的种类有粮油、日用品等。

（4）资金互助。当前正规的金融机构，如农业银行、建设银行、农村信用社等都很少为农民提供贷款，即便提供也需要抵押，且贷款过程比较复杂。蒲韩乡村可为社员提供生产生活中所需要的2000元~30000元不等的小额资金。提供资金服务不是为了赚取社员利息，而是作为综合服务中的一项内容，做到切实服务社员。

2. 公共服务

（1）农业技术培训。为社员提供技术培训，即可以帮助其科学及时地防治农作物病虫害，保障农作物产量和质量，又可以引导社员合理使用化肥农药，逐步转向生态健康的生产方式。

社员需参加春、夏、秋、冬一年四次（5元/次）的技术大课堂，技术大课堂主题是农作物病虫害防治措施和政策信息。社员选出的180名种庄稼能手需自费参加一年六次十个专业技术班级的系列讲座。

此外，凡是社员均需转化1～5亩土地，采用不使用化肥、农药、除草剂、催熟剂等化学制剂的生态生产方式。土壤转化首先是为了促使社员关心自己家庭的食品安全问题，让他们吃上健康安全的农产品，其次是为了给城市社员提供生态健康的农产品。但更重要的是让社员在一定经济收益基础上热爱养育他们的大自然，保护土壤、水和空气等资源，为全社区孩子的健康成长营造一个安全的环境。

蒲韩乡村会引导社员做堆肥和酵素，也会通过技术培训、座谈会、入户等方式传播科学合理施肥用药的方法和发展有机农业的理念，通过社员统购生态农资逐步实现农业生产的群防、群治。

（2）不倒翁学堂。老人是宝，不是累赘。蒲韩乡村坚持"活到老，学到老，老不服老；我不老，我要老，我助我老"的理念，为村庄75岁以上的老人提供不出村且低成本的养老服务。

在村委的同意下，在老人子女的支持下，一个村庄的12～15位75岁以上的老人就可以聚集在常年在外的农户家里进行不出村的互助养老，而老人的子女们只需要支付每月200元的生活费，也可以用等额实物抵换。这个聚集地不是养老院，而是"不倒翁学堂"。老人们要识字、唱歌、跳舞、练气功、剪纸、绣花、编织、种菜等，同时将自己的经历与技能分享给村里的儿童和年轻人。

（3）儿童家长教育中心。孩子是家长的老师，家长不能以大人自居随便教育孩子，需要在不断观察中了解孩子、陪伴孩子。有什么样的家长就有什么样的孩子。

从2011年开始，蒲韩乡村每年暑假都会组织有上百个孩子参加的夏令营（生活营、手工营、国学营、英语营），让孩子们在大自然中开阔视野、发挥想象力，同时与伙伴和家长有更多的互动与交流。目前，该中心已经在探索3～6岁的混龄孩子在村庄坚持"传统文化、自然教育、科学艺术"三位一体的小班式教学。孩子们在沙坑里变换着各种玩法，在田野里与动植物对话，在农户家里观摩和学习各种手艺，还会徒步于山间4～5小时，农村天然具备的各种教学素材都会成为孩子们的课堂。这一切都在不断探索中，蒲韩乡村希望未来能延伸到初中和高中的儿童、青少年，为他们的全面健康成长营造一个更好的环境。

（4）手工艺传承。乡村的手工艺不仅是文化，而且是在地循环经济的核心。从 2004 年开始，蒲韩乡村就已经发掘社区内剪纸、绣花、纺线、织布等传统手艺，从种植生态棉花到纺线织布再到各种成品销售到香港、加拿大等地，已经摸索出了丰富的经验。

目前，蒲韩乡村已经在筹备和启动豆腐、蒸馍、打铁、木工、酿醋、香油、编织、纺线、织布、绣花、榨油、磨面等十二个手工屋，一方面生产安全健康的农产品，另一方面也可成为城市社员参观以及儿童互动学习的丰富素材。

这个十年规划不是空穴来风，而是在认认真真总结前几年经验、教训的基础之上制定的。从此蒲韩乡村坚持"服务、教育、再服务"的宗旨，踏上了综合性农民合作组织的发展正道。土壤转化、环境卫生治理、老人互助养老、农产品统销、日用品统购、儿童家长教育、传统手工艺……一切社员有需求的事情都在有条不紊地推进和积累，团队也从单个人、几个人跃升到几十人，大家共同建设自己的家园。

三　蒲韩乡村的经验启示与机遇挑战

经过二十年的发展，蒲韩乡村积累了具有浓厚乡土气息的工作理念和经验，成为今天乡村发展的一枝独秀。但蒲韩乡村也不是外界描述的那样，它目前仍然是植根于村民生产生活、不断在挫折中探索发展的一个综合性农民合作组织。

（一）蒲韩乡村的经验和启示

1. 发展理念层面

蒲韩乡村的一些发展理念是值得我们借鉴和学习的。

（1）生活为本。蒲韩乡村的发展理念是"真实生活品质提升第一，经济互助第二"。郑冰认为，发展合作社不是为了赚很多钱，而是为了祖祖辈辈生活在这个地方的百姓过得幸福、有尊严。因此，蒲韩乡村开展的很多工作都是基于百姓的日常生活。

如蒲韩乡村对工作人员的第一要求就是处理好家庭的三大关系（婆媳关系、夫妻关系、子女关系），只有自身将这三大关系处理好了，才有能力为社员服务。工作人员在日常工作中融入了众多教育元素，比如 2013 年开始让每户每月交 2 元钱用于回收垃圾；从 2010 年开始的夏令营即便是在农忙时节，也要求孩子们轮流到各家吃饭，让孩子和家长接近、互动；不倒翁学堂要求子女每月为老人支付 200 元的生活费，每月要给老人进行义务劳动，增加子女与老人之间的互动和理解；手艺品和农产品的加工和销售，首先满足社区内部需要……蒲韩乡村以生活为本的发展历程折射出其回应"人为什么而活"的现实问题，不空洞、不矫情，充满温情与高度，这也就是蒲韩乡村的发展动力。基于这样的认知，蒲韩乡村的发展都是在抓社区生活中的小事，而实践却证明当这些被人们认为不赚钱的小事做得越好的时候，反而促进了经济的收益，使服务和经济良性发展。

（2）入户是农村工作的核心。郑冰曾对工作人员说："谁给你们发工资啊，不是我郑冰，是咱们服务的社员，那就需要大家全面准确地掌握社员的家庭信息，提供最好的服务。而在向社员提供服务的过程中，工作人员一定要有底气、要抬头挺胸，不能低三下四地求着社员参加各项服务。"在她的经验中，入户工作做到位，农村没有解决不了的事情。于是，为了让与她共事十几年的七位老干事全面指导新工作人员的工作，每人就"入户"总结编写 20 节课的内容，每节课 40 分钟，详细介绍为何入户、怎么入户、入户遇到困难怎么处理、入户之后如何开展服务等。"入户"成为蒲韩乡村基于生活而开展的工作。工作是为了改善生活，工作遇到困难和危机就"入户"。"入户"成为蒲韩乡村发展的基础和根本，也是蒲韩乡村经验的"宝藏"。

2. 策略方法层面

（1）综合服务。直接搞生产的农民合作社 95% 以上都会失败，这是温铁军教授 2003 年在河北翟城晏阳初乡村建设学院培训时一直告诫各方朋友的经验。蒲韩乡村在 2005 年完成组织动员之后也因为大家一时的冲动奔向了经济生产，结果以失败告终。之后，蒲韩乡村提出了自己的发展宗旨——"服务、教育、再服务"，以服务经济立足于乡村，进而改变乡村。

起初，蒲韩乡村开展的服务是单线的，如每个工作人员负责一个服务内容，结果一个农户家里连续不断地有不同的工作人员上门服务，有的搞信用服务，有的搞统购统销服务，有的搞老人、儿童服务等。这样既让农户晕头转向，又使工作人员的工作效率比较低。对此，2013 年蒲韩乡村提出了综合服务的概念，郑冰形象地比喻为"进了农户家，一锅端"，即一个村庄或片区的所有业务都由一个负责人完成。结果，工作人员在与农户的频繁交往中拉近了距离，建立了信任感，也提升了开展各项业务的效率，并降低了单项业务开展的风险，提高了农户参与相关业务的概率。

综合服务的开展，有效地遏制了乡村假冒伪劣商品倾销和坑蒙拐骗横行的局面。合作社的综合服务成为保护农民的铜墙铁壁，让农民可以在家门口吃上、用上放心的产品，得到良好的社会服务，进而保证了生活生产的可持续性。

（2）将爱心转化为公共服务。不少搞合作社的人对社区公益的理解都是停留在爱心传送层面。在郑冰看来，只传递爱心是不够的，一定要将爱心转化为持续的公共服务，让社员们参与进来，这才是爱心的真实表达，才能产生一种友爱的社区文化。蒲韩乡村的不倒翁学堂和儿童学堂就是基于这样的理念建立的。提供这些公共服务目的不是赚钱，但是需要自负盈亏。比如，不倒翁学堂在制度设计中，老人子女每月至少来为所有的老人做一顿饭，同时动员社区有爱心的妇女自愿为老人服务。儿童学堂也是如此，孩子们的午饭都是由家长来亲自做。总之，蒲韩坚持一个理念，乡村是大家的家园，大家都应该出力建设。

（3）跨村推进，一村多人。蒲韩乡村服务蒲州、韩阳两个镇的 43 个村的 3865 户社员，一般人听了都很惊讶。为什么要扩展到两个乡镇？这就是郑冰的战略思维。郑冰认为，合作社就是做人的工作，服务范围广了，合作社的经济流量自然就多，而且村与村之间才能平衡，会规避一些风险。

（4）抓小放大。在城市化和工业化的大潮中，大量农村青壮年劳动力外出打工，农村被称为"386199＋250"部队。然而即便如此，乡村的留守群体依旧生活着，特别是在北方农村群聚的环境中，错综复杂的关系依旧存在，人们不是原子状态。所以，农村遍地是可做的事，而蒲韩乡村做事情的节奏并不是在接受了某种理念或外部模式后直接往前推，一切都从日常生活中的小事开始，从社员的需求开始，逐步积累。例如环境卫生治理，郑冰在2013 年让 33 个年轻人每人负责一个村的环境卫生工作，与村民进行不断的沟通，每一个农户一个月须交 2 元垃圾回收费，不可以一次全交。其间有个别村民不配合，也有年轻人在村庄捡垃圾时被讥讽，但通过不断的坚持和沟通，村民逐渐形成了"环境卫生是我们自己的事，不是村干部的事"的观念。村里的环境卫生搞好了，合作社与村民的黏性越来越大。老人的不出村互助养老与 3~6 岁儿童的不出村自然教育类似，起步阶段无论是社区的村民还是基层政府，都很不理解为什么要做这些不赚钱的事情。但对于郑冰来说，只要是有利于村民生产生活的事情，在有条件和基础的时候都可以做，表面上看似不赚钱，但其实是在改变村民的观念和思想认识；同时小事做多了，串起来，那就会形成超强的信誉度，自然就会创造和积累做大事的机遇与条件，也就会促进合作社经济业务的发展。而直奔产业发展等的做法，因为认识、经验、管理和市场能力的欠缺基本都会失败。

（5）攒人不攒钱。蒲韩乡村目前有 113 位工作人员，其中乡村有 18 位综合业务辅导员掌握所有社员的家庭信息，18 位城乡互动辅导员掌握社员的生产信息；城市有 27 位辅导员，掌握城市 8000 余户消费社员的家庭信息。这些辅导员都是年轻的 80 后、90 后，城市消费店的工作目前还处于打基础阶段，辅导员都急于开展业务，郑冰多次告诫大家，先通过各种活动与消费者建立联系，同时提升自己的思想认识，这个阶段不是赚钱的时候。郑冰非常注重对工作人员的培养，对于新招聘的辅导员，她都要亲自带至少一个月，给大家讲述合作社的历史、理念、价值观和工作方法与技巧；每年都会给每位工作人员匹配学习经费，只要外部有学习机会，就让其参加。在她看来，有人才有事，有事就有积累，有积累就会前进，而乡村的事情是永远都做不完的。这个过程也在不断历练团队中的年轻人，使得蒲韩乡村的整体团队是老、中、青相结合的结构，增强了团队的稳定性与创造力。

（6）能租不买，能买不盖。曾有外部老师建议郑冰盖一栋三层楼，用于办公和对外接待，郑冰便说："蒲韩乡村到处是闲置资源，为什么要把活钱变为死钱呢？闲置的房屋租来一装修就变成办公室和活动空间，还会避免扎堆凑热闹，更重要的是会有很多空间来展示我们的工作。农户家里就可接待，有人情味，成本还低。"所以，蒲韩乡村的所有办公空间和业务开展空间都是租用村里闲置的房屋。

3. 组织管理层面

（1）坚持不懈。蒲韩乡村的发展壮大既是偶然，又是必然。偶然是因为其在发展初期并没有制定非常明确的目标，也没有提出明确的计划，而是在内部做事与外部互动中慢慢前进。比如，组织妇女跳舞、组织社员学习、发动社员修路等，就是因为看到身边的事情需要改变，然后就做了。必然是因为在整个发展过程中，一方面国家对农村的发展战略和政策都在不断地提出，另一方面21世纪初民间力量推动的当代中国新乡村建设运动具有广泛的启蒙作用，而发起人郑冰超强的学习和转化能力促成了外部理念与思想在本地的生根发芽，她可以快速地将外部专家、学者对社会形势的分析和对国家政策的解读转化为团队的工作策略和方法。

当然，蒲韩乡村的发展也跌跌撞撞、起伏不定，充满困难和挑战。蒲韩乡村和中国其他乡村一样，都面临着生产要素的外流。只是蒲韩乡村在发展中形成了自我认同的文化价值和以农资销售为基础的经济保障，所以在经历几次大的波折中都没有放弃，特别是郑冰身上的坚韧与正气起到重大作用。而每次经历波折，大家都会在反思中讨论所做的事情该不该做，该做但却失败了，那就调整策略与方法。这个过程不断地磨炼着团队，提升了大家的认识和能力，特别是在发展初期经济比较困难时。在郑冰眼里，这也是蒲韩乡村核心的经验，也是任何一个地方都可以拿去的经验。

正是因为坚持不懈，蒲韩团队才逐步形成服务自信、文化自信、价值自信，才能立足于社区，不亢不卑、不骄不躁。"守护着这片土地，依偎在中条山与黄河的怀抱，享受着春夏秋冬四季分明的自然景色，合唱着农民特有的喜怒哀乐，今生生于此安于此，乐在知足；来世生于斯安于斯，化作泥土魂归大地……"

（2）竞选上岗，季度轮岗。除了辅导员，其他与管理沾边的岗位在蒲韩都要竞选上岗，参加竞选的人都要做竞选演讲，提出自己对工作的理解和相关计划，郑冰也不例外。这也是她一直坚持的一个经验，因为一个人说不清楚就是没想清楚，没想清楚肯定做不清楚。她也说："我们这个团队不是在竞争中尔虞我诈，而是你追我赶，共同前进。自己不仅要认为自己可以干好，而且需要团队成员的认可。"更具有挑战性的是，每一个部门负责人一个季度轮岗一次，这就要求负责人全面掌握蒲韩乡村的业务与未来发展思路，而在这种不断的碰撞中会让管理岗位上的负责人明晰自己的缺点，不断学习，不断进步。郑冰曾经批评老干事时说，"你们丰富的经验不能代替管理，而要管理好，认识跟不上绝对不行，所以要舍得花钱买书看。"

（3）独立空间，自主安排。郑冰说，"蒲韩的管理，一半靠情感，一半靠制度，但不是死板的，得灵活应用。"所有的工作人员，80%的工作时间都是由自己安排，这使得他们在独立思考中学会相互协作。

（4）以开会促进团队建设。蒲韩乡村的会议很多，但会议的内容丰富而鲜活，有讨论工作总结与计划的，也有讨论个人成长与家庭关系的……形式更有趣，每人发表见解、三人一组讨论、分大组讨论、演情景剧……笔者很喜欢参加蒲韩的会议，内容很丰富，如有时会前唱个人的成名曲，或看小短片。而开会客观上是动态管理的体现，可以根据内外部的变化，及时调整工作计划和进度，准确而及时地推进工作，这也就促进了蒲韩乡村的稳定发展。

4. 团队文化层面

（1）自力更生。郑冰一直强调，乡村的事情是村民自己的，等、靠、要的思想要不得，政府只要给发展的政策空间和指导就行，合作社需要真心诚意为社员服务。这样的坚持成为蒲韩的灵魂。因此多年来，蒲韩乡村从没有通过各种手段套用资金，或不好好为群众服务，而是依靠内部的资源和适当的外部帮助来建设乡村。

（2）学习是团队的生命力。蒲韩乡村的工作人员早上学习，下午工作，读书分享、专题讨论、观看视频，各种学习形式都有。在年初的预算中，每位工作人员就有 2000 元的外出学习费用，一旦外面有培训或会议，郑冰就会安排合适的人员外出学习，为此还专门买了一辆 18 座中巴车。有外部的老师来蒲韩乡村参访，那就尽可能地"榨干"他们，不放过任何一个可以学习交流的机会。郑冰曾经说："我们这个团队最大的缺点就是文化水平相对低些，那就要求大家时刻都不忘学习，在这里工作三年要达到研究生的水平。"农民技术培训学校除了培训社员和接待参访者外，日常主要通过集中培训进行工作人员的能力建设，笔者参与的培训最多每周有 5 个班。

（二）蒲韩乡村面临的挑战

当前，在国家提出乡村振兴的战略背景下，蒲韩乡村面临着更好的发展机遇，但也面临着改变其管理模式的挑战。

1. 加强党的领导，与政府相关部门建立良性互动关系

二十年来，蒲韩乡村逐步形成了清晰的发展思路和独特的发展理念，一直坚持自力更生。这种精神令人折服，也是蒲韩乡村的法宝之一。但是，这样的坚持也使得蒲韩乡村缺少了与各级政府的沟通、交流，当地政府也不完全了解蒲韩乡村。

当前，在生态文明与乡村振兴的战略背景下，全社会的聚焦点都在关注乡村的发展，各级政府部门也在探索符合中央战略调整的发展思路，并匹配了大量资源。对于蒲韩乡村来说，所有基于农户生产生活实际需求的综合性探索，完全符合国家的战略要求。所以，蒲韩乡村需要与各级政府主动沟通与交流，获得更大的政策空间，同时在生态产业、教育、医疗、养老等方面也应当争取政府部门的资源支持，在多方参与和共赢中打造生态宜居的蒲韩乡村。这就是摆在蒲韩乡村面前的新挑战。

2. 提升团队管理水平和专业水平

蒲韩乡村在第一个十年发展中用惨痛的教训得出一条经验：合作社只做服务，不搞生产；在第二个十年发展中同样得出一条经验：合作社给社员提供的服务一定是综合服务。这两条经验在蒲韩乡村的组织动员和形成规模发展中起了重要作用。因此，是否能保留综合性的功能，也是蒲韩未来发展面临的挑战。

同时，在第三个十年甚至更长的发展时段中，在乡村振兴的社会大背景下，蒲韩乡村在构建生态生产、市场、教育、医疗等城乡元素相互交融的生产生活服务系统中逐步形成自己的综合竞争力时，必须加强各单项业务能力的提升，增强在市场中的竞争力和谈判能力。同时随着业务的深度拓展，工作人员专业性的要求也摆上了议事日程。面对专业性的要求和日益壮大的团队，管理水平也需要提升，这也是蒲韩乡村未来可持续发展的严峻挑战。

蒲韩乡村的发展正面回应了当前全国农村面临的多重危机：农业化学化和资本化、农民分散化和老龄化、农村生态持续恶化。蒲韩乡村在二十年的发展历程中，通过农民生活合作进行村庄社会的重建；通过农民生产合作进行自我教育，逐步走向可持续发展之道；通过城乡对接推动消费者合作，进行消费者教育，实现城乡互动；通过对社会的改造，吸引了一批年轻人，让农村社会焕发了活力。

蒲韩乡村的实践经验表明，农民蕴含着极大的组织创造力。农民合作社的综合发展本质上就是中国式的社会企业。它拥有一种奇异的创造力和自我修复力，使得这个组织的可支配资源，无论是资产、收入、人才，还是会员以及合作社内外的各类经济、社会组织，都能在不断更新和自我修复中逐渐长大，同时合作社自身的能力也得到训练与提升。在这种农民共同实践的创造过程中，新的意识、新的观念、新的价值、新的伦理、新的制度就迸发出来了。

但这也告诉我们，想要寻找的"三农"现代化的普遍标准不在别国和他人那里，就在农民自己脚下。所以，把目光对准当今中国农村的社会实践，并从中挖掘支撑中国"三农"现代化的新逻辑、新规则甚至新目标，把它们提升到主流地位上，这才是学界和政策界迫切要做、该做的事。

筚路蓝缕　砥砺前行

——青海省玉树州金巴二十年反贫困实践

吴雨桐　杨　静[*]

一　雪域高原的美丽和贫困[①]

（一）玉树的美

一场地震让玉树这个雪域高原上神秘而美丽的地方从此进入人们的视野，让我们知道了金巴慈善会这个服务于雪域高原贫困牧民二十年的藏区民间组织，也有了下面动人美丽的故事。

玉树（又称玉树州）是青海省玉树藏族自治州的简称，位于我国西部青藏高原腹地，海拔 4200 米以上，北与青海省海西蒙古族藏族自治州相连，西北角与新疆的巴音郭楞自治州接壤，东与果洛藏族自治州互通，东南与四川省甘孜藏族自治州毗邻，西南与西藏自治区昌都市和西藏自治区那曲市交

---

[*] 吴雨桐，女，北京市近邻社会工作发展中心工作人员，读研究生期间和毕业之后，一直关注金巴的发展，并兼任金巴驻北京的工作人员。杨静，女，中华女子学院社会工作学院副教授，长期关注农村工作、妇女工作和农转居的社区工作，致力于性别研究和推动实务工作者的行动研究。

[①] 描述藏区贫困状况尤其是 20 世纪 90 年代之前的资料少之又少，因此本章对贫困的一些描述主要来源于扎西会长的口述（详见《筚路蓝缕——金巴二十年公益之路》，印制发行，未正式出版）。

207

界，土地总面积 26.7 万平方公里，占青海省总面积的 37.2%。目前，玉树下辖玉树市和称多、囊谦、杂多、治多、曲麻莱 5 县，首府玉树市结古镇是历史上"唐蕃古道"的重镇，也是青海、四川、西藏交界处的民间贸易集散地。

玉树的自然资源极为丰富，是我国长江、黄河、澜沧江等大江大河的发源地，被称为"三江源"。这里河网密布，水源充裕，是我国淡水资源的重要补给地，素有"江河之源、中华水塔"的美誉。玉树拥有许多圣山名湖，有"名山之宗"之称，矿产资源较多，经过初步探明，全州矿床矿点 200 余处，累计共发现各类矿产 36 种，占全省已发现矿产（125 种）的 28.8%。玉树还有各种珍禽异兽，如藏羚羊、金钱豹、雪豹、棕熊和黑颈鹤等国家级保护动物，是生物种类最丰富、环境地位最重要的自治州。国家设立的三江源自然保护区和可可西里自然保护区覆盖自治州全境，是青藏高原生态安全屏障的重要组成部分，在我国生态文明建设中具有特殊地位。

玉树是一个以牧为主、农牧兼营的地区，千百年来，藏族人都过着游牧的生活，逐水草而居。牦牛是牧民最主要的生活来源，牦牛奶能制成日常所需的奶制品，牦牛肉为牧民提供热量，牦牛毛成为牧民所住的"黑帐篷"，牦牛粪便是最主要的日常生活燃料。此外，耕地也需要牛。

玉树的藏族占据全州人口的 98%，[1] 为全国少数民族人口比例最高的自治州，藏语是当地的主要语言，人们信仰藏传佛教。玉树因地处中原通往西藏唐蕃古道的要冲，是全国藏传佛教寺院最多、教派最齐全的地方，僧人有很高的社会地位。藏民们遵行佛法，相信众生平等，怀有利他之心，崇尚自然，奉山为慈父，敬水为慈母。他们经常朝山朝水朝圣地，供山供水供龙泉，在寺院中闻思佛法，在生活中修行佛法，世世代过着自然生态、天人合一的生活，用虔诚的信仰保护了这块富饶而美丽的地方。

如此美丽的玉树，却又像一座遗世独立的孤岛，即便是"唐蕃古道"和文成公主那美丽动人的故事也没有让人们广泛了解和熟悉这个地方。直到 2010 年 4 月 14 日发生的一场地震，玉树才进入人们的视野。也因为我们参

---

[1] 玉树州统计局：《玉树州 2016 年国民经济和社会发展统计》，http://www.qhtjj.gov.cn/tjData/cityBulletin/201708/t20170802_49767.html，最后访问时间：2018 年 5 月 10 日。

与救灾，才有机会走进这个美丽而神秘的地方，从此与这里的山水和人结缘；也才知道那里不仅有圣山圣水，而且有纯洁的故事。

（二）玉树的穷

玉树的美并没有给老百姓带来富足的生活。由于多种原因，直到 20 世纪 90 年代玉树才对外开放，比内地整整晚了近二十年，与内地经济等方面发展的差距不断拉大，如今这里存在着多维度的贫困状态。

1. 物质贫困

20 世纪 90 年代中期以前的玉树很封闭，州政府财政匮乏，入不敷出。1999 年的统计数据显示，青海省生产总值（GDP）为 239.8 亿元，在全国排 30 名，仅高于西藏。[①]　而同年玉树的财政收入为 25832 万元，其中投入到教育事业的经费为 2956 万元，卫生经费为 1856 万元，分别为总支出的 11.63%、7.30%。[②]如此匮乏的财政根本无力投资建设牧民最需要的道路、学校、医院。

玉树生产结构单一，除了放牧和种植少量的青稞外，牧民几乎没有任何其他收入，生活非常困苦，经常断粮缺水，一年到头买不了一件衣服，一家十几口人常年居住在一顶简陋的牦牛帐篷里。糌粑是藏族人餐桌上必备的食品，但种植青稞的土地较少，如果遇到霜冻、冰雹、雪灾、地震等自然灾害，便颗粒无收。因此，很多家庭常常忍饥挨饿，一年中有几个月甚至要借粮食度日。牦牛是藏民最主要的生活来源，一旦发生雪灾牦牛被冻死，牧民连吃饭都成问题，一夜返贫的现象时常发生，贫困状态难以得到根本的改变。

此外，道路、水利等基础设施极度缺乏，严重影响了农牧民的生命安全和日常生活。人畜过河使用的是简易的铁索桥或者直接蹚过去，人畜死亡事件频繁发生。逐草而居的牧民大部分时间住在高山牧场上，那里缺少供水设施，喝的水是妇女到山脚下的河里背回来的水，来回一趟需要走一两公里的山路，从而加重了妇女的劳动负担。

2. 健康贫困

由于医疗卫生等基础设施投入少，缺医少药情况非常严重，玉树基层医

---

① 国家统计局：http://data.stats.gov.cn/easyquery.htm? cn = E0103，最后访问时间：2018 年 5 月 10 日。

② 青海省玉树藏族自治州统计局编《玉树藏族自治州统计年鉴（1959—1999）》，中国统计出版社，2000 年，第 272 页、第 275 页。

疗卫生体系几乎处于空白状态。牧民对疾病的认识仍然停留在原始的鬼神理论，有了疾病就求神拜佛，轻视治疗，几乎没有最基本的卫生健康保护意识。藏医基本上在寺院生活和服务，一个人生病要走很远的路去找藏医，十分不便，结果小病拖成大病，最后危及生命。尽管近些年来国家对医疗事业的投入力度加大，医疗保障制度不断完善，有效缓解了缺医少药问题，但基层的公共卫生服务供给系统缺少足够的运行经费，健康问题仍然是藏区群众面临的最大问题之一。

3. 教育资源贫困

20 世纪八九十年代，牧民孩子受教育机会少，大部分孩子到了适当的年龄就去放牧，只有个别孩子会被送到就近寺院出家当和尚，接受寺院的教育。1986 年国家颁布实施了《中华人民共和国义务教育法》，但玉树直到 1994 年才有《玉树藏族自治州义务教育条例》。该条例指出，根据当地的实情，实施 3 年到 4 年的义务教育。由此可见其普及教育的情况一般。玉树州政府给每个村拨款 5000～10000 元不等，用于建设一所小学校。因为只有基础设施建设费用，所以每个新建的学校都存在着不同程度的困难。在校学生日常的饭都是从家里带的糌粑，学校里没有燃料，孩子们连热水都喝不上，常常是冰冷的雪水拌着糌粑吃。断粮缺水等问题严重影响了教学秩序的正常进行。学校教室破烂不堪，教室、宿舍、食堂一体，一室三用，缺少桌椅板凳。师资紧缺，老师需要从州或县上调用，有时候老师赶几天路到学校后，学校才开始招生。教材也特别紧缺，教学质量差。另外，牧民长期生活在偏僻的高山上，且居住分散，孩子们需要在家放羊放牛，以帮助父母维持家里的生活，绝大多数父母也没有让孩子接受教育的意识和观念。加上基础设施薄弱，道路不通，信息闭塞，90% 多的孩子没有机会上学，整个地区的文盲率在 95% 以上。即便上了学，学生辍学和流失等问题也相当严重。

从 2001 年起，国家为了优化农村的教育资源和提高教育质量，采取了"撤点并校"的教育改革，这个举措却给居住在偏远牧区孩子们带来了一系列后果。藏民族天人合一的生态观以及文化信仰的传承主要靠家人之间的互动，以往孩子们从五六岁开始就参与放牧生活，文化信仰就在这个过程中逐渐得以传递。而"撤点并校"后，他们从一年级开始就需要住校，大约一个月回一次家，长期生活在较为封闭的学校环境之中，传统习俗和文化、自然保护等知识无法得到传承。由于能够放羊的适龄孩子都进入学校学习，玉树大部分家庭不再养羊，给草原的生态平衡和牧民生活带来了很大的影响。而大部分孩子都只是完成了小学学习或者初中学习就辍学在家，能继续上普通高中、职业高中或者大学的人很少。"教育改变命运"的梦想比较遥远。他们仍旧过着贫困的生活，甚至比起他们的父辈更加贫困，因为他们已经脱离了原有的生活环境，失去了赖以生存的牧业。

4. 现代化带来的新贫困

提到青藏高原，大家脑海里第一印象会是雪山、草原、清澈的水，但是随着改革开放的浪潮，对自然资源的掠夺、非法开矿、过度开采给当地造成了严重的生态破坏，草场不断地退化，逐渐变成了沙漠。同时，塑料袋、矿泉水瓶等的进入，造成了严重的垃圾污染。面对这些原本藏区没有的、现代化所带来的工业化学制品，牧民缺乏现代科学的处理方法。因为在原先的观念和意识中，他们生活所需的一切东西从自然中来，也可以在自然中消解，所以垃圾随处乱扔现象严重，造成水草资源的严重破坏和污染。牧民家的牦牛、羊或野生动物等误食了塑料制品，因不易消化而死。自然生态环境的破坏，进一步缩减牧民赖以生存的草场以及他们生存的空间，加剧了牧民的贫困。

进入 21 世纪，国家不断加大对西部贫困地区的投入，尤其是随着三江源生态保护和西部大开发等政策的出台，对玉树地区的投入也不断增加，玉树地区的道路、医疗卫生、教育等基础设施得到很大的改善。但是青海仍属于贫困大省，玉树州下辖的 5 县中有 4 个县均为国家级贫困县。据统计，2016 年青海省生产总值（GDP）2572.49 亿元，在全国排 30 名，仅高于西藏。排名第一的广东省生产总值（GDP）79512.05 亿元，青海省 GDP 只占广东省 GDP 的 3.23%。[1] 同年，玉树州生产总值 61.68 亿元，占同期青海省生产总值的 2.4%（2572.49 亿元）。玉树州城镇常住居民人均可支配收入 27978 元，村常住居民人均可支配收入 6177.17 元。[2] 此外，现代化的发展带给玉树新的贫困问题，如开采带来的生态破坏、艾滋病感染者增多、因学因病的返贫人数增加等，使玉树反贫困任务任重道远。

---

[1]　中华人民共和国国家统计局：http://data.stats.gov.cn/easyquery.htm? cn=E0103，最后访问时间：2018 年 5 月 10 日。

[2]　玉树州统计局：《玉树州 2016 年国民经济和社会发展统计》，http://www.qhtjj.gov.cn/tjData/cityBulletin/201708/t20170802_49767.html，最后访问时间：2018 年 5 月 10 日。

5. 妇女的贫困

在诸多的贫困中，要特别提一下玉树藏区妇女的贫困。在贫困理论中有一种说法叫"贫困有一张妇女的脸"，表明贫困与妇女的关系。在佛教"众生人人平等"思想的影响下，藏族人理所当然地认为"男女平等"，他们没有"男尊女卑"的观念。藏语中有一句谚语："一个帐篷里一定有一位母亲"，表意藏族妇女是日常家庭生活的重要支柱。藏族人认为"女人是慈祥之母""母亲是太阳，父亲是月亮"，表明藏族妇女受到的尊重和赞美。

藏族的妇女早婚、早孕、多孩，有的甚至生了十几个孩子，似乎大半生都是在生育孩子中度过的。她们从早到晚都围着火炉转，承担着大量的家务生产劳动，照顾老人和孩子，一辈子都是围着帐篷转，闲暇时间极少。藏族女孩也因跟着妈妈一起承担家务，诸如取水、放牧、砍柴、照顾弟弟妹妹等，而缺乏受教育的机会。女性的文盲率高于男性。男性几乎不参与家务劳动，外出买粮食、卖虫草和牛奶制品等都是男性来做。正因为男性比女性有更多与外界接触的机会，他们可以获得更多的信息，有更多的资源和选择的机会。然而，妇女们世世代代围着帐篷的生活圈以及迄今为止仍在维持的"男主外，女主内"性别角色分工模式，让这些伟大的母亲承担着繁重的家务劳动，远离政治、社会生活。

在玉树地区，妇女的生殖健康问题更是一种"沉默文化"，她们在健康医疗保障方面一直处于弱势地位。妇女们基本上是自然生产，使得孕产妇和新生儿的死亡率较高。直到近十年随着通路、医疗卫生设施的改善，这种情况才有所改善。过去，大多妇女有点病能忍就忍、能拖就拖，万不得已才会就医，结果小病也会危及生命，因病致贫、返贫的现象严重，使得贫困处于恶性循环状态。

"贫困有一张妇女的脸孔"，是指女性相比于男性更容易陷入贫困或者在贫困人口中女性占据大部分。除了物质贫困外，妇女个体或者群体在知识水平、科技修养、思想道德素质、价值观念、主体性、心理素质、思维方式等方面落后于男性群体的综合发展状态，有学者称之为文化贫困。[①]

---

① 金梅：《农村女性文化贫困的社会学分析》，硕士学位论文，华中师范大学，2006，第11页。

从夫居的传统婚姻模式导致女性社会网络资源流失，[①] 产生社会资本和社会支持网络方面的贫困。已婚女性尤其是老年女性在信息来源、闲暇安排、活动范围等方面存在精神贫困。此外，还有健康贫困、时间贫困、生命权力受损等诸多贫困问题。[②] 玉树地区妇女们在不同程度上存在上述多维度的贫困。

国际社会对贫困的概念有一个发展性的理解。19 世纪末，英国学者朗特里第一次将"贫困"定义为"一个家庭的总收入不足以维持家庭所有成员最低生活必需品的费用"。这种单纯依据物质缺失而定义的"收入贫困"的贫困理论也被称为绝对贫困理论。绝对贫困是指个人或家庭缺乏起码的资源来维持最低的生活需要，甚至难以生存。这里的最低生活需要一般是基于营养和必需品的要求。[③] 后来，有学者对贫困理论做了新的诠释，认为个人或家庭所拥有的资源虽然可以满足其基本的生活需要，但是不足以使其达到社会的平均生活水平，通常只能维持远远低于平均生活水平的状况。[④] 贫困还因为穷人们缺乏资源而被剥夺了享有常规社会生活水平和参与正常社会生活的权利。因此，在物质贫困即绝对贫困的基础上，学者又提出了相对贫困的概念。与绝对贫困不同，相对贫困是相对于正常的生活水平而非最低生活水平而言的，它还包含以他人或其他社会群体为参照物而感受到相对剥夺的社会心态。[⑤]

在相对贫困概念的基础上，2001 年联合国开发计划署提出人类贫困的概念，认为贫困即缺乏人类发展所需的最基本的机会和选择，包括健康长寿和生活被剥夺、知识的匮乏、体面生活的丧失以及缺少参与等，只有获得这些机会和选择权利，才能将人们引向一种长期、健康和创造性的生活，使人们享受体面的生活、自由、自尊和他人的尊重。

从玉树的贫困状态来看，牧民的贫困是多维度的。从表面上看是物质匮乏，需要修桥、修学校、引水等，实则是人们的健康权利得不到保障，缺乏

---

① 吴玲、施国庆：《论城市贫困女性的社会资本》，《江海学刊》2002 年第 4 期。

② 陈迎春：《中国农村健康贫困及农村医疗保障制度理论与实践研究》，硕士学位论文，华中科技大学，2005，第 29 页；蒋美华：《农村已婚女性贫困状况及脱贫对策——以河南农村已婚女性为例》，《中州学刊》2007 年第 1 期。

③ 郭熙保、罗知：《论贫困概念的演进》，《江西社会科学》2005 年第 11 期。

④ 郭熙保：《经济发展：理论与政策》，中国社会科学出版社，2000。

⑤ 郭熙保、罗知：《论贫困概念的演进》，《江西社会科学》2005 年第 11 期。

基本的健康意识和观念，缺乏教育资源和参与社会的机会。因此，解决藏区的贫困除了提供救助，也要从制度性改变入手。

（三）美而穷的玉树孕育了金巴

1. 穷则思变的扎西

金巴慈善会的创始人——扎西才仁先生（以下简称"扎西"），1966 年出生于青海省玉树州囊谦县东坝乡尕麦村一个贫困的藏族牧民家庭，童年生活相当艰苦。1984 年，他长期患病的母亲因贫穷而无从就医，最后在扎西的怀里病逝。母亲去世后，他随同村的人徒步去西藏拉萨朝拜，在转山的时候跟人到了尼泊尔。在尼泊尔期间，他患骨髓结核住院两年，并得到一些国际 NGO 的帮助。住院期间，他自学了英语，具备了基本的英语听说能力。

在尼泊尔期间，扎西认识了前来尼泊尔学医、开设门诊的同乡人江永隆多。扎西作为江永隆多的助手，他们一起为当地人治病，救济穷人，自此开始接触慈善工作，打开了做慈善的心和眼界。1993 年年底，玉树州政协派工作人员专程前往尼泊尔等地动员藏族同胞回国参与家乡的建设。扎西觉得这是一个为家乡服务的机会，他和江永隆多毅然决定回国。

回到玉树后，扎西凭着英语技能当了一名英语老师，并用挣来的钱买了粮食给家乡的人民，这算是公益之路的起步。1995 年 10 月至 1996 年 4 月，玉树遭遇罕见的大雪灾，"无国界医生组织"前来救灾，扎西作为翻译人员跟着无国界医生组织跑遍了灾区，目睹了家乡亲人们的贫困和无助，感受到了慈善的力量。翻译工作结束后，扎西将挣来的翻译费和国外朋友的捐款 1 万多元用于家乡尕麦村灾后救济。这次翻译之行为他种下了创办"金巴"的种子，并萌发了创建一个民间组织——"金巴"的想法，目的是改善贫困牧民的生存环境。"金巴"是藏语的发音，意为"布施"，汉语意思是慈善。自此，扎西开始了二十多年的慈善工作。

2. 从扎西到金巴

金巴起步伊始，扎西就是金巴，金巴就是扎西，他挣点钱就用来做慈善。他的爱心和慈善工作逐渐吸引了一批热心公益和热爱家乡的人，他们作为志愿者和他一起工作。1998 年，扎西为了慈善事业而去筹集资金，与活佛扎西群培、喇嘛阿旺索南合作在拉萨开了一个小的打印店，并在这里遇到了安·凯斯薇（Ann Carswell）——英国贝尔法斯特女王大学（Queen's

University Belfast）医学神经科学教授。当她听了扎西家乡的故事后，跟着扎西到尕麦村做了四个月的志愿者。之后她为扎西出谋划策，协助扎西写了金巴机构介绍等，形成了"金巴慈善会"的前身。而安·凯斯薇回到英国之后积极寻求各方资源，为金巴筹集资金，二十年来她一直为金巴的公益事业提供持续的资金支持，成为金巴二十年发展过程中始终如一的支持者。

1998 年之后，由于扎西可以从安·凯斯薇和几个外国驻华大使馆那里获得一些持续的资金支持，他便离开复印店回到了玉树，开始专心做慈善。每当扎西拿到一笔善款时，都会向玉树州政府汇报，与州政府外事办商量如何开展工作，与州公安局出入境管理科沟通、备案，让当地政府了解每一笔钱的来龙去脉，从而协助金巴将这些善款落到实处。自此，金巴开启了与政府合作的工作模式，并延续至今。

2000 年以来，虽然金巴开始招募工作人员，但大多仍是志愿者性质。随着金巴的工作逐渐得到当地政府和老百姓的认可，形成了一定的影响力，政府让其注册机构，进行规范化管理。直到 2002 年，金巴在政府的指导下正式注册为"金巴慈善基金会驻玉树办公室"（因为当时政府将金巴看成一个国外的基金会，所以挂靠在玉树州外事办之下），金巴才有了自己正式的工作团队。一批批善良、有责任心、有使命感，同样是从最底层牧民中走出来的志同道合的公益人，壮大了金巴的工作人员队伍。2005 年，国家开放社会组织的注册，当地政府认识到金巴不是国外机构，称为基金会不合适，建议金巴注册为民间组织，于是金巴就在民政局注册为"金巴慈善救助会"。随着机构的注册、组织结构的完善、工作人员的稳定，金巴也开始学习各种政策和制度，建立机构的各项管理制度和运作机制，机构运作逐渐步入正轨。2016 年，随着形势的发展，救助已经不再是金巴主要的工作内容，因此金巴将机构名称改为"金巴慈善会"。

二　金巴多维度的反贫困实践

"反贫困"是相对"贫困"提出的。从过程来看，反贫困主要指减少贫困、减缓贫困和消除贫困。减少贫困强调减少贫困人口的数量；减缓贫困强调反贫困的重点在于减缓贫困的程度；消除贫困则强调反贫困的最终目的是消除贫困。

二十年前，扎西因要改变家乡贫困面貌，开启了他的公益之路。二十年来，在扎西的带领下，金巴紧贴贫困牧民需求，从最初的物质救助（如送衣送粮、修建道路、引水）到关注牧民的身体健康（如培养妇幼保健员、建设寄宿制学校的卫生室、普及健康常识等），最后发展到关注与牧民生存发展紧密相连的生态环境保护上，服务足迹遍布玉树全州甚至临近的州县。截止到2017年年底，金巴共实施了262个项目，项目效益4600多万元，受益人次69万多（见表6-1）。

表6-1　1996—2017年援助项目统计①

序号	项目类型	项目实施时间	项目数(个)	援助资金(元)	受益人次(人)
1	扶贫救助	1996—2013年	9	1177310.20	11264
2	社区便民诊所	1997—2009年	5	344750.00	4635
3	基础教育	1998—2009年	45	6453060.00	55138
4	便民桥梁	1999—2014年	44	6901426.60	78170
5	人畜饮水	2000—2017年	54	6415873.00	21110
6	环境保护	2001—2016年	6	2528281.40	21474
7	妇幼保健培训	2002—2016年	24	5380833.90	87580
8	办公设备	2003—2017年	11	524150.00	205
9	健康材料印刷	2005—2015年	10	2156155.00	122356
10	健康教育	2006—2017年	19	2371702.20	110187
11	学校卫生保健中心建设	2010—2016年	27	5424399.30	22630
12	地质灾害	2010—2011年	8	6398192.86	156092
	合计		262	46076134.46	690841

二十年来，扎西带领的金巴团队根据牧区贫困群众的需求，竭尽心力，走出了一条以健康教育为龙头的多维度综合反贫困之路。

（一）以物质救助为主的反贫困阶段（1996—2005年）

20世纪90年代，玉树地区的道路等基础设施极其薄弱。一般情况下，修桥修路都是由政府来负责的。但在资源有限的情况下，政府选择修路桥的地方大多是以乡镇为中心向周边拓展，极少惠及大山深处流动、分散的牧民。很多地方没有通车的路，有的悬崖绝壁仅容一人通过，经常有狼、棕熊等猛兽出没。牧民害怕走山路，出行极不方便，甚至到最近的小卖部购买生

---

① 由金巴工作人员普吾提供。

活用品也要花一天的时间，可谓"近在咫尺却远在天涯"。由于道路不通，孩子上学需要走很远的山路，也导致了入学率低、辍学等问题。此外，逐草而居的牧民需要不断地移动，但玉树山高谷深，河流众多，在没有桥的情况下，牧民通常直接蹚河，河水寒冷刺骨，很多人得了风湿性关节炎。

金巴的宗旨是帮助穷人中的穷人。面对百姓的现实需求，金巴发展初期把主要资金和精力都集中在了基础设施建设。金巴选择建桥修路的点都是不通电、最边缘、人群居住最分散、人畜死亡事故频发之地，让一条路能发挥多重作用，同时考虑到了这些地方多方位的需求如人畜饮水设施、学校硬件设施的建设。

截止到 2017 年，金巴在玉树地区修建了 44 座架大小不一、材质不同的桥梁；为极度缺水的地方建设了 54 处人畜饮水工程，解决了牧民的生活、生产用水问题；为 45 所偏远学校修建教室、校舍、食堂、厕所等硬件设施，并提供日常所需的教学用品如餐具、被褥、床，保证了学校教学的正常运行。

伴随项目的增多，金巴也开始积累经验和教训，学习和思考适合于当地的项目运作机制，选择性地做项目。在诸多的项目申请中，金巴首选保障百姓的生命安全和健康的项目；其次评估这个项目是否是牧民最需要的，或者能否解决贫困问题；最后看当地群众是否积极参与、当地政府是否支持和参与。这些原则保证了金巴将有限的资金精准地投入到最需要的人群身上。

以修桥为例。金巴每年都会从群众或者当地县、乡政府那里收到十多个建桥的申请，为了能做出最合适的选择，金巴的工作人员要到每个申请地进行实地考察，综合分析情况，保证资金花到最需要的地方。他们常常骑马走一个多月，甚至还要再步行二十多天才能到需要修桥的地方。选点完成之后，金巴再和当地政府沟通，了解政府在五年内是否有在此地修桥的计划。若有，金巴则不做；没有，金巴则向县级政府报告，再由县级政府下文，乡政府有关部门参与组织实施。每做一个项目，金巴都要努力促成与政府、牧民共同签订三方协议，组建项目管理小组，明确项目实施中各自的职责和义务，即政府出台支持项目实施的文件、牧民出劳力、金巴出材料和技术以及所需的资金，为了减少成本，尽量就地取材。桥梁建成后，由政府管理，牧民自己维修，金巴保有五年的监督权。保留监督权，一方面体现了当地政府对金巴工作的支持和信任，另一方面体现了金巴做项目的原则，即多方共管、投入少、受益最大化、项目可持续性。建桥的过程反映了金巴的工作理念和方法。

图 6-1　金巴慈善大桥

（二）关注健康的反贫困的阶段（2006—2010 年）

2002 年后，随着西部大开发计划、三江源保护计划的实施，政府在基础设施建设上的投入不断加大。相应地，金巴开始顺应时势，减少在基础设施建设上的投入，将工作重心转移到应对妇女儿童健康上。从 2002 开始，"基层妇幼保健员培训项目""基层社区健康教育宣传项目""学校卫生保健中心建设"等一系列健康项目聚焦于藏区牧民的健康问题。

从扎西母亲因无从就医而在扎西怀里病逝的那天起，扎西就开始关注牧民的健康问题。鉴于现在政府加大了基础设施建设的力度，扎西就将工作重心转移到了牧民的健康问题上。起初，为了解决偏远牧区牧民看病难、缺医少药等问题，扎西积极寻找资金建设简易的便民诊所，为牧民提供简单的药品，邀请专家到牧区会诊看病、送医送药等。经过一段时间后，扎西逐渐认识到送医送药只能帮助很少的人，很多牧民得病一方面源于他们不良的卫生习惯以及缺乏健康保护意识，另一方面源于没有驻村医生，牧民不能及时就医。此外，从正规医科学校毕业的学生几乎不会留在村里服务，村医也都是男性，十分不方便给妇女们治病，这也是导致牧区孕产妇和新生儿死亡率比较高的重要原因。扎西开始琢磨如何培养能留得住，尤其是能为妇女们服务的医生。因此，他从物质救助转向关注健康，从简单医疗救助工作转向普及预防疾病和日常保护健康的教育上。

1. 培养基层妇幼保健员，有效缓解牧区较高的孕产妇和新生儿死亡率

在长期深入牧区工作的过程中，金巴工作人员不断了解到孕产妇和新生婴儿死亡的故事。扎西说："有一个妇女不知道自己快生产了还在放牛，孩子生出来了，要剪脐带啊，身边什么东西都没有，就自己拿石头用力地砸脐带，把脐带砸断。（20世纪）90年代中期之前，牧区仍然用传统的接生方法，即先把牛粪、羊粪铺在地上，上面再放上毯子或者羊皮、牛毛，最后把产妇放在上面生产，让血流进牛粪、羊粪里。因此对妇女们来说，生孩子就成为她们人生中最大的苦难，就像打一场战争，随时面临死亡的危险。第一，她们从来没有做过什么检查；第二，怀孕的时候没有产检；第三，没有接生员。"[1]

为了解决上述问题，金巴经过调查和研究，从2002年开始培养"基层妇幼保健员"，让这些妇女们将来为边远村子的妇女（包括村民）服务。他们仍然坚持将有限的资源给最需要的人服务的原则，把目标聚焦到最贫困牧民身上，通过社区干部推荐、村民认可和金巴面试等方式，寻找那些家庭困难、经济负担重、做着繁重家务却渴望学习、品德良好的14~35岁的女性。那些被选中的女孩们说："因为那时候没有机会上学，所以特别想去参加"；"牧区交通不便，医疗条件差，没有医生，父亲身患疾病，需要骑马看病，从小的梦想是当医生，能帮父亲看病"；"那时候什么都不会，就想上学，最主要是到金巴上学不要钱，家里没有母亲父亲，只有我和姐姐，我们因为是孤儿才被选上的。"[2] 由此看出金巴在做任何工作的时候，都一直想着如何让贫困的家庭和牧民受益。该行动不仅帮助了贫困的女性，而且让她们的家庭受益。

金巴将她们集中起来，免费进行文化课、妇幼保健知识以及妇女自强自立等相关内容的连续性培训。三年培训结束后，她们按照之前签订的协议回到村子里，为最基层的妇女提供妇幼保健以及健康宣传等服务，服务期限至

---

[1]　杨静、吴雨桐等整理编辑《筚路蓝缕——金巴二十年公益之路》，《玉树藏族地区二十年妇女卫生健康状况变迁口述史》，2016，第85页（未正式出版）。

[2]　吴雨桐：《青海藏区金巴慈善救助会妇女健康服务研究》，硕士学位论文，中华女子学院，2016，第22页。

少十年。这使得她们最终成为牧区"用得上、下得去、留得住"的"赤脚医生"，为妇女与儿童的健康撑起了一把保护伞。

多年来，这些妇幼保健员们珍惜学到的知识和来之不易的医生身份，学以致用，她们为自己做的事情而感到自豪。一位学员讲述了她的亲身经历：

"最难忘的是第一次接生，那时候我还在读书，没有毕业，放了寒假我就回到村子里。村里有一个19岁的姑娘快要生了，她的兄弟和亲戚都不管她，家里穷得很，吃的也没有。有一天晚上她说肚子疼，她妈妈就来我家让我帮她接生，我是和我妈妈一起去的。她疼了一两个小时之后，孩子出生了，但出生后就昏迷了，她哭着对我说'救救这个孩子吧！'刚开始我很害怕，一直拍孩子的屁股也没见反应，眼看着孩子全身的皮肤变黄了，嘴唇都变黑了。我记得课堂上老师说'刚出生的孩子如果出现昏迷，胎盘不能剪，要做人工呼吸、心脏按压，实在没效果的话就没办法了'。我看了之后，好像羊水进了孩子嘴里，呼吸不畅导致了昏迷。我用注射器把羊水给抽出来，再按老师说的给孩子心脏进行按压，做人工呼吸，后来孩子醒过来了。"①

也正是这些救助经历，让同样是贫困牧民家庭中出生和长大的她们体验到了工作的价值和意义。她们深谙百姓尤其是妇女们的疾苦，希望有稳定的生活，掌握了一技之长后，更希望靠自己的力量帮助别人并摆脱贫困状况。目前，有的女孩在村、乡或县里当了妇幼保健员；有的在村子里开了自己的诊所，有了稳定的收入；有的继续深造，自考大专、本科，获得了更大的发展空间和平台。

自2002年起，金巴将妇幼保健员的培训拓展到整个玉树州，从每个县挑选50名女性将她们培养成妇幼保健员。截止到2016年，金巴开展了24个有关基层妇幼保健员培训项目，已经为玉树州培养了300多名妇幼保健员。这些妇幼保健员不懈努力地工作，不仅有效地降低了边远牧区孕产妇和新生婴儿的死亡率，而且补充和完善了乡村卫生医疗体系，填补了政府在妇幼保健服务方面的空缺，从根本上缓解了基层妇女看病难的问题，达到了治疗和预防的双重目的，降低了因病致贫率和返贫率。培养妇幼保健员，让藏区传统社会中以持家、养家、放牧居家为中心的藏族妇女有了学习的机会，

① 吴雨桐：《青海藏区金巴慈善救助会妇女健康服务研究》，硕士学位论文，中华女子学院，2016，第27页。

个人意识开始觉醒，个人能力得到提高；让她们从一个生活中被动的弱者变成主动的强者，具有了控制自己生活的能力。她们在社区、学校、家庭中发挥了重要作用，在只有男性藏医的社会中间脱颖而出，让大家认识到藏族普通妇女参与社会的价值和作用，也让妇女通过自己的努力摆脱了贫困，从此改变了命运。妇幼保健员培训成为金巴妇女反贫困过程中的一个重要的里程碑，促进了双重脱贫，到达了一举三得的效果。值得一提的是，这种多效应的反贫困策略直接体现在金巴的所有项目中。

2. 普及健康知识，提高牧民的健康意识

随着玉树经济和社会的发展，牧民的生活得到了改善。公路通了、信息通了、交通便利了，越来越多的人到县城或者离家更远的地方居住和打工，人口流动频繁。随之也产生了一些新的问题，各种传染疾病如乙肝、性病、艾滋病不断增加，使得缺乏个人良好的卫生习惯、疾病预防知识和自我保健意识的牧民在疾病面前更加脆弱，因病致贫问题更加严重。

金巴看到了这些疾病对于牧民的危害，借助国家政策将工作重心转移到改变牧民健康观念的社区健康教育上。从2006年到2017年，金巴开展了19个基层社区健康教育宣传项目，从之前培养的妇幼保健员中挑选出优秀妇幼保健员，对她们再次进行"加强"培训，并邀请健康教育专家与妇幼保健员一同到各个乡村，针对牧民和学生、学生家长进行大规模、地毯式的健康教育，普及个人卫生健康常识，传染病预防的知识，提高牧民的健康教育意识和应对疾病的能力。

图6-2 基层社区健康教育宣传

当金巴在妇幼保健和健康教育等方面取得了一定经验和成绩之后，并未就此止步，而是继续挖掘牧民潜在的需求，发现新的问题，并突破原有的工作思维框架，从中找到新的发展方向。

3. 将妇幼保健员和牧区寄宿制学校的卫生保健中心建设相结合

"撤点并校"教育改革实施后，牧区孩子要到乡镇、县上的学校学习。然而，牧区寄宿制学校卫生保障体系不健全，学校住宿环境和卫生状况差，学生没有养成良好的个人卫生习惯。一旦有学生生病，老师首先带着学生到乡镇卫生所看病。一般乡卫生院有 1~2 名工作人员，但他们常常下乡或者外出，学生和老师不得不到县医院或者附近的喇嘛庙、私人藏医诊所看病，求医看病的"战线"拉长。老师除了承担学校的常规教学任务外，还要负责学生的日常起居，身兼教师、父母、医生等多种角色，超负荷运转。

为了解决这一问题，金巴从 2010 年开始与当地教育局和卫生局签订协议，开展建设学校卫生保健室项目，有计划地在一些寄宿制学校设立学校卫生室（包括诊疗室、病房、药房、隔离室等），并聘请校医或金巴培养的妇幼保健员为学生提供基本诊治和简单药品，作为学校医疗保障的补充力量；同时设立了健康教室，让学生轮流上健康和生态文化教育课程，培养学生的健康和环境保护意识，使其养成良好的个人卫生习惯，增强自我保护能力。

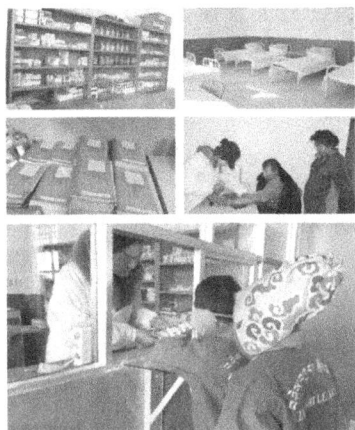

图 6-3 学校卫生保健中心　　　图 6-4 妇幼保健员教学生刷牙、洗手、洗脚

过去，牧区的孩子从小生活在牧场这样天然的学习场域中，耳濡目染，学习和传承了生态环保知识。现在，牧区孩子离开家、父母以及所生活的环

境，进入封闭的寄宿制学校，难以从父母身上学习到天人合一的生态环保理念和知识，更说不上传承。学校教育内容中也很少涉及生态环保知识，因此孩子们逐渐远离了牧民生活、牧民身份。

为此，金巴又与当地教育局签订协议，开设了生态文化艺术课，让学生学习民间传承下来的生态环保理念和现代环境保护知识，如利用六长寿图①和吉祥四瑞图②等培养学生的环保意识，使他们能继承和发扬传统文化，将保护环境的传统延续下去。

图 6-5　六长寿图③

图 6-6　吉祥四瑞图④

除此之外，学校聘请校医或妇幼保健员作为学校健康课程和生态文化艺术课程的老师，由当地的教育局或卫生局提供相应的补贴。截止到 2017 年，金巴已经在玉树牧区的 27 所寄宿制学校建立了卫生保健室。

金巴作为一个深深扎根于牧区、贴近贫困牧民需求开展工作的机构，在扎西的带领下，其工作人员有着"做一步想十步"的大局观和"不达目的誓不罢休"的精神。十五年前，金巴培养基层妇幼保健员是为了缓解偏远牧区较高的孕产妇和新生儿死亡率以及解决牧民看病难的问题；十年前，这

---

① 人、鹿、鸟、石头山、树木、水等被称为游牧民族的环保百科图，它体现着藏民族的生态观及其对于长寿的概念与意义的理解。此外，六种长寿物的聚合也象征着全家健康长寿，整个画面烘托出一种静谧和平、融洽无间的祥和氛围。

② 又称和睦四兄弟图，是以藏族民间传说中的大象、猴子、兔子、鸟的故事为原型，寓意和睦相处、相互尊重，象征地方安宁、人寿年丰。

③ 来源于 http：//blog. sina. com. cn/s/blog_ 49c8e4a8010009h6. html。

④ 来源于 http：//www. haikong. com/bidu/bencandy. php? fid = 91&id = 2134。

图 6 - 7 生态文化艺术教室授课

些妇幼保健员成为社区健康教育的宣传员，帮助牧民提高健康意识；五年前，她们成为学校健康教育课程和生态环境教育课程的老师，培养孩子良好的卫生习惯；未来，她们又会成为社区的工作者，为以人为本的社区综合发展做出新的贡献。一个个看起来零散的项目实际上有着紧密的关联性与逻辑性，每走一步都在为下一步做铺垫，力争使最少的投入产生最大的效益，并让每个项目有可持续性和连续性。这是一种深切知道牧民需要什么和自己能做什么的实践智慧。

（三）关注生态环境的反贫困阶段（2011—2016 年）

青藏高原被称为"中华水塔"，不仅是我国大江大河的发源地，而且是世界重要的水源涵氧地、世界重要的生态屏障之一，世界 40% 的人口靠青藏高原的水源生存。这里的生态环境非常脆弱，一旦被破坏，就难以恢复。

千百年来，藏族人的祖先在游牧生活和宗教信仰中形成了与自然和谐共处的生产生活方式。他们敬畏山水、爱护生命、热爱自然、保护生态环境，而保护环境也就是保护他们的生计和发展。因此，牧民有很多生态保护的知识，是天生的生态保护者。牧民通过放牧和祭祀神山圣湖等习俗来维持对社区生物多样性的监测与巡护。过去，每家人晚餐后都有故事会，由年长的人给年轻人讲述环保故事，通过口耳相传，年轻人传承了对自然的敬畏和环境保护意识、神山圣湖祭拜仪式。在现代化的冲击之下，牧民生活方式发生了极大的变化，这些习俗现如今已被电视和现代娱乐活动所替代，年轻人缺少了解社区自然环境与他们生活的关系的知识，不断丧失传统环境保护意识和知识。此外，非法开矿、砍伐森林以及白色污染等问题，使得高原生态环境日益退化，因生态环境被破坏而导致的贫困问题更加复杂。

金巴又开始探索既能保护生态环境，又能让牧民延续他们原有的生活方式的环保路径。从2010年开始，金巴一方面在普及的健康教育内容中加入天人合一的传统生态环保理念和知识，另一方面引入科学的环保知识以应对现代化所带来的污染和破坏，力争保护生物的多样性和自然整体性。为此，金巴开展了如植树造林、生物多样性的保护、牛粪晒台、垃圾分类等生态环保项目及关注社区可持续性和综合发展项目。

以发放牛粪晒台项目为例。金巴在玉树州囊谦县东坝乡尕麦村开展了发放牛粪晒台的项目。该村位于海拔4300米以上的高山草甸上，气候温和，雨水比较充足，森林草场资源丰富，其中森林（柏树林）面积占70%，20%由草甸覆盖。20世纪70年代以来，牧民大量砍伐森林，用于搭牛棚、建房子、做燃料等。囊谦县是玉树州少有的有森林资源的地方之一，村民砍伐大量的柏木作为日常生活燃料，导致柏树林的覆盖面积急剧下降，给当地的生态系统造成严重的威胁。为了防止大量的森林被砍伐，保护当地的生态环境，金巴立足当地的实际情况找到了原因，并从中找到了解决牧民日常生活中燃料的办法——牛粪晒台。

金巴通过调查发现，牧民大量砍伐柏树的主要原因是解决日常生活中的燃料问题。但为何牦牛牛粪作为青藏高原牧民天然的燃料却不能满足其日常所需？其重要原因是尕麦村雨水多、地形陡峭，牛粪不容易干且容易被雨水冲走，潮湿的牛粪容易滋生菌虫，将之燃烧又与藏族人信仰佛教"忌杀生"的习俗相违，所以弃之不用。为了提高牛粪的使用率，金巴将捆绑的竹片做成晒台置于斜坡上，把牛粪晾晒在竹片上，一两天就可以晒干储存。解决了牛粪晒不干的问题，就有效阻止了当地人对森林的砍伐。据统计，80%的社区牧民不合理砍伐柏木的行为得到有效管理，近1000株柏木资源得到可持续保护。

图 6 - 8　藏族妇女在竹台上晒牛粪

　　牛粪晒台是金巴基于对百姓生活的深度认识而勇于探索和尝试的结果。生活是问题的来源，问题的解决办法亦源于生活。一个小小的改变，既改变了人们的行为和观念，又保护了环境。

（四）金巴反贫困工作成功的关键

1. 一个有信仰的团队

　　藏族全民信仰佛教。金巴的绝大多数工作人员（除了一个从小生长在藏区的回族工作人员）从小就受藏传佛教中"善"念的熏陶，众生平等、慈悲为怀、天人合一等理念深入其心。他们出身于贫困牧民家庭，对牧民之疾苦有深切体验。他们秉持着"心满善念地道亦贤善，心若恶念地道亦卑劣，一切皆须观待已心念，是故精进恒持心善念"的佛学理念工作。这里的"善"不仅是有善心和做善事，而且强调无论是在工作中还是在日常生活中都要做到"知行合一"。他们有爱心、有责任心，将服务众生当成今生修行、成就自己的机会，带着知足、感恩的心态对待工作和服务对象，而不是将其当作一个简单的职业。

2. 扎实、务实的工作作风

二十年来，进出金巴的工作人员都有一个共同的特点：扎实和务实，做事认真，有很强的责任心。在接到项目申请书后，他们首先深入牧区进行细致的实地需求调查，看是否真的是牧民所急需的，受益人群有多少。也正因为他们常年翻山越岭，挨家挨户地到帐篷里了解情况，几乎跑遍了玉树的山山水水，才成为牧区的贫困"活地图"。哪些地方缺水，哪些地方需要架桥，哪些地方缺医生，哪些人最贫困……他们一清二楚。

金巴工作人员在下乡的途中，风餐露宿、吃不上饭是常事，遇到恶劣的天气，甚至生命都会受到威胁。在一次下乡路途中，扎西所坐的车在行驶中轮胎突然与车分离甩出。当时行走的那条公路正在施工，车前方正好是一堆土，挡住了失控的车子，避免了悲剧的发生。第二天他们花了很长时间才在500米外的地方找到轮胎。还有一次下乡，金巴工作人员的车陷在了河里，司机从车里跳到了河里查看，很长时间，车里的工作人员一直不见司机的踪影，车在水里摇晃，当时工作人员特别害怕，以为司机出了问题。很久之后，司机带着一帮牧民回来，将车从水中拉出。2010年在下乡途中，公路上结冰，路面很滑，车在行驶中翻了，司机锁骨骨折，住院一个多月，而且车辆维修花费了四万块。尽管有危险，但有车就可以节省很多时间。还有很多地方不通汽车，需要步行，或者骑马、骑摩托车，而且路面碎石多，车容易打滑，扎西甚至经历过从山坡上翻滚下去被树枝挡住的事情。但金巴的工作人员从来没有因为工作环境的艰苦而抱怨和停止工作。他们深知越是危险的地方，牧民群众的困难越多，需求就越大，更应该是金巴工作的地方。所以他们即使疲惫不堪、积劳成疾、受到病痛的折磨，也仍旧坚持在一线。

金巴的工作人员都出身于牧区贫困家庭，他们和牧民有共同的生活环境、语言、宗教信仰、文化历史、风俗习惯，他们吃糌粑、喝酸奶、住黑帐篷，对牧民的疾苦感同身受，能准确把握牧民的现实需求。改变牧民的生活和家乡现状一直是他们行动的内在动力。他们来源于百姓，服务于百姓，这种不可分割的情感使他们互相依赖。扎西常说："我没有什么了不起的，我做的事是因为群众，是群众成就了我们，没有他们我什么也做不了"。①

---

① 杨静、吴雨桐等整理编辑《筚路蓝缕——金巴二十年公益之路》，《金巴二十年发展口述史》（未正式出版），第11页。

金巴的工作人员大多没有接受过学历教育和专业社会工作的培训，但他们在工作中边学边做，不断钻研，具备很强的能力。扎西说："我们做项目的时候，不是拿到钱随便做做的，还要有智慧，努力、有责任心地做事，要看见成果。很多人在想金巴的工作人员不会说汉语，不会写汉字，怎么做项目呢？他们不知道也看不到我们的优秀，我们最核心的一点就是与牧民无障碍地沟通，深知他们想要什么。除此之外，来自各地的专家和老师也参与金巴的工作，给予我们专业知识方面的指导和支持"。① 金巴出色的工作感动和激励着很多的人，成为玉树地区社会组织的领头羊。

二十年来，金巴的工作人员不惧艰难，勇往直前，坚守在牧区最基层，与牧民站在一起去面对和解决迫在眉睫的难题，被誉为高原上的"野牦牛"。用"野牦牛"来形容金巴的工作人员，有两层意思：第一，"野牦牛"是典型的高原动物，性极耐寒，为青藏高原特有牛种，不畏严寒，自食其力；第二，它是高原的宝，藏族人民的衣食住行耕都离不开它，是牧民生活和经济的主要来源。金巴与牧民的关系正如也牦牛和牧民的关系，他们相互依赖、相互依存。金巴的工作人员的务实肯干的工作态度和"野牦牛"的精神，成为金巴二十年发展的坚实基础。对待工作，他们不是将其看作一个职业，而是和每天念经祈福一样，当作自身修行的一个部分、一种生活的状态、一份为之奋斗终生的"志业"。他们像雪山上的野牦牛那样坚韧、有个性，将自己的全部奉献给了他们深爱的家乡和人民；像高原上的雄鹰那样有远见、有胸怀，用他们弱小的身躯守护着他们的家乡和人民。

3. 对贫困问题准确无误的识别和应对

改革开放以来，中国农村扶贫工作取得了重大的成就，成为全球提前实现联合国千年发展目标中贫困人口比例减半目标的国家。民族地区贫困人口大幅度减少，基础设施建设不断完善，人们的生活不断改善，但总体形势依然严峻，返贫现象仍较突出。

2013 年，习近平总书记到湖南湘西考察时提出了"精准扶贫"概念。精准扶贫是针对以往粗放型扶贫而实施的一种在扶贫对象、扶贫方式、扶贫

---

① 杨静、吴雨桐等整理编辑《筚路蓝缕——金巴二十年公益之路》，《金巴二十年发展口述史》（未正式出版），第11页。

措施和扶贫效果等方面指向相对明确的扶贫方式。① 而金巴在二十年的反贫困工作中早已经做到了"精准"，也正是这样的"精准"为金巴赢得了扎实的群众基础。下面将以金巴 2002 年开启的"基层妇幼保健员培训项目"为例，就其对贫困问题准确无误的识别和应对做详细的说明与分析。

（1）识别贫困问题——是否重要和急需。在金巴关注的众多贫困领域中，牧区的医疗卫生状况最初就受到关注。金巴想办法为牧民修建了一些便民诊所，送医送药，但这对牧民普遍的健康需求而言是杯水车薪，贫困与疾病之间的恶性循环无法得到解决，尤其是牧区孕产妇和新生儿死亡率较高的问题刺痛着这群从牧区走出来的金巴工作人员的心。当时，金巴工作人员都是男性，但就是这样一群男人却把保护妇女、儿童生命安全和健康看作迫在眉睫的事，开始寻找破除这一难题的切入点。

（2）识别贫困产生的原因——找准突破点。尽管金巴的工作人员已经下定决心要解决妇女、儿童面临的健康安全问题，但他们仍旧不敢"轻举妄动"。一是因为金巴的人力、财力、物力的限制重点在基础设施的建设上，二是因为他们还需要时间把造成农牧区较高孕产妇和新生儿死亡率的根本原因搞清楚、弄明白。

随后，金巴与当地政府成员组成调研组，深入牧区了解当地的地理环境、人口分布、医疗卫生、妇幼保健水平等状况。经过无数次的实地走访调查，他们发现造成农牧区孕产妇和新生儿死亡率高的原因有以下几个方面。

第一，20 世纪 90 年代，牧民大多过着游牧的生活。藏族妇女早婚、早育、多孩，藏族人信仰佛教，不杀生，妇女怀孕后不会选择堕胎，很多已婚妇女都因生育而担惊受怕。

第二，当地政府对医疗卫生的经费投入严重不足，农牧区医疗条件差，医疗资源急缺，尤其是医生基本都是男性或者僧人（藏医）。因此，绝大部分妇女不会去看病，即便去看病也因害羞绝不说妇科方面的不适。牧民就医困难，只有较大的乡镇或者牧民聚集的地方才有卫生所，一些偏远地区的牧民主要靠医生一年两次巡诊。

第三，基层牧区多为传统藏医或赤脚医生，他们未接受过正规系统的医

① 贺东航、牛宗岭：《精准扶贫成效的区域比较研究》，《中共福建省委党校学报》2015 年第 11 期。

疗培训，更不用说妇幼保健方面的专业知识和接生技术方面的培训。

第四，交通不便、经济贫困，致使牧区妇女大多选择在家分娩。此外，受思想观念和传统习俗的影响，藏族妇女极其害羞，男性藏医也很少为妇女接生，妇女生产时一般由母亲或姐姐接生。传统的接生方式如蹲着、自产自接，脐带用未经过消毒的石头砸等，且不进行包扎，导致了孕妇和新生儿易感染、存活率低以及妇女妇科疾病多发。正是因为缺乏产后调养、护理保健等观念，母婴不安全因素大大增加，威胁着妇女、儿童的生命健康。

通过调查寻找问题产生的根源，金巴识别出了解决妇女、儿童生命安全和健康问题的关键，即培养妇女、儿童身边的医生，让她们传播科学的生育知识。

（3）识别贫困对象——谁才是最需要帮助的人。识别了贫困问题，弄清了贫困的原因，还应明确谁才是最需要帮助的人。通常，我们认为这些妇女、儿童是需要帮助的人，就给他们送医送药，结果治标治不了本。医生走了，药没了，送医送药的项目停了，这些问题依旧存在。

显然，牧区妇女最希望身边有懂得妇幼保健知识的医生。但是牧区医疗资源和人员配备有限，医护人员技术欠缺，医生流失严重，很多医生都没有从医资格，有的村根本没有医生，有时兽医也医人。因此，培养妇女儿童身边"用得上""下得去""留得住"的医生成为关键。2000年，金巴尝试对乡村医生进行妇幼保健专业培训，却未达到预期效果。主要是因为乡村医生中男性占了一半以上，男女同时培训，女性比较害羞，效果不佳；对已有编制的乡村医生来说，培训是为了提高他们个人在妇幼保健方面的技能，他们很难为妇女服务。因此，从普通贫困牧民家庭中选拔女性并将她们培养成妇幼保健员的想法就产生了，她们应该是降低基层牧区孕产妇和新生婴儿死亡率的关键因素。

（4）贫困问题的应对。明确了问题，整理了工作思路，接下来就是积极筹措资金，制定一个个可行性高的实施方案，保证培养妇幼保健员这件事情能够执行和落实。金巴多年来在实践中摸索出了一套完善的项目运作机制。

①项目实施前，共同商议，明确事权。

第一步，通过调查分析，金巴形成解决方案并变成项目书，递交给项目资助方；同时汇报给当地政府有关部门，与政府共同探讨基层妇幼保健员培训的可行性。若政府有相关规划，金巴就不再实施，避免资源的浪费。

第二步，项目资助方再次对项目的价值和意义进行细致的评估，提供修改的建议以及资金支持。

第三步，金巴、当地政府、资助方共同协商完善项目，三方签订合作协议，明确各自的分工、职责。

● 政府——参与项目管理程序中，给予行政支持，提供政策保障。政府从州一级下发相关的文件到县、乡、村各级部门，给予金巴在基层开展项目工作时所需的行政支持，并要求相关政府官员参与到项目中，对项目进行监督；在妇幼保健员毕业之后给她们颁发中专毕业证书，提供就业岗位，给予一定的经济补贴以及开展后续的管理工作。

● 妇幼保健学员——三年期间的吃、住、路费和学费全部由金巴承担，她们需要在家人的同意下签订相关的项目协议（7 份）①，以保证培训结束后能够回到家乡服务至少十年。协议的签订在一定程度上成为金巴督促各方实现承诺的重要依据。

● 金巴——负责项目的具体实施和安排，如三年的培训资金、培训场地、培训师资、培训材料等。项目结束之后，金巴拥有五年的评估和监督权，对政府与妇幼保健员的工作状况进行监督。

②项目实施中，公开、透明管理。

项目正式开始后，受益村的牧民、当地政府官员、资助方、金巴工作人员等一起选举项目管理委员会，成立项目领导小组，落实项目，并对项目进行监督，力争做到公平、公开、透明。

③项目实施后，跟进与后续管理。

● 妇幼保健员——三年培训结束后，通过考核的学员能够拿到青海省教育厅颁发的中专毕业证书和金巴为其配备的医疗用具。同时按照协议，妇幼保健员需回乡服务至少十年。

● 政府——对妇幼保健员的就业进行安排，提供资金补贴，帮助妇幼保健员发挥其自身的优势和作用。至此，金巴将项目的实施成果交由当地政府

---

① 妇幼保健员项目相关协议有 7 份，包括妇幼保健学员（及家人）与村委会、村委会与乡政府、乡政府与县卫生局、县卫生局与金巴、县民政局与金巴、州卫生局与金巴、州民政局与金巴之间的协议。

和群众进行管理和监督。

● 金巴——项目结束后对培养效果进行评估，同时履行其五年的跟踪评估和监督的权利。一方面主要考察学员是否回村服务，学员的服务质量、医德医风，学员是否树立了预防为主、卫生为主、宣传为主的观念。若发现学员未按照协议的要求回村服务十年，或改行或在外地行医等情况，金巴会按照之前所签协议严格追查责任。另一方面金巴评估当地是否按照协议的要求，为学员安排岗位并提供补助。若当地政府没有执行，金巴会继续想办法督促当地政府履行承诺，落实妇幼保健员的工作安排。

正是由于这样一套完善的项目运作机制，牧民的贫困问题才得到解决，牧民才真真切切地感受到项目所带来的改变和实惠。这些为金巴的发展奠定了扎实的群众基础，金巴也得到了群众的认同和赞扬。

4. 立足本土文化，小心借鉴外来知识

民族文化是一个民族赖以生存和发展之"魂"，作为凝聚民族和人心的力量，它的重要性不言而喻。藏族传统文化是藏族人民在漫长的自然斗争和社会实践活动中形成的物质文明和精神文明成果的总和，是一种以原始信仰和苯教文化为基础，以藏传佛教哲学为指导，并吸收了其他民族文化的独特文化。① 因此，在面对少数民族贫困问题的讨论时，更需要重视与民族文化相关的贫困观点。像玉树这样一个位于我国西部以藏族为主的偏远地区，相较于我国的其他地区，拥有较为独立的社会文化系统，这样的文化深刻影响着人们对于自身民族的认同感和价值感。而也正是这样的社会文化系统造就了当地人的风俗、信仰，以及社会交往、日常生活、处理问题的方法。因此，我们不应该仅仅站在批评者的立场指手画脚，动辄指责处于贫困中的人们"观念落后""愚昧无知""思想守旧""民智未开"，而不去深入思考导致贫困的原因。

金巴的工作人员具有非常强烈的民族自信心和自豪感，本土文化和知识已经融入他们的日常生活和工作。但他们面对具体问题时不会故步自封，而是积极与外界交流和沟通，寻找解决的办法。他们善于学习，具有非常强的学习能力，同时非常谨慎地对待外来的知识和文化。在面对外界给予的纷繁复杂的建议和意见时，他们立足本土文化和知识，从民族文化中汲取养分，

---

① 王尧、陈庆英主编《西藏历史文化词典》，浙江人民出版社，1988，第328页。

小心借鉴外来知识。当学到新知识或新观念的时候，他们通常会有两方面的考虑：第一，是否适合藏民族的文化、经济、当地的情况以及是否能满足牧民现实的需要；第二，怎么样才能把吸收到的理念与知识转变为贴近牧民的在地知识，将其运用到工作当中。

如没有藏文健康教育教材，金巴聘请了相关领域专家，结合藏民族特点编写了一套科学、规范、图文并茂、通俗易懂的藏文教材。例如《妇幼保健常识》《人体结构与功能》《基础卫生常识》等，这些书籍填补了藏区医疗卫生事业的一项空白。在藏族人日常生活中，唐卡是必不可少的，过去唐卡上的画像主要是藏族人信奉的佛祖或一些佛教故事中的人物，即藏民朝拜的对象，游牧的生活中这种卷轴式唐卡容易携带。金巴在具有浓郁藏民族特色的唐卡上印上了图文并茂、通俗易懂的健康知识，将其作为传播健康知识的工具。

5. 与政府建立良性互动关系

国家在扶贫攻坚工作中，不断强调广泛动员社会力量参与反贫困工作，各级政府也在探索如何与社会组织形成良好的合作机制。多年来，金巴与政府建立了良好的合作机制，为社会组织树立了一个与政府互动合作的典范。

（1）建立面向政府的汇报制度，明确"拾遗补缺"的工作定位。二十年前，扎西从尼泊尔回到玉树服务家乡贫困牧民，创办了金巴，开始了公益之路。二十年后，金巴不仅得到政府认可和支持，而且受到群众欢迎。一方面是因为金巴出色的工作，但更重要的是扎西有着高度的政治敏锐性。金巴的项目资金大部分来源于国外基金会和外国驻华使馆，为了能够得到政府的信任和支持，金巴将每一笔资金的来龙去脉都事先向政府汇报，并在政府审批、监督之下使用，每个项目都在政府支持下开展。二十年后的今天，金巴仍然可以持续地开展工作，让牧民持续受益。

金巴在起步阶段就明白自身力量的局限性，因此其定位就是"拾遗补缺"，在政府顾及不到的地方，在牧区百姓最需要的地方，发挥政府"助手"的作用。多年来，金巴始终坚持这样的工作原则：工作计划让政府了解，事中、事后汇报，让政府清楚其所做之事，工作过程透明，让政府放心。金巴"拾遗补缺"的定位以及务实、踏实的工作作风，得到政府越来越多的认可。金巴提出的一些工作建议和意见也得到政府的重视，很多工作成果也被纳入当地政府工作体系。政府相关部门的人员也参与金巴的项目，主动给金巴一些政策建议和工作方向指导。可以说,金巴是一个很有智慧的社会组织。

(2)工作成果纳入政府工作。为了让百姓受益,为了使服务得到落实并维持可持续性,也为了做有效的政策倡导,金巴将工作纳入政府工作。如在基层妇幼保健员的培训方面,金巴与政府签订合作协议,保证接受培训的妇幼保健员纳入卫生局的系统,为其提供就业和待遇保障;在寄宿制学校的卫生保健中心建设方面,与卫生局、教育局、学校合作,让妇幼保健员成为健康教育老师,将健康教育和生态文化教育纳入教育系统的常规课程及政府工作计划。

对于很多社会组织而言,项目结束也就意味着工作结束。而金巴的项目结束后,项目成果仍然转化为政府的一个工作内容,通过政府的政策和机制保障变成持续性的效果。这一点值得其他社会组织学习和借鉴。

(3)以点带面的工作手法。金巴项目一开始以玉树囊谦县作为试点,这里是扎西等几位工作人员的家乡。扎西说这是家乡,工作相对好协调。在执行项目的过程中,金巴不断吸取经验和教训,完善各环节,将此地打造成示范点,再去推广和复制。他们的项目从一个点开始,最后覆盖了整个玉树州,体现了金巴做事的慎重以及集中有限的资金、利用有效的资源做成一件事情的智慧。

三 金巴面临的挑战和机遇

(一) 金巴发展面临的挑战

二十年后的今天,玉树的经济、政治等各方面都发生了很大的变化。走过二十年风风雨雨的金巴,也面临着新的挑战。

1. 筹资困境

二十年来,金巴开展工作所需的大部分资金来源于国外基金会、外国驻华使馆等。然而,中国经济的快速发展让很多国外基金会逐渐减少甚至撤出对中国社会发展方面的资助,尤其是 2016 年《中华人民共和国境外非政府组织境内活动管理法》的出台,政府加强对境外资金来源的管理,能在中国合法注册的基金会数量较少,一些驻华使馆也不再进行资金支持。尽管内地很多省（区、市）政府加大了购买社会组织服务的力度，但是玉树地区经济基础薄弱，政府在购买社会组织服务方面投入的资金较少；加上金巴也需要一段时间逐步与内地基金会建立相互信任的关系。因此，此阶段金巴面临较大的筹资困境。

2. 团队力量青黄不接

二十多年前，那个充满激情和热情、一心要改变家乡面貌的小伙子扎西，因为常年风餐露宿和劳累过度，已经疾病缠身，但依然带病工作。那些跟随扎西从事这一份"志业"的金巴老员工们大多也跟扎西一样，进入了不惑之年。而在金巴影响下成长起来的年轻人，在新的社会环境下，为了生存的需要开始找寻新的方向。2018 年，金巴的 8 个工作人员中，平均年龄在 40 岁以上、具有 10 年以上工作经历的老员工有 3 个，其余的只有几年的工作经历。

转型时期的金巴急需懂汉语、有文化、有情怀的年轻后备力量，一方面继承金巴良好的工作作风和工作内容，继续为贫困的牧民服

图 6 - 9　2017 年金巴工作人员集体照①

务；另一方面开拓内地筹资市场，更多地与内地公益行业对接资源等。但是很多具备上述条件的年轻人为了生存，要么去考公务员，要么找到收入更好的工作。未来如何可持续地发展，也是金巴面临的挑战之一。

3. 工作领域的深度拓展

金巴工作领域的深度拓展涉及几个方面的内容。

第一，从单一领域的反贫困工作如何拓展到以社区为本的综合性反贫困

---

① 第一排油画：英国安·凯斯薇，第二排从左到右：伊珍（健康教育负责人）、扎西才仁（会长）、巴毛永占（会计），第三排从左到右：格才（玉树办公室主任）、更尕次成（项目官员）、马林（西宁办公室主任）、普吾（副会长）。

工作。多年的反贫困实践让金巴认识到只有进行以人为本、以社区为基础的生态、生命、生计等综合发展，才能从根本上解决贫困问题。

第二，从妇女发展的思路如何拓展到性别发展的思路。金巴作为一个在藏区关注妇女发展的组织，做了一些促进藏族妇女发展的工作，但从理论上说，这些工作并没有挑战传统的性别分工模式。这也是对金巴未来工作提出的新的议题和挑战。

第三，健康教育的深度拓展。健康状况的改善不只是靠健康宣传和改变人的观念，需要综合考虑影响人健康的多方面因素，标本兼治。面对互联网的发展，金巴如何利用互联网来进行健康教育，也是一个急需面对的课题。金巴要思考健康教育工作如何深度拓展。

（二）金巴的转型与未来发展思路

2016 年，金巴提出了机构战略转型的思路，原来的机构名称"金巴慈善救助会"已经不适合金巴未来发展的思路。因为金巴已经从以物质救助、基础设施建设为主转变为以关注牧民健康为主的综合性发展。经过全体工作人员讨论，大家一致认为保留"金巴"和"慈善"这两个反映金巴工作性质和历史传统的名称，将"救助会"三个字留在金巴的历史中，机构正式更名为"金巴慈善会"。这一方面保留了金巴一直以来注重慈善和布施的传统，另一方面为金巴的转型和发展铺路，最重要的是符合《中华人民共和国慈善法》的内涵。

金巴二十年来所做的工作，为工作重心转到健康教育为主的综合发展上打下了坚实的基础。第一，群众基础。多年来，金巴在一些村子实施了多个项目，基本上解决该村基础设施薄弱的问题，和当地牧民建立了深厚的信任关系，有了开展社区工作的群众基础。第二，政策基础。习近平总书记在十九大报告中提出，实施乡村振兴战略，要坚持农业、农村优先发展，加快推进农业、农村现代化；要坚定走"生产发展、生活富裕、生态良好"的文明发展道路，建设美丽中国，为人民创造良好的生产、生活环境。因此各级政府都开始重视乡村整体建设和发展，相应地，政府对乡村建设的资金投入也增多。对金巴来说，这是一个好的发展机遇。第三，金巴多年来累积了丰富的开展牧民健康教育的工作经验，并将健康教育作为今后的工作重点。但金巴意识到村民的健康问题和生态环境、生计、生活习惯息息相关，若要改善村民的健康意识和健康状况，必须要综合发展。

因此，他们具体目标是：利用二十多年致力于基层卫生保健工作经验的优势，把握住政府卫生扶贫、脱贫政策的机遇，通过申请政府购买公共卫生服务，开展系列有机结合的基层卫生保健工作，达到改善妇女、儿童卫生保健状况，提高妇女、儿童权益和生命质量的目标，从而为实现健康玉树、生态玉树、和谐玉树做贡献。

二十年来，金巴立足于玉树牧区的生态、政治、经济、文化的独特性，利用工作人员源于日常生活的智慧，挖掘在地知识开展了反贫困工作，并创建了本土的反贫困经验，对于在面临同样困境的其他藏族地区有很大的借鉴和参照价值。在青海藏区，金巴能够存在并发展二十年，本身就是一部可歌可泣的历史。金巴能持续发展二十年，离不开当地政府的大力支持，也离不开创办人扎西才仁带领的历届工作人员的团结奋进、孜孜不倦，务实工作作风以及贴近百姓工作的方法，为藏区其他社会组织贡献了极其珍贵的财富。

什么是专业性

杨 静[*]

这一章和第一章"我们的知识观"的观点是相呼应的。如果我们承认实践者的知识也是一种有品质的知识，那么我们掌握的哪种知识才是专业知识？哪些人可被称为专业人才？本书所呈现的本土性案例是否具有专业性？

一 科学技术革命推动专业的产生和发展

当今社会，人们期待具有专业知识的专家们解决现实生活中的问题。因为"专业所宣称的是与重大社会事务有关的特别知识"[①]。

为什么人们对专业如此深信不疑？答案要回溯几百年前宗教革命以来的思想演变史。自宗教革命以来，西方发展受到科技进步与工业革命的重大影响，科学的世界观取代了神学观，科技的发展也让人们逐渐建立了通过科学技术成就人类福祉的信念。实证主义就是受科学革命的影响、在19世纪发展起来的强有力的哲学流派，它支持了科学知识和技术能增进人类福祉的观念，认为掌握科学技术的人就是专业人士，专业被视为应用新科学技术实现人类进步和成就的工具，如将医学变成应用科学技术，维护人们健康。实证

---

[*] 杨静，女，中华女子学院社会工作学院副教授，长期关注农村工作、妇女工作和农转居的社区工作，致力于性别研究和推动实务工作者的行动研究。

[①] 唐纳德·A. 舍恩：《反映的实践者：专业工作者如何在行动中思考》，夏林清译，教育科学出版社，2007，第3页。

主义的哲学思潮不仅适用于自然科学，在 19 世纪也被应用到社会科学。社会科学的先哲孔德提出了实证主义的三个原则性信条：第一，实证科学不只是知识的一种形式，也是世界之实证知识的唯一来源；第二，需要彻底清除人类心灵中的神秘主义、迷信和其他形式的伪知识；第三，将科技知识扩展到以科技控制人类社会的计划中。① 到了 19 世纪后期，实证主义俨然成为主导整个社会发展的思想，其倡导的追求普遍性、严谨性和科学性的知识成为专业发展的基础。第二次世界大战后，大学和研究部门飞速发展，成为培养专业技术人才的场所。随着社会需要的变化，大学分工越来越精细，各种专业类型五花八门，它们都在同一个前提下工作——大学和研究所能生产出创造财富、实现国家目标、改善人类生活和解决社会问题的新知识。②

尽管专业突飞猛进地发展，但对专业的怀疑也不断增强，反对高度专业化的声音愈加响亮。美国唐纳德·A.舍恩所著的《反映的实践者：专业工作者》就是在对美国越来越盛行的专业主义进行反思批判的基础上书写而成的，提出了实践知识和专业知识是两种不同的知识类型、实践科学是反映科学、专业知识无法应对和解决充满了不确定性与复杂性的社会问题等观点。

20 世纪五六十年代，西方国家向外输出其现代化和全球化的经济模式，在此过程中也将其政治模式、意识形态和文化一同输送出去，社会工作专业亦是如此。在中国，社会工作专业伴随着中国学习西方现代化和全球化的进程，将一百多年前西方为了解决工业化、城市化发展中出现的社会问题而建立的、已经相对成熟的专业社会工作重新引入改革开放后的中国大陆（民国时期曾引入一段时间，新中国成立后中断），将它视为解决中国现代化进程中日益凸显的社会问题的救命稻草。尽管我们也谈西方社会工作的起源和发展历程，但我们仍然照抄、照搬和照转，并没有重视西方早已存在的对专业反思和质疑的声音。

在各种力量的推波助澜下，从 1988 年北京大学恢复社会工作专业算起，社会工作用了近 30 年的时间进入国家的制度设计，成为国家治理的重要组

---

① 唐纳德·A.舍恩：《反映的实践者：专业工作者如何在行动中思考》，夏林清译，教育科学出版社，2007，第 28 页。
② 唐纳德·A.舍恩：《反映的实践者：专业工作者如何在行动中思考》，夏林清译，教育科学出版社，2007，第 29~30 页。

成部分（如国家认可的专业资格考试、人才队伍建设、购买服务的资金保证等）。一方面，推动了社会工作开始建立其专业体系；另一方面，促进了那些准专业社会工作（如工会、青年团和妇联等组织的社会服务）走一条专业化的道路，并担负起解决中国社会问题的重担。在这个过程中，政府有关部门、社会工作教育者以及一线实务工作者一起推动了社会工作专业教育、研究和实践的飞速发展。

在社会工作专业化进程中，一方面"专业"的字眼被放大甚至被滥用，而专业在实践中究竟发挥了何种作用却很难细致辨识、检验和考证；另一方面，强调专业和专业化，却轻视和边缘化存在于我们本土的、民间的、"非专业"的解决社会问题的方法，用所谓的专业话语之幕布遮住了丰富的实践知识和经验。为了快速生产专业知识，很多专业人士无暇、无力或无视，更不会细致地、有耐心地深入实践，去落地深耕地在实践中与西方社会工作理论进行对话、辨识。农村工作领域更是如此，很多解决农村问题的知识存在于民间组织以及本土性的农村工作中，但这些知识只是默默留在民间，缺乏传播渠道，或因其经验报告不具有学术性而登不上学术殿堂。

面对第二次世界大战之后第三世界全面效仿西方社会工作的现象，西方的学者已经有诸多的批评。如詹姆斯·梅志利（James Midgley）将这种现象称为专业帝国主义；澳大利亚学者格瑞（Gray）也提出了对社会工作知识和模式的专业霸权的质疑，从生活经验（lived experienced）的角度审视社会工作，重新思考和研究社会上各种"非社工专业"助人方式的经验和知识的专业合法性。中国也有学者将这种将西方专业植入中国并奉为"神明"的做法称为"专业自我殖民化"阶段，认为它是各种利益纠缠在一起相互作用的结果。[①]

二　社会工作专业建设的误区

其实，专业社会工作从引入中国开始，就出现了"水土不服"和"梗

---

① 卫小将：《本土化与土生化：中国社会工作发展的检视与重构》，社会科学文献出版社，2015，第184页。

阻"现象，学者称这种现象为"绞缢现象"。[①] 具体表现为：理论与实践脱节；社会工作"自我殖民化"；专业身份认同问题的纠结；本土实践经验被排挤和边缘化。[②] 中国幅员辽阔、民族众多，地域文化、经济发展水平等差异性较大，尤其是近三十年来城乡之间的差距不断扩大，"三农"问题与城市流动人口问题非常突出和复杂，依靠西方现代化进程中为了解决城市问题而产生的社会工作理论和方法，自然很难解决中国如此复杂多样的社会问题。因此，借用西方的专业标准来构建中国的社会工作专业，必然会产生专业建设的误区。

（一）建设专业中过分重视理论建设

起源于西方（确切地说是英、美）基督教的社会服务，在西方一百多年的发展历程中，已经形成了具备专业价值、伦理操守、系统理论和实践方法的应用科学，社会工作者成为一种具有专业身份和法律效力的职业，被称为"专业"社会工作。现在通用的关于专业特性的界定是 1966 年格林伍德（Ernest Greenwood）提出的具有高度专业化的职业所具备的五个要素，即系统的理论、社会认可、专业权威、专业伦理和专业文化。这五个构建专业化的要素成为现今欧美普遍认同的专业标准，自然也成为中国构建社会工作专业的标准。

我们很清楚，走过一百多年历史的西方专业社会工作是立足于西方本土的社会服务经验和为了解决西方社会问题所产生的社会理论合力的结果。如玛丽·里士满（Mary Richmond）于 1917 年出版的《社会诊断》一书不仅凝练了西方基督教伦理和基督教社会服务经验，而且吸收了弗洛伊德的精神分析理论，成为最早的针对个人的专业服务理论和方法——"个案社会工作"，奠定了西方社会工作专业的基础。第二次世界大战之后，为了解决当时存在的系列社会问题，社会工作不断吸收心理学、社会学、教育学、人类学等各种学科的理论，形成了与其政治、经济、文化、信仰等相匹配的一套专业理论和方法体系，将最初起步于慈善行为的社会服务发展为一个有理有

---

① 卫小将：《本土化与土生化：中国社会工作发展的检视与重构》，社会科学文献出版社，2015，第 184 页。

② 卫小将：《本土化与土生化：中国社会工作发展的检视与重构》，社会科学文献出版社，2015，第 187 页。

据、分工精细的社会工作专业和学科。可见，西方社会工作专业化的路径是先有经验，基于经验和理论的对接而逐渐发展成为理论和学科体系的，并且立足于西方本土。

中国大陆在学习西方的过程中，也将专业视为理论、制度和一整套的学科体系，因此复制和参考了如下的专业化构建路径。（1）高校发展社会工作本科、硕士等多层级的学历教育。只有受过专业学历教育的、持有社会工作专业资格证书的才是专业人士，要把社会工作者塑造成和医生、律师一样的专业人才。（2）政府制定了系列推动社会工作发展的政策，如社会工作资格认证制度、人才队伍建设考核评估制度、购买岗位制度、社会工作机构建设制度等。（3）大规模设立专业社会工作机构，出台系列的评估体系。政策、教育研究和人才培养、实践落地等几方面相互协力，推动了社会工作专业的发展。因此短短的几十年，社会工作专业化建设已经取得了丰硕的成果，呈现了我们认为的专业性。

1. 以学术水平、理论应用能力作为专业性的标准

据中国社会工作教育协会统计，截至2017年3月，我国共有339所高等院校设置社会工作本科专业以及105所大学设有硕士点。① 各大学社会工作专业将设立硕士、博士点视为专业层次提升的标志，而能否与欧美国家及我国香港、台湾地区的知名大学联合办学和能否聘请到境外专业教师授课更是专业度高低的象征；各大学争相召开各种国际或者国内专业学术会议，以此作为建立本学校社会工作学科地位的一个渠道。无论是社会工作教育还是社会工作实务的学术会议，基本上都是大学社会工作教师和学者的天下，发言和会议的专业性体现在发言人做了什么调查、用了什么理论、递交了带有什么理论性的文章，而不太关注这些发表能否推动实务工作质量的提升；教师或者学者将心思和大量的时间用来翻译西方经典著作，并以此作为专业能力的象征；在课堂教学中，学生理论分析和解决问题的能力被视为核心能力；在实践中，督导评估学生的实践能力侧重于其在实践中是否应用了某种理论，该理论如何指导学生解决实际问题……总之，将理论建设放在重中之重，专业性的表现就是理论水平的高低。

---

① 数据来源：中国社会工作网，http://chinasocialwork.cn/content/5507，最后访问时间：2018年4月4日。

2. 以专业学历和资格证书作为专业性的标志

中央组织部、中央政法委、民政部等 18 个部门和组织于 2011 年 11 月 8 日联合发布的《关于加强社会工作专业人才队伍建设的意见》指出，社会工作专业人才是具有一定社会工作专业知识和技能，在社会福利、社会救助、慈善事业、社区建设、婚姻家庭、精神卫生、残障康复、教育辅导、就业援助、职工帮扶、犯罪预防、禁毒戒毒、矫治帮教、人口计生、纠纷调解、应急处置等领域直接提供社会服务的专门人员。在实际操作中，他们就变成被认定的专门人才，必须具有社会工作学历和资格证书。看一个社工老师是不是专业老师，主要看这个老师是否有社会工作专业学历，在专业期刊发表的文章的理论水平，接受过多少专业方面的培训，掌握了多少专业知识，是不是知名的专家等，却不看他是否亲自参与和推动了实务、是否具有推动实践和改变的能力等。

2014 年，《民政部关于进一步加快推进民办社会工作服务机构发展的意见》指出，成立民办社会工作服务机构，应当符合《民办非企业单位登记管理暂行条例》规定的条件，专职工作人员中应有三分之一以上取得社会工作者职业水平证书或社会工作专业本科及以上学历。其中，负责人必须是中级社会工作资格证书的持有者。这些规定导致很多没有专业资质但却具有实际能力的社会服务机构无法得到资源，或被迫改头换面，摇身换成社会工作机构的名字，或引进具有专业学历和证书的人。

3. 以一些硬指标作为机构专业性评估的标准

2015 年，中国社会工作联合会委托社会工作职业技能认证中心和国家开放大学社会工作学院共同开发的《社会工作服务机构评估标准体系（试行）》指出，评估标准总分为 100 分，社会工作专业人员配置占 30 分，包括机构管理与运营者是否有社会工作专业资质（学历或证书）、机构是否有至少一名取得社会工作师职业水平证书或两名取得助理社会工作师职业水平证书的成员等；机构影响力与可持续发展占 70 分，即工作是否有创新、是否得到政府的认同、是否具有可传播性和普及性等。

有些时候，评估指标对一个专业机构的发展有着很大引导作用。民办社工机构怕"丢标"，在整个服务传送中以评估为中心，为了评估（而不是服务）而评估，服务成效"数量化"，重视服务数量评估，弱化服务质量评估，并且割裂微观社会工作与宏观社会工作。相应地，机构行政管理者十分重视规范化与文书标准化，致使社工变成了"写工"，不是"做工"，在行政化的用人单位中，社会工作者的工作变成了上班打卡、写文书、贴海报等，甚至逐渐"官僚化"，远离了社工的专业使命。

（二）反思性社会工作难以拓展，专业内核建设举步维艰

与上述专业构建中重视理论和制度建设有所不同，德国社会科学家贝恩特·德维（Bernd Dewe）和汉斯－乌佛·奥托（Hans-Uwe Otto）认为社会工作学科、教育、实践、职业所承担的共同任务是"应对社会问题"，而应对社会问题的首要前提是寻找、发现、调查、解释、分析社会问题及其成因，解决问题是社会工作专业建设的核心和关键环节。[①] 因此，德维与奥托基于对以理论构建为专业核心的批判，提出社会工作应该是一个"反思性学科"和"反思性职业"的观点。他们认为反思理论和"科学理论"之间的区别是：科学理论（如社会学、生物学、物理学理论）通常是站在外部立场阐述其客体，因此可以忽略外部观察者（如专家可以离开实践场域构建作用于实践的知识）；而在反思理论中，观察者身临其境，不存在外部观察者的立场（实践者即实践知识的生产者，不可能外在于自己的实践场域）。

德维与奥托认为社会工作具有反思理论的特征，社会工作者要通过辩证的反思行动实现他们解决问题的专业目的，基于对社会工作科学的这一定位，他们认为社会工作的专业性表现在以下方面。[②]

第一，专业工作者具有在理论和实践中来回辩证思考的能力。他们认为专业素质属于一个独特的领域，既不是构建理论的能力或理论应用于实践的能力，也不是实践能力，而是介于"系统性科学知识"与"实践行动能力"之间的一种能力。单单拥有科学知识并不代表"专业性"，"专业性"只能在"将知识与能力辩证对照化和相对化"的过程中形成。这种"专业素质"的培养和形成基于两个前提：一是能做到"反思性地理解科学知识或理论知识"，而不仅仅将理论应用于实践；二是具备对各种科学理论知识是否适

[①] 张威：《社会工作者的"反思性专业性"与核心职业能力——对"反思性社会工作理论"的解读和思考》，《中国农业大学学报》（社会科学版）2017 年第 3 期。
[②] 张威系统介绍了这两位德国科学家的论著。——作者注

宜于具体情境、具体社会环境的敏感性。专业素质和专业性蕴藏于这样一个过程之中，两者之间不能偏袒任何一方。

第二，社会工作者和当事人的互动过程中，社会工作的核心是促进当事人对自己的问题的理解，增强当事人掌控生活的能力，而非社会工作者必须使用某种理论来解决当事人的问题。

德维与奥托两位德国社会科学家最大的贡献就是首次从理论角度阐述了"社会工作既是一门职业化反思科学，也是一种反思性职业"的科学属性问题，确立了社会工作职业的"反思性专业性"核心特征。社会工作者日常工作的专业性主要体现在"是否启动了反思原则"，而不是"是否运用了专业知识"。这种反思性社会工作理论与欧美的社会工作理论区分开来，促使我们重新认识和思考如何构建社会工作的"专业性"和"质量"，颠覆了我们对"社会工作专业性"的传统理解，即"接受过社会工作专业教育和专业训练、拥有专业知识、获得职业资格证的人，就是社会工作专业人才"；也颠覆了人们对"理论与实践关系"的传统理解，即"理论是用于指导实践的，也可以直接用于实践""实践操作就是将某一理论模式应用于具体案例""实践成功与否取决于对专业知识的运用"。反思性社会工作认为，处于社会工作职业核心地位的不是科学知识/专业知识，也不是专业知识的运用，而是专业的行为与行动，社会工作的"质量"和"专业性"只能通过"专业行动"得以体现。构建专业行动的核心要素是"反思性专业性"，它强调一种辩证性、结构性、系统性、互动性地看待人与事的方式。[①]

如上所论，建立专业内核比外壳更加有难度。因为它强调专业工作者要在实践过程中辩证地启动反思能力、促进有效改变，而反思能力和人的改变很难量化。人的改变不是一日之功，需要实践者投入很多的时间和很大的精力，对实践者的能力、价值观等都是极大的挑战和考验。社会工作者面对时间、精力和能力的有限性和繁重的项目任务，更愿意选择那些容易见成效、出成果的事情，如将复杂的社区工作变成一个一个热闹的社区活动，更愿意申请承担培训、会议等的工作；一些社会工作机构认为社会工作就是完成一个又一个的项目，争取政府认可，迎合基金会的口味。至于活动之间、项目之间有何关系，活动和项目究竟要达到何种目的则缺乏长远考虑。

---

① 而不是绝对地、静态地、结果地、孤立地、僵化地看待人与事。——作者注

(三) 专业身份的困惑

社会工作者在中国早已有之，工青妇、老龄委、民政系统的一些相关工作者，居委会的社区工作者，以及本书案例涉及的农村发展工作者等都是中国本土的社会工作者。学者们参考西方对专业社会工作者的认定，称他们为中国的准专业社会工作者。受过大学社会工作专业训练和拿到国家认可的社会工作专业资格证书的则称为专业的社会工作者。

此种划分在实际工作中就造成了身份之争。因为拿到学历和资格证书的，不管他们是否真的具备专业能力，都被认定为专业社会工作者；而没有专业学历和专业证书的，即便有非常强的专业能力和专业性也不被认为是专业社会工作者。这不仅是一个称谓上的争论，背后还有资源、权力的斗争。有了专业身份，才可以申请和得到政府购买服务的资金，以及相应的一些政策待遇。没有专业身份的工作者或者一些从事社会服务的机构，如一些以救灾起家的民间组织、一些原本依靠国际发展机构资助的农村发展组织等，本身就是为了本群体的利益而建立的民间组织，它们中的一些人不仅没有专业社会工作学历和身份，有的甚至学历也很低。这些机构在强大的专业话语下逐渐感受到身份和权利被排斥，很难得到政府购买服务的资金，在各种学术会议上更无发言权。

身份危机的背后是资源和工作合法性的危机。有些机构为了生存，要么去招收一些有社会工作学历和资格证书的人来增加机构的专业性，要么逼着员工去考社会工作资格证书，变成社会工作专业机构，以便跟上形势，能在政府购买服务中占得一席之地。有些机构几乎无法转身，如本书案例中金巴慈善会，扎西会长放牧到二十岁没有进过学校，后来自学了英语，只会说简单的汉语但不会写和读。金巴的核心工作人员基本和他的经历一样，大都没有机会上学，绝不可能去考汉语的资格证书。这个被群众称赞为"高原上的野牦牛"的团队，现在也面临身份危机和筹措工作资金的困难。梁军老师团队二十年来一直依靠退休教师和妇联干部开展工作，她们都已经六十多岁了。"绿色流域"的于晓刚老师是环境保护方面的科学家，为了从根本上进行拉市海流域的保护，在上游的波多罗村做了十几年的农村发展工作，由于所在机构不是所谓的专业机构而很难拿到政府的购买资金。这些长期耕耘的机构发现从事了多年的专业农村工作却一下子没有了专业身份，筹资困难；而那些刚刚出校门、持有社会工作专业学历的人被认为是专业人才而备受重视。在当前建构专业的热潮下，我们也该想想应如何对待这些工作者。

（四）理论高位，实践低位，本土性的经验得不到重视

在专业话语霸权下，本土性的实践经验处于非常尴尬的境地。如第一章"我们的知识观"中所言，能够扎根一线工作的实践者，有的是非社会工作专业背景的人，有的没有接受过正规大学学历教育，绝大多数人都没有接受社会学研究方法的训练，但他们在实践中活学活用，不断借鉴符合需要的国内外理念和知识开展工作，他们因地制宜，采用灵活多样的方法解决当地问题，展现给我们生动、丰富且具有成效的实践模范。他们边实践边总结，写了诸多的书和文章来呈现他们的经验，如梁军老师的团队将周山经验编写为《纠正男孩偏好读本》《登封探索之路》等。然而，由于不是社会工作专家、专业人士的实践案例，没有用社会学、社会工作的专业理论来统领和指导，没有按照"学术规范"书写，也没有进入社会工作专业的学术会议或发表在学术刊物上，因此这些经验没有进入高校社会工作教育的视野。即便有些教师在课堂上用到她们的案例，也多半当作二手资料放在某个理论背景下作为理论的证据，很少有人去案例发生地进行实地调查和学习。山西永济蒲韩乡村的经验被很多学者写过，却被作为农村合作社的案例而不是社会工作的案例——从他们的经验来看，尤其是如何发动、组织社区的经验更值得社会工作者借鉴。波多罗的案例也被划分在环境保护和农村扶贫领域中。似乎没有带着社会工作字眼的经验，就不是社会工作专业的内容。其实，这些多学科介入的农村工作经验更值得社会工作领域借鉴和参考。

"我们实践工作者要想做成一件事，必须要有一个深入学习理论和知识的过程，这样才能对问题有些深入的理解和解释。面对群众（这些理解和解释）必须浅出，化为通俗易懂的语言，还要结合群众的生活经验，让群众能够听懂道理，起到入脑入心的效果。但浅出也被（学术界）认为是浅显和浅薄，认为我们只有经验，没有理论，因此总是被概括、被代言……"[①]

社会学和心理学这些相对成熟的学科也发展了几十年，其本土化的呼声

---

① 来自梁军老师在一次会议上讲课的 PPT。——作者注

从来没有停止过，但本土化的过程艰难且缓慢，更何况只发展了三十年社会工作了。我们有着非常丰富的本土社会工作经验，即便这些经验一时半会无法被提炼出来上升到理论高度，也该让丰富的实践知识呈现出来。当下的社会学家或者做社会工作理论的人基本上都在用国外的理论和概念解释中国当下的社会问题。我们不能因为要让社会工作更像"西方意义上的专业"，就用西方的理论给中国丰富的经验盖上被子，让丰富的经验变成理论的填充物。如果有可用的、好的理论能够说明中国的实践案例，我们应该持有的态度是和理论对话，这才是尊重本土经验该有的态度。

（五）专业方法的困惑

个案工作、小组工作、社区工作和社会工作行政被称为专业社会工作的四大方法。因此，如果工作中或评估中没有明确提出或使用这些方法，似乎你就不是搞社会工作专业的，所开展的工作也不具备专业性。

笔者曾为一些专业社会工作者做培训，了解到社会工作机构的一些工作者为了标榜自己的个案工作具有专业性，也为了在督导面前过关，写个案报告的时候生拉硬拽地将理论贴上去，小组和社区工作也是如此，尤其是社区工作完全没有了社区的整体概念，而是在社区开展一连串没有朝向目标的活动，为了完成项目而活动，为了活动而活动，活动之间没有关联性和逻辑性，也没有考虑系列活动之后究竟要达到什么目的。难怪有人说现在的社区工作都变成了社区活动。有学者在其研究中谈到当下社会工作机构中出现的专业化发展困境时，指出"个案工作'会谈化'，缺乏个人层面的微观诊断与治疗技术，又缺乏从宏观层面分析个案问题，不能从个案的宏观层面倡导社会改良；小组工作'游戏化'，很难实现小组工作转变为意识醒觉、自助互助直至培育居民的自组织；社区工作'临时化、碎片化'，致使社区服务项目没有特色，并缺乏社会动员与跨界资源整合"。[①]

依据上述标准，本书所呈现的案例似乎也没有使用专业的方法。这四个案例都没有提到使用了个案、小组的方法，而笼统地使用了社区/社群工作

---

① 李晓凤：《社会工作人才队伍的专业化、职业化新发展》，http://mp.weixin.qq.com/s/qVPVsefCcekz4hkJH9n4BA，最后访问日期：2018 年 4 月 3 日。

的概念。这并不是说他们没有所谓的个案、小组的形式。他们以社区/社群为整体开展工作，社区教育、社区组织都是连贯整体工作的各个部分，而不是一个个单摆浮搁的活动。如周山案例中梁军老师团队用了7年时间培育了一个妇女手工艺小组，使之成为推动村规民约修订和推动社区发展的主力军，这个过程算不算是开展小组工作？为了推村规民约的修订，她们事先必须做大量深入细致的群众性别教育工作，这些工作不是单纯的培训、说教和灌输，而是借用百姓日常生活中的婚丧嫁娶等机会适时加入改变性别观念的元素，利用民众戏剧等群众喜闻乐见的形式，达到思想意识提升和改变的目的，这难道不是社区工作中的社区教育？社区工作中最大的难度是动员和组织群众参与。而从蒲韩乡村案例中可以看到，他们所有工作的基础和成功的关键是3000多户群众加入的联合社。而能让这么多农户加入，最初是依靠共同跳舞而成为骨干的一批农家妇女，她们都普普通通、文化程度不高、在家务农，但她们挨家挨户去做村民的思想工作，真诚服务、热心实干，得到了村民的信任。她们每个人都包片，每天不在办公室坐着，而是深入群众了解需求和问题。这其中有大量的需面对个人和家庭的工作，这些工作方法贴近群众生活，活灵活现，极富生命力，远比来自西方的社会工作经验丰富多彩。

中国人深受儒家"诚意、正心、修身、齐家、治国、平天下"思想的影响，有一整套"自觉而觉人""修己安人"的思想体系。中医强调，"上医医国、中医医人、下医医病"，也将看病和治国联系在一起，这些传统文化中的哲学思想深刻地影响着中国人做人做事的行为逻辑，我们绝不能说我们没有助人的思想体系，只能说没有发展出像西方社会将哲学和社会学、心理学、人类学等社会科学相结合的社会工作专业学科体系。因此，要建设中国本土性社会工作，我们也必须立足于自己的哲学思想、传统文化以及本土实践经验，提炼属于我们的助人理论、实践方法和模式，进而和西方的社会科学体系对话、结合，建构属于中国本土的社会工作。

三　本土性案例的专业性体现

基于上述思想，笔者将书中的案例都定义为本土性专业社会工作实践。这里的本土性用王思斌教授的定义，即"生长于本土的与经济、政治和社会制度以及文化传统相适应的、有效的制度化的助人模式"①。本土性是相对于西方的专业社会工作而言的，抛开西方专业社会工作的对比和话语，也就无所谓本土性的问题。② 在本土性概念的基础上，笔者借鉴卫小将在《本土化与土生化：中国社会工作发展的检视与重构》一书中使用的土生化概念，强调走进当事人的生活世界，关注文化真实性、使用本土知识、创造性和连接性等四个因素。文化真实性是指长期与当事人一起工作，逐渐进入当事人的文化背景和意义世界中，始终保持忠于当地文化的敏感性和警觉性，使实践能真正扎根于本土文化，使用本土知识，连接本地资源和政策，不被任何学科和专业所羁绊，创造性、灵活性地发展一种基于真实文化和本土需要的社会工作实践模式。③ 这些思想正是本书四个案例的核心。

参考上述思想和概念，笔者认为本书所收集的四个案例具有本土性专业社会工作的特性。如前所述，认定一个工作者或者其所做的事情是否具有专业性，不只是看他是否具有社会工作或者相关的专业学历文凭、是否考到国家认可的社会工作资格证书；也不只是看他发表了多少篇与社会工作相关的学术文章、申请了多少课题、在某社会工作机构从事了多少年的实践工作等，真正的专业性体现在做人做事的过程中。可以说，专业性来源于"专业"，却高于"专业"；来源于经验，也高于经验。社会工作的专业知识是存在于社会工作者身上的一种解决问题的、影响生命改变的融合的艺术，而不只是存放在社会工作者身上的一堆知识和理论。本书四个案例中的本土性社会工作者，他们的专业性具体表现在以下这些方面。

第一，专业性是使命驱动，是一种有激情、从内而发的工作动力，也是一种责任、担当以及持之以恒的坚守。敬业是工匠精神的体现，但敬业不单是职业素养问题，更需要信念和信仰的支撑与驱使。只有信念支撑的公益，才能持之以恒。金巴在藏语中就是布施的意思，这种布施不是施舍，不是居高临下，而是全身心地为牧民服务，通过服务别人来修行自己，所以对服务对象充满了感恩和谦卑，服务却不求利益和回报。金巴的扎西会长服务群

---

① 王思斌：《社会工作本土化之路》，北京大学出版社，2010，第317页。
② 卫小将：《本土化与土生化：中国社会工作发展的检视与重构》，社会科学文献出版社，2015，第8页。
③ 卫小将：《本土化与土生化：中国社会工作发展的检视与重构》，社会科学文献出版社，2015，第67页。

众，也感恩群众，认为群众给了他服务的机会，让他有了修行自己的机会。蒲韩乡村案例中的郑冰出生于一个地地道道的农民家庭，她认为农民和城里人一样是有尊严的，他们的队歌是《就该那样活》，唱出了他们为何要做工作的心声。带着这个信念，她立志将家乡建设为让城里人羡慕、让出去打工的人都想回的美丽农村。梁军老师始终将公平公正作为处理村庄事务和做人的信念，也正是这种信念让她得到了村庄老百姓的信任，从而团结绝大多数的人，一起关注性别的公正公平。

梁军老师团队坚守周山村十五年，于晓刚在波多罗坚守十五年，郑冰在永济二十年，金巴在玉树二十年。他们屡战屡败、屡败屡战，不断从教训中吸取经验，才取得了案例中所描述的成就。他们靠的是持之以恒的坚守，靠的是信念、理想以及对服务对象的担当和责任。

第二，专业性是社会工作者将自己的生命与服务对象结盟，将选择的职业变成一种生活方式和生命样态，成为"志业"。社会工作者应持有的职业态度不是为了（for）服务对象和给（to）服务对象服务，而是和他们在一起（with）形成生命共同体，助人自助，彼此学习，满足彼此的需要和相互成长。梁军老师团队由退休教师、妇联干部和志愿者组成，他们带着信念一起工作了近三十年。有项目资金的时候她们无后顾之忧地干工作，没有项目资金的时候自己掏腰包。周山村村两委和全体村民给她们颁发了周山村"荣誉村民"的称号，她们和周山村已经融为一体，不分彼此。金巴团队坚守玉树二十年，申请资金4000多万，受益人群遍及玉树州60多万群众，他们走遍玉树地区的山山水水、犄角旮旯。因为他们就是穷困牧民家的一分子，他们能对牧民生活中的困苦感同身受。他们除了留下微薄的工资，所有项目款都用于改善牧民生活，绝不从中谋取利益。很难想象这个经手4000多万资金的机构负责人，自己却过着拮据的生活。郑冰团队的核心成员生于永济，长于永济，也服务于永济，他们的成败也影响到他们的生活，没有为谁服务的概念，他们和服务对象融为一体。在越来越推崇职业化和职业人的今天，如果社会工作者不能跟服务对象的生命连在一起，而仅仅把社工当成一个职业选择，怎么能够坚守和持之以恒呢？

第三，专业性是一种能集合所有的理论和方法朝向改变的能力，因此社会工作者会调动资源、不断学习。具有这样专业性的社会工作者能做到活学活用、从做中学，善于从书本、群众和专家身上学习有用的知识，朝向改变。他们不会被某个专业所限制，善于吸收来自西方的专业知识和方法；他们不会唯我独尊，排斥其他学科而孤芳自赏；他们擅长学习他人长处，学习和实践紧密结合，从不盲从。

蒲韩乡村案例中的郑冰是初中学历，当过小学老师，不懂经济学、农业科技、有机农业等知识，但在十几年的工作中，她和整个团队需要什么学什么，向农民学、向知识分子学，从挫败的经验中学，走出去请进来，每天坚持读书……硬是让一个农民起家的团队成为合作社和有机农业、小额贷款和农民融资的专家，让土地变成无烟的工厂，守着土地创造财富。梁军老师是一个从事妇女教育的教师，做了十几年的农村工作，她从不间断地学习。为了能开设社区的老年学堂，她翻阅了几乎国内所有的关于老人的书籍，吸收了最前沿的养老研究，最后决定自己写一部给农村老人的书——《让晚年充满阳光：写给农村老年人》。梁军老师对其中的"老"和"养"重新做了定义，让农村老人能读懂而且很快能落实在日常生活中。她的理论在书中不着痕迹、深入浅出，她生产出了真正能推动改变的关于养老的知识。这种在实践中呈现出来的专业性，适合本土社会，取之于民，用之于民，真正是在本土里长出的"庄稼"，而不是"嫁接"过来的。

金巴的工作人员大多没有受过正规的学校教育，但他们在做中学、在学中做。出于开展救助的需要，他们知道如何建一个学校，也知道从哪里能引来水源；做妇幼保健的健康项目时，他们也跟着学习，乃至能在几百个妇女面前自如地讲解妇幼保健的常识；做环保的时候学习环保知识，并开拓性地发明了晒干牛粪的竹子晒台，解决了牧民燃料需求的问题，也有效保护了高山上稀有的树木不被砍伐，保护了草场和植被。在波多罗案例中，环保工作者需要社区治理及其他相关的知识，他们也边学边做，从环保工作者转变为社区工作者。

这些案例表明，起初他们都是带着有限的知识进入社区的，但他们没有局限在已有的知识范围之内，既调动有专长的人才，又向群众学习智慧，自己还不断学习等，集合所有的智慧朝向改变。

第四，专业性体现在社会工作者仰望星空、思考大问题，却脚踩大地，从每一步的小事做起。他们不是为了活动而活动，而是所有的活动都是为了朝向改变的目标和实实在在解决问题；他们不是为了作秀，也不是为了有卖点；他们不是好大喜功、好高骛远、急功近利，而是脚踏实地。本书的四个案例呈现了这些团队多年默默实践和耕耘之后的改变的发生：他们都是从一个村做起、从一件小事做起，不虚夸、不浮躁，不为名利所诱惑。他们的工作都是为了服务群体的福祉改善，因此他们无暇顾及也不可能将精力大量放在传播上，他们说自己做了点力所能及的事情。但是他们在群众中的影响深远，深受群众欢迎。

有人说现代公益和传统公益的区别就是传播。当下传播越来越成为公益组织专人专项开展的工作，传播和资源紧紧联系在一起。当下短、平、快的政绩模式和市场驱动下的公益市场化，靠网络拉票争取资金的风气愈演愈烈的情形，迫使整个公益行业和社会工作越来越注重"花哨"的传播，做表面文章，争取政府认可，迎合基金会口味，浮躁虚夸，反而没花多少力气在深入细致的工作上，诱发了一种不良的公益风气。如此，很难产生一批脚踩大地、仰望星空的社会工作者。

第五，专业性是一种"行动＋反思＝实践"的能力。正如德维与奥托提到的，反思性是专业性的核心体现，在专业行动过程中表现为理论和实践之间、工作者和服务对象之间、工作和环境之间来回辩证思考和转换，其最终目的是朝向人的改变和人的福祉的实现。纵观四个案例，反思性、敏感性的确是这些农村工作者们推动工作的专业性的核心能力与方法。他们扎根在社区，贴近群众生活，但始终保持对社区的敏感性以及对工作的反思性。周山案例中，工作者敏感地认识到两千年传统性别歧视观念的改变不是一两天的事情，在面对村中利益和群众之间复杂的关系时，不断反思、不断调整工作策略，坚持在工作中不树敌、不强推，能接受一小步一小步的改变。这个地方推不动、变不了，就先放下从其他地方突破，顺时而动，保持高度的敏感性。当村庄动起来的时候，她们反思自己的角色应该从引领者转变为协同者，及时培育村庄的骨干承担一些培训的课程，让村民骨干成为推动村庄发展的主要动力。她们既是实践者又是研究者，边行动边研究，让村庄在悄然无息中发生了改变。

第六，专业性是扎根和立足于本土，借鉴他山之石的能力。西方理论值得借鉴，但不能完全依赖。因为任何理论都是特定环境的产物，移植理论应该在知道其局限性的前提下，汲取有益的部分。在玉树金巴的环境保护案例中，金巴利用藏族民间环境保护的智慧，创造性地利用竹子编成的晒台，把牛粪放到晒台上晒干，既解决了牧民生活缺少燃料的问题，又有效抑制了对高原树木的砍伐，减缓了对草场的破坏，将环境保护和当地的资源环境紧密结合。"绿色流域"为了保护拉市海的湿地，致力于解决拉市海流域上游的波多罗村贫困问题，进而实现环境保护和生计兼顾的可持续性环境保护。之所以能做到此，就是因为他们扎根于社区、了解社区，在长期的实践中不断了解扎根的这块土壤的成分，知道借用什么资源能让庄稼在这片土壤成长，而不是盲目引进。

第七，专业是一种处理问题的艺术：上善若水，刚柔并济，勇往直前。专业社会工作者要做到深谙国情、社区民情，要知道如何处理复杂的问题，以便最终能做成事，让群众受益。周山案例告诉我们，当一个外来的组织面对复杂的社区关系时，要尽量做到不树立对立面，不要惩恶扬善而要抑恶扬善，要给不同意见派以最大的尊重，化解各种矛盾，尽可能让社区各类人群都参与到改变中来。金巴做到了让政府知晓每笔资金的来龙去脉，和政府进行项目合作，保证每个项目结束后有社区群众、政府可持续性地跟进。作为民间社会组织，金巴定位清楚，发挥了拾遗补阙的作用，这种二十年来始终如一的态度和工作精神得到了政府的认可和支持，也为自己赢得了良好的工作环境。

上述基于四个案例提炼出来的专业性，能促进有效的改变。构建专业外壳的目的是让内核更好地发挥作用。但如果只建立了外壳却没有强大的内核，也无法达到建设专业的目的。西方理论必须本土化，本土性社会工作也要专业化。如果社会工作的目的是解决人面临的问题，就不可能用某种专业知识或者用什么专业身份和资质来解决，而是在清晰的专业使命和专业精神的带动下，集合所有能产生改变的知识和人力去促进改变的发生。没有有使命的专业工作者，没有根植于内在的融合的工作艺术，专业就不可能有灵魂，也不能达到推动生命改变的目的。

我们必须放下谁是专业，谁更专业的争执、标榜和短见，去掉浮夸、作秀和弄虚作假的风气，脚踏实地耕耘，学习从实践中提炼知识、再将知识用于实践，朝向建设一个公平公正的社会，这才是我们应有的专业态度。

图书在版编目（CIP）数据

悄然而深刻的乡土变革：本土性农村社会工作探索／

杨静编著. -- 北京：社会科学文献出版社，2018.8（2022.1 重印）

（行动研究系列丛书）

ISBN 978 - 7 - 5201 - 2989 - 3

Ⅰ. ①悄…　Ⅱ. ①杨…　Ⅲ. ①农村 - 社会工作 - 研究

- 中国　Ⅳ. ①F323.89

中国版本图书馆 CIP 数据核字（2018）第 141701 号

· 行动研究系列丛书 ·

悄然而深刻的乡土变革
——本土性农村社会工作探索

编　　著／杨　静

出 版 人／王利民
项目统筹／谢蕊芬
责任编辑／佟英磊　张小菲
责任印制／王京美

出　　版／社会科学文献出版社 · 群学出版分社（010）59366453
　　　　　地址：北京市北三环中路甲 29 号院华龙大厦　邮编：100029
　　　　　网址：www. ssap. com. cn
发　　行／社会科学文献出版社（010）59367028
印　　装／北京虎彩文化传播有限公司

规　　格／开　本：787mm × 1092mm　1/16
　　　　　印　张：17　字　数：275 千字
版　　次／2018 年 8 月第 1 版　2022 年 1 月第 4 次印刷
书　　号／ISBN 978 - 7 - 5201 - 2989 - 3
定　　价／79.00 元

读者服务电话：4008918866